序

両墓制は、日本民俗学にとってとりわけ大きなテーマの一つであり、これまで実に多くの調査と研究が積み重ねられてきている。

日本民俗学が、とくにこの両墓制の問題に熱心にとりくんできた理由としては、次のようなことが考えられる。一つには、この両墓制というのは日本民俗学がはじめて発掘した独自のテーマであったということ、そしてもう一つは、この両墓制こそ、日本人古来の死穢忌避の観念とか肉体と霊魂とは別であるとする観念をみごとに具現化してみせてくれている墓制ではないかとの期待感があった、ということである。

柳田国男は早い時期から、この墓制を「葬地」と「祭地」とを別にするものであるといい、そこには死穢を忌避し清らかな霊魂の祭りの場所を別に設けようとする考え方がうかがえる、というような意味のことをのべている。

一方、柳田は同時に、姓も骨もともにカバネと読むところから、もともとは先祖を祀り家の名を継承するためには、子孫はその遺骨を管理する必要があったのではないか、とものべて、この墓制と南島地方に今ものこる改葬習俗との関連性についても示唆している。

霊肉別留と遺骨祭祀、この一見矛盾しあう二つの観念を、柳田は両墓制の中にみようとしたのである。柳田周辺の人々は当然ながらその強い影響下におかれていた。霊肉別留、遺骨祭祀、そして死穢忌避、これらをキーワードとして両墓制の解読が進められ、活発な議論も展開された。

しかし、両墓制の研究はそれほど順調に進んだわけではなかった。両墓制とは何か、どのような事例までを両墓制と呼んでよいのか、両墓制の概念規定の段階ですでに混乱がみられた。また、流行は一時のもので、はやればすたれる、のたとえのとおり、昭和三十年代に燃え上がった両墓制への研究熱はそれほど長続きはしなかった。そして、多くの問題点も残されたままであった。

本書は、両墓制をもう一度原点に立ち帰って厳密にとらえなおしてみようとしたものである。それは、日本民俗学がこれまで両墓制に託していた夢をこわしてしまう結果になるかも知れない。しかし、研究史をふり返ってみる限り、やはり両墓制は両墓制として限定的にとらえることからはじめる必要があるということを痛感せざるを得ない。

もちろん、日本の民俗における霊肉別留の観念、たとえば明治天皇の遺体は桃山御陵に葬られていながらそれとは別に明治神宮が祀られている、という事実はそれなりに興味深い。正月に桃山御陵を訪れる人は稀であるが、明治神宮への参拝者は今も跡を絶たない。また、皇居にほど近い靖国神社と千鳥ヶ淵墓苑は、同じく戦没者を対象としたものなのになぜ一方が神社で他方が墓苑なのか、人が神として祀られるということの中にはいったいどのような事情があり、またどのような意味があるのか、それらの点について私たちが無関心でいるわけでは決してない。両墓制の問題は、それはそれとして、そのような日本人の霊魂観や神を創り出す心意構造についての分析もあわせ心がけているところである。

それにしても、両墓制の問題は複雑で、私個人の非力を思い知らされている。今後、多くの方々の新しい作業によって両墓制をめぐるさまざまな疑問が解明されていくための捨て石とでも本書がなれば幸いである。はやりすたれの動向に左右されるのでなく、地道な研究の継続ということの大切さを思い知らされながら、多くの方々からのご叱正、ご教示をお願いしたいと思っているところである。

目　次

図表目次

第一章　両墓制の概念

第一節　両墓制研究史

はじめに

一般に、日本の土葬墓制にあっては、死体を埋葬したその場所に死者供養のための石塔を建てるのがふつうである。しかし、それに対して、地方によっては、死体を埋葬する墓地と、その死者のための石塔を建てる墓地とをまったく別々に離れて設けているような例がある。民俗学では、そのような事例を、一人の死者に対して墓が二つあるということから、両墓制と呼び、一般的な事例を単墓制と呼んで、両者を区別している。

本書では、とくにその両墓制と呼ばれている墓制についての考察を試みたいと思う。そこで、まず、この両墓制をめぐる研究史について確認するところからはじめたい。

一　大正期——二種類の墓地——

両墓制という術語がはじめて用いられたのは、周知のように昭和十一年三月発行の『山村生活調査第二回報告書』所収の、大間知篤三「両墓制の資料」である。しかし、この種の墓制が人々の興味や関心をひいたのはそれよりも早く、すでに大正年間のことであった。

喜田貞吉の主導による雑誌『民族と歴史』に掲載された、武田勝蔵「対馬木坂地方の産小屋と輪墓」(1)、森本樵作「紀伊見聞七則」(2)、田村吉永「ラントーバの事」(3)、高橋桂香「墓地以外に屍体を葬る風習」(4)のあわせて四篇の報告がそれである。(5)それらはいずれも死体を埋葬する墓地と石塔を建立する墓地とがこの種の墓制では別々になっているという点について、まず奇異の念をいだいたものであった。

なお、これよりずっと以前の、幕末のペリーに随行したアメリカ人通詞S・W・ウィリアムズの日記『A Journal of the Perry Expedition to Japan』（日本語訳『ペリー日本遠征随行記』）の嘉永七年（一八五四）二月二十五日条の記事(6)もこの種の墓制に関するものと推定しておいてよかろう。

二　昭和前期——両墓制という術語の設定——

最初に、この種の墓制について、日本の葬制史、墓制史の問題という広い立場からの考察を試みたのは、昭和四年六月『人類学雑誌』四四—六に掲載された柳田国男の「葬制の沿革について」である。柳田はその中で数多くの示唆に富む仮説を提出したが、なかでも埋葬墓地と石塔墓地というこれら二種類の墓地に対して、新たにそれぞれ「葬地」と「祭地」という概念を付与したこと、(7)そして、この種の墓制と南島地方にみられる改葬習俗との関連性を推定したこと、(8)のこの二つの仮説は、まさにひとつの画期となり、その後の研究に大きな影響を与えていくこととなった。その

そして、昭和十一年三月、この種の墓制は大間知篤三氏により、両墓制と名付けられるにいたったのである。その間の事情については、最上孝敬氏が生前よく筆者にも語っておられたところであるが、それによると、およそ次のようなものであった。

ちょうどその当時というのは、昭和九年から翌々十一年にかけて、柳田国男の指導のもとに全国六六ヵ村を選んで、山村生活調査(9)というのが実施されていた時期であったが、その山村生活調査の進行の過程において人々の興味、関心をひいたものの一つが、他ならぬこの二種類の墓地の存在ということであった。そこで、常陸高岡村の民俗調査を担当してこの種の墓制にとくに強い研究的関心をいだいた大間知篤三氏が、墓が二つあるというところから、これを両墓制と呼び、他の人たちも自然とこれにならったというのである。(10)

そこで注意しておかなければならないのは、この種の墓制が大間知篤三氏によって両墓制という新たな術語で把握されたこの時点というのは、実はすでに柳田国男によって「葬地」「祭地」という概念が導入されたのちのことであったという点である。つまり、この新しい両墓制という術語の概念規定は、当然ながら大間知篤三氏自身によって明確にされるべきであったところが、その大間知氏自身、すでに柳田国男の指導のもとにあってその強い影響をうけており、「死者を葬った地を以後永く供養の地に当てるのが今日都鄙を通じての一般的風習である。ところが、是に対してその「葬地」と「祭地」とを別にする例、すなわち墓地に第一次と第二次との二種を有する例がある」(11)とのべ、これを両墓制と呼ぶこととしているのである。この概念規定は、柳田国男の導入した「葬地」「祭地」という概念を

うけてそれを前提としつつ、さらにまた第一次墓地と第二次墓地というような新しい概念をも付与したものとなっているのである。

この種の墓制についての把握が、こうして大正期のような死体埋葬の場所に対する石塔建立の場所ととらえる図式から、柳田のように「葬地」に対する「祭地」、ととらえる新しい図式へと至った時、とくに「祭地」と規定された後者の概念は著しく膨張化したのであったが、その膨張化した後者の概念をそのままに、さらに新たに両墓制という術語が設定されたのである。

「葬地」と規定された前者の意味する対象が、限定的で明確であるのに対し、後者の「祭地」という概念は、その範囲が広く不明確である。したがって、後者の「祭地」という概念の規定次第では、逆に両墓制の概念規定が大きく左右されてしまうことにもなりかねない。こののち、やがて問題化してくる両墓制の概念規定の不明確・不統一という状況の、そのもともとの原因の一つは実はこのあたりにあったのである。

ところで、柳田国男による「祭地」という概念の導入は、必然的な論理の展開として、一つの新しい研究視角へと発展した。それは石塔以前という視角である。

大間知篤三氏が、「私は両墓制ないしはその母型とも言うべきものがわが民族のかなり古い伝承に属するのではないかと想像している」、ところが、「現在我々が両墓制と呼んでいるものの、我々が現在までに知り得た約七十箇所の事例に於いては第二次墓地にはみな石碑が立てられている」、「それでは石碑の立つ以前、第二次墓地は如何なる形式のものであったのか」(12)と問うた視角である。

そして、大間知氏はそのような石塔以前の第二次墓地として、たとえば若狭地方のニソの杜《もり》など先祖を祀るものと伝えられている聖地の類などを想定していった。

しかし、ここでも注意しておかねばならないのは、この新しい石塔以前という視角自体、「祭地」と規定してしまった墓地が、実際にはやはり中世末から近世初頭にかけて一般化してきた石塔群によって構成されているという現象的事実に対して、何とかそれを超えたいとする視角であり、「祭地」という概念を前提としなければ成立しがたい視角であるという点である。つまり、そこでは現実の形態の分析の前に概念付与が先回りしてしまっているのであり、そこからさらにその概念を前提として先行形態が想定されているのである。

しかし、当時は、このような問題についてはあまり議論されることもなく、この新しい刺激的な研究視角の提示によって、両墓のうちの「祭地」と規定された方の墓地についての概念はますます膨張化してしまうこととなったのである。

三　戦後一〇年——通説の成立——

昭和二十六年の『民俗学辞典』の発行は、両墓制研究にとってもひとつの画期であった。そこでは大間知篤三氏の作業をもとに、両墓の、

・名称　・所在地　・墓標　・第一次墓地に参る期間　・物的関連　・現在の傾向　・分布

の七項目を設定して解説し、全国七〇ヵ所の両墓制分布図を作成するとともに、この両墓制の背後には、死穢を忌避する観念が濃厚であり、本来は葬地を比較的早くうちすてて、別の祭地においてその霊をまつったものであろうとの見解を示している。(13) そして、これ以後、両墓制研究は多くの参加者を得て非常に活発化することとなった。

そうしたなかで、とくに注目されるのは、昭和三十一年二月に刊行された最上孝敬氏の『詣り墓』である。『詣り

墓』は、全国一七四ヵ所の事例をあげて、両墓制の由来から分布など多岐にわたって論じたもので、両墓制に関する最初の本格的な研究書であった。この前後から民俗学関係者の間では、両墓についてそれぞれ埋め墓、詣り墓という呼び方が一般に用いられるようになってきていたのであるが、その詣り墓という呼称をもって最上氏はその書名としたのである。この中で最上氏は、両墓制について多岐にわたって論じているが、とくに埋め墓と詣り墓とへの人々のまいる期間という側面に着目した部分では、多くの事例を前にしてそれらの類型化を試み、「埋めて相当の日時を経、忌明けの後、詣り墓へ祭りを移すのが本来の形で(14)」あろうとした。そして埋め墓へ長期間詣りつづけたり、詣り墓へはあまりまいらずにむしろ埋め墓の方へ主にまいりつづけるというような事例は、両墓制のくずれた形であろうとのべている。また、大間知氏同様、両墓制は死穢を忌避し清浄なる霊魂の祭祀の場を別に設ける墓制である、とする見解に立ち、石塔以前の「詣り墓に代わるもの」への追跡を行って、仏壇の位牌や菩提寺の本堂、それに観音堂や地蔵堂など各種のお堂の類、また同族神や屋敷神の小祠の類、そして山上の霊山、霊地の類など、死者の霊魂が鎮まっていて人々の祭りをうけるとされているような場所が、日本の民俗では多様に存在するということを指摘している。

こうして、両墓制についてのいわば通説ともいうべきものが、この時期、主として大間知篤三氏や最上孝敬氏の作業によって成立してきたのであるが、それは、およそ次のようなものであった。

埋葬地は死穢の場所であり、それを忌避して別に霊魂祭祀のための清浄な場所を設けたのが両墓制である、そこには強い死穢忌避の観念とともに霊肉別留の観念がうかがえる、これは日本古来の固有信仰にもとづくものであり、祭地には古くは石塔はなかったが、中世末から近世初期にかけて石塔が建立されるようになり、現行の両墓制となった、というのである。

四　昭和三十年代――研究の活発化と論争の展開――

しかし、昭和三十四年八月『社会と伝承』三―三に掲載された原田敏明氏の「両墓制の問題」は、そのような、両墓制を日本古来の死者の霊魂の祭りの習俗に由来するものとしてきた通説を真っ向うから否定するものであった。それは、両墓制の分布が近畿地方など国の中央部に濃密で、東西辺境地域とくに西日本にみられないという事実、それに埋め墓のほとんどが村境の外に離れて立地しているのに対して、詣り墓は多く村の中の寺の境内などにある石塔墓であるという事実を重視するもので、結局、両墓制の成立は、歴史的にもまったく新しい現象であり、もともと埋め墓は死穢の場所として人々はおそれて忌み避け放棄してしまっていたのが、近世以降あらためて仏教信仰にもとづく死者供養の考え方がおこり、その礼拝・供養のための石塔を寺の境内などに設けるようになったことによって成立したものであると主張したのである。

これは当時の両墓制研究にとってたいへん衝撃的な内容であったが、しばらくして、さらにまたこれとは対立するもう一つの注目すべき論考が発表された。昭和三十八年三月『民族学研究』二七―二に掲載された国分直一氏の「日本及びわが南島における葬制上の諸問題」である。国分氏はその中で、両墓制における埋め墓と詣り墓との間の物的関係に着目する視角に立ち、「本来は清められた全遺骨を移葬したものが、頭骨と四肢骨、或は頭骨を移葬するようになり、略化が進み、墓の土、白い円石などを運ぶようになり、遂には何ものをも移葬しないままの詣墓が出現すると考える」として、柳田国男が先に「葬制の沿革について」の中で提示した仮説を継承して、南島地方の洗骨改葬習俗も本土の両墓制もいずれも日本古代の二重葬制の系譜をひくものであると論じたのである。

両墓制を近世以降の新しい成立であるとする原田氏の説と、古代の二重葬制の系譜をひくものとする国分氏の説との間には大きな対立があり、当然ながら両者の間で一時激しい論争が展開された。(15)原田氏は、「琉球やその他でみられる洗骨埋葬の場合のように、最初、土葬や風葬にし、一定期間してから別のところに集骨埋葬するのは、これも確かに性格の違った二つの墓ではあるが、いずれも遺体を埋蔵する点においては、その役目が同じであるといってよい」(16)として、埋めるところと詣るところとの両者が同時に別々に存在しているのが両墓制なのであり、この洗骨改葬習俗は両墓制とはまったく別のものである、と論じて国分説をしりぞけるのに対し、国分氏は両墓制の事例のなかに実際に遺骨を移す例があると主張し、分布の上でも西日本一帯の改葬事例の発見につとめて、やはり原田説をしりぞけ、結局、両者の議論は必ずしも十分かみあわずに終わった感があった。

しかし、この論争は、両墓制研究に大きな刺激を与えることとなり、あらためていくつかの重要な問題点を浮き上がらせることにもなった。一つは、両墓制の分布の問題であり、もう一つは両墓制の概念規定の問題である。

両墓制の分布はなぜ近畿地方を中心として濃密で東北、西南の列島の周辺地帯にはみられないのか。当時の民俗周圏論的な考え方(17)によれば、古い民俗は列島の東西周辺地帯にこそ残存しているはずなのに、なぜ古来の民俗伝承であるという両墓制が近畿地方を中心にのみ濃密な分布をみせているのか、という原田氏の問いかけを前にして、そこであらためて両墓制の分布ということが問題となってきたのである。

ただ、この点については、すでに早く昭和二十七年十二月『民間伝承』一六―一二所収の「両墓制と霊場崇拝」において五来重氏が行っている発言にも注意しておく必要があろう。それは、「両墓制の問題を霊場崇拝という宗教現象において」とらえれば、各地の霊山霊地の類も両墓制における詣り墓と「形態はいくぶん変ってはいるが、宗教観念においては全く同じ」ものであり、「位牌堂こそ分割せられた小霊場であるとともに、埋め墓のほかに設置された木造の詣り墓にほかならない」、「そして霊場崇拝と位牌堂の存在が普遍的である限り、両墓制の分布圏はあまり問題にならない」[18]と主張するものである。

しかし、こうした五来氏のとらえ方は、よく考えてみればすでに柳田国男によって「祭地」という概念が導入された時点から、大間知篤三氏による石塔という要素の過小評価とそれに代わるニソの杜《もり》などの類の提示を経て、当然予期された論理の展開の必然的結末であり、詣り墓の概念の極端な膨張化の結果に他ならない。やはり、両墓制が両墓制としてそれなりの特異な分布を示している以上、そこに内在する問題へと人々の関心が集まったのは当然であり、五来氏のように「両墓制の分布圏はあまり問題にならない」といってすませておくわけにもいかなかったのである。

一方、洗骨改葬習俗を両墓制とみるか否か、という論争から転じて、あらためて注目を集めたのが、両墓制とは何か、どのような事例までを両墓制と呼んでよいのか、という両墓制の概念規定の問題であった。そして、それは両墓制の分布をめぐる議論の上でも避けて通ることのできない問題であった。

五　昭和四十年代――混迷への反省と精密調査の実施へ――

昭和四十二年八月、そうした状況の中で開催されたのが、いわゆる有馬シンポジウムである[19]。最上孝敬氏を中心として、井之口章次氏と竹田聴洲氏の司会のもとに多岐にわたっての討論が展開されたが、そこでやはり、議論の中心となったのは、両墓制とは何か、その概念規定の明確化という問題であり、もう一つは両墓制が西南日本にみられないのはなぜか、逆にいえば、なぜ本土中央部に限って濃厚に分布しているのか、という分布の問題であった。

シンポジウムは、まず最上孝敬氏の、

① 死体を埋葬する処（埋墓）と霊魂をまつる処（詣墓）とが地点を異にする。

② 霊魂をまつる処は石塔を標識とする（詣墓は必ず石塔墓という形をとるのでなければならない）。

③ 詣墓は家ごとに設けられる。

④ その家は必ず庶民クラスの家である。

という規定を仮の前提として討論が進められることとなったが、それについても、たとえば庶民クラスの家とは何か、という点など必ずしも明確でなく、また、五来重氏らによってつとに主張されていた、火葬も火葬場を第一次墓地とみるならば納骨場所は第二次墓地であり、両墓制原理に立つものである、とするような見解に対する議論も十分でなく、出席者の間でも異議を挟む向きもないではなかった。しかし、「最初にその点の議論で長時間を費すことは、自後（ママ）の討論に差支えをきたす」ということで、まずは「この規定を凡例として一同の発言を期することに定められた」のであったが[20]、それにしても、肝心の概念規定が不統一なままでの議論は当然ながら空転する部分も多く、結局、両墓制の分布の問題についても必ずしも十分な見通しをつけることはできなかった。

そうした、いわば両墓制研究の混迷ともいうべき状況下で、歴史的研究視角の重要性を説き、「現に両墓制を保持し、かつ村内自生の石碑墓の紀年が近世（幕藩体制）以前に遡り、更に村内の社会構造との関連において、村落共同体としての次元で石碑墓の初現以来の発展の跡を追求しうるような、その意味で、多少とも墓制文化複合の実験室的効果が期待される二、三の村を選んで精密調査を実施」[21]するという方法を採用したのが竹田聴洲氏であった。竹田氏は、昭和四十一年三月と昭和四十三年三月の『仏教大学研究紀要』四九・五二に掲載された「両墓制村落における詣墓の年輪㈠・㈡」において、京都府北桑田郡京北町比賀江の事例に注目し、その現在の詣り墓の区画内から、永正五年（一五〇八）紀銘の宝篋印塔を最古とする中世末から近世初頭へかけての石塔十数基の存在を確認し、そこから現行の両墓制の成立時期がほぼ中世末にまで遡り得るということを推定した。そして、さらに昭和四十六年三月発行の『民俗仏教と祖先信仰』(22)において、『蓮門精舎旧詞』(23)所収の全国六千余ヵ寺の寺伝を検討した結果、「民間寺院は……有縁の追善のための広義の菩提寺たることを以て成立の根本動機とし、従って最初から先祖（先祖化の可能なものも含む）の祭場たることを第一義として成立した場合が寺院の一般的成立事例の中で抜群の比重を占める」という指摘を行い、そこから「寺自体が石碑以前における詣墓の最も一般的な形態であったと考えられる」(24)と結論した。

この竹田氏を中心とするグループの精密調査の成果は画期的なもので、従来のような、いわば漠然とした両墓制事例の観察にもとづく議論ではなく、精密で実証的なデータを積み重ねた上での立論であり、説得力をもつものであった。

また、こうした竹田氏らの成果をうけて、佐藤米司氏は、昭和四十四年四月刊行の『日本民俗社会史研究』に収録された「両墓制の問題点」のなかで、埋め墓が多く共同墓地のかたちをとっていることから、「両墓制の成立は、共有墓地の成立と関連づけて考えうるのではないか」、「中世末から近世初期にかけての惣村的結合の伸長とからみあわせて考えうるのではないか」との見通しをのべるなどしている。

一方、原田敏明氏の指摘した死穢忌避、死霊畏怖の強い観念と、仏教信仰による供養石塔の造立の風の一般化が両墓制の成立をうながしたとする主張に関連するものとしては、両墓制成立の背景に埋葬以前の死体遺棄の風習の存在を推定する土井卓治氏(25)や田中久夫氏(26)の論考があり、また、近世檀家制度の確立にともなう石塔造立の動向を重視する田岡香逸氏の論考(27)などもこの時期注目されるものであった。

しかし、竹田氏とそのグループによる歴史的研究視角に立った精密調査の実施によって、両墓制の成立時期についての一定の見通しが得られたことにより、それ以後の研究はむしろ両墓制そのものよりも、両墓制の周辺の諸問題へと拡大していくこととなった。そして、遺体処理と霊魂祭祀という二大テーマに沿って、一方では、霊山納骨の風習(28)や火葬骨を山野に放棄してしまういわゆる無墓制の問題(29)について、また一方では、石塔墓地以外の祖霊の祭地でいわゆる「詣り墓に代わるもの」についての調査研究がそれぞれ進められていくこととなった。

六　昭和五十年代以降――発展と停滞と――

昭和五十年代になると、そうしてむしろ両墓制を直接論じるものよりも、葬送儀礼から墓制へ、そして祖先祭祀から霊魂観へという一連の問題としてとらえる研究が活発化した。(30)そのようななかで、とくに両墓制を対象とした調査研究は、わずかに八木康幸氏(31)らのものがみられたにすぎなかった。この八木氏の作業は淡路島中部の両墓制、単墓制の混在する地域を重点的に調査したもので、両墓制と単墓制の関係を問いなおす斬新な視角にもとづくものであった。

しかし、その後の両墓制研究はしだいに停滞化へとむかい、その後、昭和五十九年十月、岡山市で開かれた第三六回日本民俗学会年会において、「死者をめぐる民俗」というテーマでシンポジウムが開かれた際、久しぶりにこの両墓制をめぐる諸問題がとりあげられるまで(32)、とくに活発な議論の対象となることはなかった。

しかし、そのシンポジウムにおいても議論されたように、両墓制をめぐる諸問題は、それまで研究が非常に活発であったわりには、未解決の問題が数多く残されたままであった。

第一に、両墓制とは何か、どのような事例までを両墓制と呼んでよいのか、両墓制の概念規定が必ずしもいまだに厳密でなく、研究者個々によって不統一なままというのが現状である。また、第二には、通説では両墓制は日本古代以来の死穢忌避および霊肉別留の観念にもとづく習俗であるとされているのに対して、逆にまったく新しい成立の習俗で石塔建立の一般化とともに中世末から近世初頭にかけて成立したものにすぎないとする説とが併立したままである。また、第三には、通説では両墓制は霊肉別留の観念にもとづく習俗だとしているのに対して、実際には移骨改葬をともなう事例も存在し、しかもそうした移骨改葬の習俗こそが両墓制の本来の形式であるとする説が一方で提出されているにもかかわらず、この二つの見解の間の対立についてはまだ十分に議論されてはいない。そして、また第四には、近畿地方一帯に濃密で東北、西南地方に稀薄もしくは皆無であるという両墓制の独特な分布の問題についても、その意味などまだまったく明らかにされてはいない。

日本民俗学が発掘し、これまで多くの人たちが調査研究を積み重ねてきたこの両墓制の問題は、いまあらためて、多くの研究者の参加を得ることによって、その解明がもとめられているといってよいであろう。

注

（1）武田勝蔵「対馬木坂地方の産小屋と輪墓」（『民族と歴史』二―三、大正八年）。
（2）森本樵作「紀伊見聞七則」（『民族と歴史』四―一、大正九年）。
（3）田村吉永「ラントーバの事」（『民族と歴史』五―三、大正十年）。
（4）高橋桂香「墓地以外に屍体を葬る風習」（『社会史研究』一〇―一〈『民族と歴史』改題〉、大正十二年）。
（5）なお、これらの他に注目されるものとして、辻井浩太郎「伊賀盆地に於ける墓地の地理的考察」（『地球』一四―六、昭和五年）がある。
（6）S・W・ウィリアムズ『ペリー日本遠征随行記』（洞富雄訳）。
二月二十五日（嘉永七年一月二十八日）土曜日　神奈川沖にて

艦隊から五マイルほど離れた、神奈川の下手にある小村落の横浜Yokohamaという所に上陸した。……村のとある場所に、数百の墓石の立ち並ぶ墓地があった。思わず、一体どこに遺体が埋葬されているのかと尋ねると、亡骸は村のはずれに埋葬し、ここにはその石碑だけを集めてあるのだとの説明であった。碑文は多くが漢字で書かれている。最近建てられた石碑には、チベット文字に似た字がたくさん書き並べてあった。

（7）柳田国男は「葬制の沿革について」（『人類学雑誌』四四―六、昭和四年〈『定本柳田国男集15』五〇四ページ〉）において、「墓地には斯の如く、もと二つの種類があつて、仮に区別の名を設けるとすれば一方を葬地、他の一方を祭地とでも謂はなければならなかつたことは、現在各地方の仕来りの中からでも、可なり明瞭に之を実証することが出来るやうに思ふ」とのべている。

（8）注(7)と同じく、柳田国男は「葬制の沿革について」（『定本柳田国男集15』五二〇ページ）の中で、「後々は祭祀の力を以て、亡魂の来つて石に憑ることを、信じ得るやうになつたけれども、最初は現実に骨を移し且つ之を管理しなければ、子孫は祖先と交通することが出来ず、従つて家の名を継承する資格が無いものと考へて居たのではあるまいか。姓をカバネと謂ひ、カバネが骨といふ語と関係があるらしいから、私は仮にさう想像する」とのべている。

（9）山村生活調査は、昭和九年から十一年にかけて、柳田国男の指導のもとに郷土生活研究所の同人たちが、日本学術振興会の補助をうけて、全国あわせて六六ヵ村の民俗調査を行ったものである。正式には、日本僻陬諸村における郷党生活の資料蒐集調査、といい、あらかじめ一〇〇項目の質問項目を用意して各地の山間村落から、さらには離島の村落へと訪れて平均二〇日間程度滞在して調査を行った。その成果はまもなく、『山村生活第一回報告書』（昭和十年三月）、『山村生活第二回報告書』（昭和十一年三月）、さらには『山村生活の研究』（昭和十二年六月）などとして公刊されていった。

（10）最上孝敬氏からの直接の教示による。なお、この山村生活調査では、大間知氏は茨城県多賀郡高岡村、最上氏は三重県飯南郡森村などを担当し、それぞれ両墓制事例にはじめてふれたとのことである。

（11）大間知篤三「両墓制の資料」（『山村生活調査第二回報告書』昭和十一年）。

（12）大間知篤三「両墓制について」（『宗教研究』一二七、昭和二十六年）。

（13）『民俗学辞典』（民俗学研究所、昭和二十六年）。

（14）最上孝敬『詣り墓』（古今書院、昭和三十一年〈『同増補版』名著出版、昭和五十五年、九四ページ〉）。

（15）原田敏明「両墓制の問題」（『社会と伝承』三―三、昭和三十四年）、「両墓制の問題再論」（『社会と伝承』一〇―二、昭和四十二年）（いずれも『宗教と民俗』〈東海大学出版会、昭和四十五年〉収録）。

国分直一「日本およびわが南島における葬制上の諸問題」（『民族学研究』二七―二、昭和三十八年）、「わが先史古代の複葬とその伝統」（『日本民俗学会報』五八、昭和四十三年）。

（16）原田敏明「両墓制の問題」（『宗教と民俗』二三三ページ）。

（17）柳田国男が「蝸牛考」（はじめ『人類学雑誌』四二―四・五・六・七、昭和二年、に発表。のち、増補改訂を加えて昭和五年、昭和八年と二度にわたって単行本として刊行。『定本柳田国男集18』〈昭和三十八年〉所収）によって示した方言周圏論の考え方が、その後、民俗周圏論、文化周圏論へと拡大していったものであるが、その間の経緯については、福田アジオ「方言周圏論と民俗学」（『武蔵大学人文学会雑誌』一三―四、昭和五十七年）に詳しい。

（18）五来重「両墓制と霊場崇拝」（『民間伝承』一六―一二、昭和二十七年）。

（19）この有馬シンポジウムの報告は、竹田聴洲「両墓制研究混迷の反省」（『日本民俗学会報』五五、昭和四十三年）に行われている。

（20）竹田聴洲「両墓制研究混迷の反省」（『日本民俗学会報』五五、昭和四十三年）。

（21）竹田聴洲『民俗仏教と祖先信仰』（東京大学出版会、昭和四十六年）四ページ。

（22）竹田聴洲『民俗仏教と祖先信仰』（前掲）。

（23）『続浄土宗全書』一八・一九（宗書保存会、昭和三年）。

（24）竹田聴洲『民俗仏教と祖先信仰』（前掲）五～六ページ。

（25）土井卓治「両墓制雑考㈠」（『岡山民俗』一八、昭和三十年）、同「死のけがれと墓制」（『岡山民俗』二四、昭和三十一年）、同「両墓制とその周辺の問題点」（『民俗』六―二、日本民家集落博物館、昭和三十八年）、同「埋葬以前」（『日本民俗学』五五、昭和四十三年）。

（26）田中久夫「死体遺棄の風習について」（『近畿民俗』三六、昭和四十年〈のち『祖先祭祀の研究』弘文堂、昭和五十三年、に収録〉）。

（27）田岡香逸「両墓制の起源」（『民俗』五―二、日本民家集落博物館、昭和三十六年）、同「両墓制の起源―最上孝敬氏の批

判に答える―」（『西郊民俗』二三、昭和三十八年）。

（28）　田中久夫「納骨の風習の成立過程に関する一考察―平安末期を中心として―」（『日本民俗学会報』六六、昭和四十四年〈のち『祖先祭祀の研究』弘文堂、に収録〉）。

（29）　無墓制については、村瀬正章「墓のない家がある」（『地方史研究』一四―六、昭和三十九年）以来、注目されるようになり、その後、森岡清美「墓のない家」（『社会と伝承』九―一、昭和四十年）、松久嘉枝「岐阜県揖斐郡坂内村の墓制」（『日本民俗学』九一、昭和四十九年）、天野武「白山山麓の墓制」（『日本民俗学』九二、昭和四十九年）、児玉識「周防大島の『かんまん』宗とその系譜」（『瀬戸内海地域の宗教と文化』雄山閣出版、昭和五十一年）、同「真宗地帯の風習」（『日本宗教の歴史と民俗』隆文館、昭和五十一年）などがある。

（30）　日本民俗学会編『日本民俗学の課題』（弘文堂、昭和四十三年）や元興寺文化財研究所編『東アジアにおける民俗と宗教』（吉川弘文館、昭和五十六年）などはそうした傾向をよく示すシンポジウムの討議記録でもある。

（31）　八木康幸「淡路島中部の墓制」（『地域文化』二、昭和五十年）。

（32）『日本民俗学』一五七・一五八合併号（岡山年会特集号、昭和六十年）。

第二節　両墓制・単墓制・無墓制

——両墓制概念の再検討——

はじめに

今日では、両墓制といえば、一方の死体埋葬の墓に対して、それとは別に石塔を建てて ながく死者の霊魂を祭る墓を有する墓制である、とする説明[1]が一般的となっており、両墓についての「埋め墓」「詣り墓」という呼称とともに、こうしたとらえ方はほぼ定説化したかにみえる。

しかし、いざ厳密には両墓制とは何か、具体的にどのような事例までを両墓制と呼んでよいのか、両墓制の厳密な概念規定の問題となると、実は必ずしも明確でなく、研究者個々によってはなはだ不統一であるというのが実情である[2]。したがって、両墓制についての諸問題を考察していくにあたっては、まずこの術語の厳密な概念を求める作業が何より重視されねばなるまい。

一般に、術語の概念規定といえば、当然、それが設定された時点において明確にしておかれたはずである。しかし、それがこの両墓制の場合、不明確で不統一な状態となってしまっているというのにはそれなりの事情があったのであり、その点についてはすでに先の研究史の整理の段階でみたとおりである。

つまり、この両墓制という術語を最初に使用した大間知篤三氏の「死者を葬むった地を以後永く供養の地に当てる

在	(3)　状　態			(4)まいり方	(5)物的関係
b	a		b		
	共	石・囲(角)	石塔	x	なし
寺	共・区	(木)・(石)・囲(角)	石塔	a_2	なし
	共・区	(木)・(石)	石塔	a_2	なし
寺(2)	共・区	土盛・石積・(木)・(石)	石塔	a_2	なし
山	区	石・(木)・(石)・石塔	石塔	a_2	なし
寺	共・区	(木)・(石)	石塔	a_2	なし
野	共	土盛・芝・(木)・囲(角)・屋	石塔	x	なし
山	共	(木)・囲(角)	石塔	x	なし
山	共	石	石塔	b_1	なし
	区	石・囲(角)	石塔	x	なし
寺(2)	共・区	(木)・(石)	石塔	b_2	土
寺	共	(木)・(石)	石塔	x	なし
寺	共	(木)・囲(円)	石塔	b_4	なし
寺	共	(木)	石塔	x	なし
寺(2)	共・区	石積・(木)	石塔	x	なし
寺・山(数)	共	(木)・(石)	石塔	b_4	なし
山(数)	区	石・(木)	石塔	b_4	なし
野(数)	共・区	石・芝・(木)・囲(弓)	石塔	x	なし
山	共・区	土盛・芝・囲(円)・(石)	石塔	a_2	なし
山・野(数)	共・区	土盛・囲(円)・囲(角)・(石)	石塔	a_2	なし
	共	(木)・囲(円)・囲(角)	石塔	x	なし
山	共	(木)	石塔	b_3	なし
堂	共	石・(木)・家・(石)	石塔	x	なし
堂(数)	共	石・(木)・家	石塔	b_3	なし

第１表　両墓制の調査事例

事　例	(1) 呼	称	(2) 所	
	a	b		a
京都府				
1. 京都市北区大森東町	サンマイ	セキトウ	隣	山
2. 北桑田郡京北町比賀江	ハカ	ラントウ		山
3. 亀岡市稗田野佐伯	ハカ ツカ	ラントウ	隣	山
4. 〃 犬飼	ハカ	ラントウ		山・野
5. 〃 宮前宮川	ミハカ	ラントウ		山
6. 〃 本梅平松	ハカ ボチ	ラントウ		野
7. 相楽郡南山城村今山	サンマイ ハカショ	セキトウバ		野
8. 綴喜郡田辺町打田	オオバカ	コバカ		山
大阪府				
1. 豊能郡能勢町吉野	イケバカ	ラントウ		山
2. 〃 〃 歌垣上村	イケバカ	ラントウ ダントウ	隣	(寺)
3. 〃 〃 倉垣長尾	イケバカ	ラントウ ダントウ		山
4. 〃 〃 宿野	イケバカ	マイリバカ ダント		山
5. 〃 〃 今西	イケバカ ウズメバカ	マイリバカ ラントウ		山
6. 〃 〃 天王	ミバカ	ラントウ		道
兵庫県				
1. 多紀郡多紀町福住	ミハカ	ラントウ		川
2. 〃 〃 市野々	ミハカ	キヨバカ ラントウサン		山
3. 〃 〃 中・福井	ミバカ	キヨバカ ラントウ ダントサン		山
4. 氷上郡春日町多利	イケバカ	ヒキバカ		道
5. 三木市椙原	オハカ	ムショウ		川
6. 加東郡社町下久米	オハカ サンマイ	ムショ		山(数)
7. 小野市厄神	オハカ ボチ	ムショ	隣	野
8. 津名郡淡路町開鏡	サンマイ	セキトウ		山
9. 〃 東浦町白山上幡	ステバカ	セキヒ		山
10. 〃 〃 河内	サンマイ ステバカ	ハカ ラントウ		山

在	(3) 状	態		(4)まいり方	(5)物的関係
b	a		b		
堂(2)	共	石積・囲(角)・家	石塔	x	なし
寺	共	石積・家	石塔	x	なし
寺(2)		芝・(木)・囲(角)・家	石塔	b_3	なし
寺		(木)・囲(角)	石塔	x	なし
野	共・区	(木)・(石)・囲(角)・家	石塔	x	なし
堂(数)	共	芝・(木)・囲(角)	石塔	b_1	なし
山(数)	共	芝・囲(角)・家	石塔	b_1	なし
堂(数)	共	石・囲(円)・家	石塔	b_1	なし
寺(数)	共	囲(円)	石塔	b_1	なし
山・野(数)		(木)・囲(角)・家	石塔	b_1	土
寺	共	石積・(木)	石塔	x	なし
道・堂・山		石	石塔	x	なし
堂	共	石・囲(円)	石塔	b_4	なし
寺・山(数)	区	家	石塔	x	(土)・(髪)
山・野(数)		石積・石・家	石塔	x	なし
寺(2)	共	石・囲(円)	石塔	b_3	土
(内)	共	家	石塔	b_2	なし
寺	共	石・囲(円)	石塔	b_1	なし
寺	共	石・囲(角)	石塔	x	なし
山・寺	共	石・囲(角)	石塔	b_1	土
寺	共	石積・囲(円)	石塔	x	なし
寺	共	石積・囲(円)	石塔	x	髪
寺	共	石・(木)	石塔	x	なし
寺	共	石・囲(円)・囲(弓)	石塔	b_2	なし
寺・山(数)	共	木・囲(角)	石塔	x	なし

事　　　　例	(1) 呼	称	(2) 所	
	a	b		a
11. 津名郡北淡町蟇浦	サンマイ	タッチュウ		海
12.　〃　東浦町野田	サンマイ ステバカ	ハカ		道
13.　〃　一宮町尾崎	サンマイ	オハカ		道
14.　〃　　〃　撫	サンマイ	ハカ		山
15.　〃　　〃　江井	サンマイ	ハカ		山
16. 洲本市下内膳	サンマ	オハカ		野
17. 津名郡五色町鳥飼上組	サンマ ステバカ	イシバカ		山(数)
18.　〃　　〃　鳥飼浦	サンマ	ハカ		道
19. 三原郡西淡町志知	サンマ	ハカ		山(数)
20.　〃　南淡町上町・佐野	サンマ	ハカ		山(数)
21.　〃　　〃　土生	サンマ オハカ	セキトウバ		道
福井県				
1. 大飯郡高浜町音海	ボチ	ダントバ		山(数)
2.　〃　　〃　高野	ミハカ ボチ	ハカ		山
3.　〃　大飯町川上	ミハカ	ダントバ		山(3)
4.　〃　　〃　父子	ミハカ	ダントバ セキトウバ		寺・山(数)
5. 小浜市深野	サンマイ	ダントウバ		川
6.　〃　尾崎	サンマイ	ハカ		野
7. 遠敷郡上中町仮屋	サンマイ	ハカ		林
8.　〃　　〃　麻生野	サンマイ ツカ	ハカ		山
9.　〃　　〃　三生野	サンマイ ツカ	ハカ		山
10. 三方郡三方町常神	サンマイ	ラントウ		道
11.　〃　美浜町竹波	サンマイ ノバカ	ハカ		道
滋賀県				
1. 高島郡マキノ町辻	サンマイ ツカ	ハカ		林(2)
2.　〃　　〃　森	サンマイ	ハカ		野・山
3. 甲賀郡甲南町野尻上出	サンマイ	セキトウ		野

在	(3) 状	態		(4)まいり方	(5)物的関係
b	a		b		
寺	共	(木)・囲(角)・石塔	石塔	b_3	(髪)
山(数)	共	土盛・芝・(木)・(石)・囲(角)	石塔	b_3	(髪)
寺・堂	共	(木)	石塔	b_1	なし
山(数)	共	囲(円)・囲(角)	石塔	b_2	(髪)
寺	共	芝・(木)	石塔	b_3	なし
寺(2)	共	(木)・芝・囲(角)	石塔	b_1	なし
寺	共	芝・(木)・石	石塔	b_1	なし
寺	共	芝・(木)	石塔	b_1	なし
寺	共	(木)	石塔	b_1	なし・
寺	共	土盛・石・囲(円)	石塔	x	髪
寺	共・区	石積・石・(木)・囲(弓)	石塔	x	なし
山		土盛・芝・石・(木)・(石)	石塔	x	土
寺		土盛・石・(石)	石塔	x	なし
寺	区	土盛・石・(木)・石塔	石塔	x	なし
寺(2)	区	石積・石・(木)・石塔	石塔	x	なし
寺	共	石・家	石塔	x	なし
寺		家・石塔	石塔	x	石
	共	石積・家	石塔	x	なし
寺(2)	共	石・(石)・家	石塔	x	なし
	共	石積・石・(石)・家	石塔	x	なし
寺	共	家	石塔	a_1	なし
山・寺・内	共	石・家	石塔	x	なし
内	共	土盛・家・屋	石塔	x	なし
道	共	石・囲(円)	石塔	x	なし

事　例	(1) 呼称 a	(1) 呼称 b	(2) 所	a
奈良県				
1. 奈良市興ヶ原	ミハカ ハカ	セキトウバカ		寺
2. 宇陀郡菟田野町宇賀志松井	ハカ	ラントバ ダントバ		山
3. 吉野郡西吉野村和田	ハカ	ラントバ トリハカ		山
4. 〃　〃　尼ヶ生	ジィンハカ	トリハカ		山
三重県				
1. 阿山郡阿山町上友田	サンマイ	ハカ		野(数)
2. 〃　大山田村広瀬	サンマイ	ボチ		野
3. 〃　〃　平田	ボチ ハカ	ボチ ハカ		道
4. 伊賀上野市東谷	サンマイ	セキトウバカ		野
5. 名張市長瀬	サンマイ	ジゾウサン		山・道(数)
6. 志摩郡阿児町鵜方	サンメ	カラムショ		山(3)
7. 〃　〃　神明	ウエノカ キタハブレ ハカ	ラントバ カラムショ		山(2)
8. 〃　〃　立神北区	ミハカ	カラムショ		山
9. 〃　〃　甲賀浜田	ボチ	ラントウバ キヨバカ		山
10. 〃　大王町船越	ボチ オハカ	ダント ラントウ		山
11. 〃　志摩町片田	オハカ ボチ	ダントバ		山
香川県				
1. 丸亀市本島笠島・新在家・甲生	サンマイ ボチ	タッチュウ ハカ		海
2. 〃　〃　大浦	浜のボチ	寺のセキトウ		海
3. 仲多度郡多度津町高見島浜	ステバカ	ホンバカ セキトウバ	隣	海
4. 〃　〃　〃　浦	ボチ ハカ	ボチ ハカ	隣	海
5. 〃　〃　佐柳島長崎浦	ハカバ	セキトウバ ラントウバ	隣	海
6. 三豊郡詫間町志々島本村	ボチ ハカ	ボチ ハカ		道
7. 〃　〃　粟島本村	ドソウバ サンマイ	セキトウバ ゾウ		山
8. 〃　〃　粟島尾	ハカバ	セキトウバ		海
9. 〃　〃　西香田	ボチ ハカ	ボチ ハカ		山

在	(3)	状　態		(4)まいり方	(5)物的関係
b	a		b		
	共	石・囲(円)	石塔	x	なし
寺	共	石・(石)・囲(円)	石塔	x	なし
寺	共	石・(石)・囲(円)	石塔	x	なし
寺	共	石・(石)・囲(円)・家	石塔	x	なし
堂	共	石・囲(円)・囲(角)・家	石塔	x	なし
野(2)	共	石・家・石塔	石塔	a_2	なし
堂・山(数)	共	芝・石・家	石塔	x	髪
内(2)	共	石・家	石塔	x	なし
堂(数)	共	石・(石)	石塔	x	土
寺	共	石・(石)	石塔	x	土
寺	共	石積・囲(円)	石塔	x	骨
寺	共	土盛・石積・石・石塔	石塔	x	土
	区	石積・石・芝	石塔	x	土
家	区	石・(木)・屋・石塔	石塔	x	土
家	区	土盛・石・(木)	石塔	b_3	土
家	共	(木)・屋	石塔	b_2	土
家	共	石・(木)・屋	石塔	x	土
寺	共	石・家	石塔	x	土
寺・家	共	石・(木)・家	石塔	x	土
	区	石	石塔	x	なし
	共	土盛・石・(木)	石塔	x	土

事　例	(1) 呼	称	(2) 所	
	a	b		a
10. 三豊郡詫間町船越	ボチ ハカ	ボチ ハカ	隣	海
11. 〃　〃　積	ボチ ステバカ	オハカ		海
12. 〃　〃　箱	サンマイ ハカバ	ラントウ		海
13. 〃　〃　生里	サンマイ ボチ	ラントウ テラノハカ		海
14. 〃　仁尾町北草木	ボチ	セキトウバ		野
鳥取県				
1. 日野郡江府町御机	ステバカ	セキトウバ		道
2. 西伯郡中山町高橋	ドソウバカ ステバカ	アゲバカ		野
3. 〃　名和町小竹・峯小竹	ステバカ	アゲバカ		道
島根県				
1. 安来市住吉	ウメバカ	カリバカ		道
2. 〃　久白	ウメバカ	カリバカ		山
愛知県				
1. 渥美郡渥美町高木	ハラノボチ	ラントウバ		寺
2. 知多郡南知多町日間賀島東	ムショウ	ラントウ		道
3. 宝飯郡一宮町上長山	ハカ ボチ	ハカ ボチ	隣	野
静岡県				
1. 磐田郡佐久間町福沢	ハカ ボチ	ハカ ボチ		山
2. 〃　〃　上市場	ボチ	ハカ		寺
3. 〃　〃　出馬	ボチ ハカ	セキトウ ラントバ		山
4. 天龍市神沢	ノバ ボチ	ハカ ラントウバ		山
東京都				
1. 西多摩郡日の出町細尾	ハカ ボチ	ヒキハカ		山
2. 〃　檜原村大沢	ハカ	ヒキハカ		山
3. 八王子市上恩方案下	ハカ	ハカ	隣	寺・家
埼玉県				
1. 狭山市鵜ノ木	ハカ ボチ	ハカ ボチ ヒキハカ	隣	寺

在	(3) 状	態		(4)まいり方	(5)物的関係
b	a		b		
寺(2)	共	石積・(木)・家	石塔	x	(土)
寺・家(数)	共	(木)・家	石塔	x	土
寺	共	石積・(木)	石塔	b_4	骨
寺(3)	共	土盛・(石)・囲(円)	石塔	x	なし
寺	共	木・囲(角)	石塔	x	なし
寺(2)	共	土盛・石塔	石塔	a_2	なし
寺	区	土盛・芝・木	石塔	x	(土)
寺	共	土盛・芝・(木)・(石)	石塔	x	なし
堂	共	土盛・(木)・(石)	石塔	x	なし
寺	共	土盛・(木)・(石)・石塔	石塔	x	なし
寺	共	土盛・(木)	石塔	a_2	なし
寺	区	土盛・(木)・囲(円)・石塔	石塔	x	なし
堂	共	土盛・(木)・家	石塔	a_2	なし
山	共	土盛・(木)・石塔	石塔	a_2	なし
寺	共	土盛・(石)	石塔	x	なし
寺	共	土盛・(石)	石塔	x	なし
堂		土盛・石・(木)	石塔	a_2	なし
内(数)		土盛・石・(木)・囲(弓)	石塔	x	なし
道		家	石塔	x	なし
山(4)		家	石塔	x	なし
山		木・家	石塔	x	なし
		芝・囲(弓)・家	石塔	x	なし
野・山(数)		石・芝・囲(弓)・家	石塔	x	土

事　　　例	(1) 呼	称	(2) 所	
	a	b		a
山梨県				
1. 南都留郡勝山村小海	ハカ ボチ	ハカ ボチ		寺
2. 〃　〃 小立	ハカ ボチ	ハカ ボチ センドヤマ		野(数)
千葉県				
1. 鴨川市天面	タチバ	セキトウ		海
2. 夷隅郡御宿町須賀・浜	サンマイ	セキトウ		川
3. 〃　〃 西淋寺	ジョウヤンデ	セキトウ		野・山
4. 長生郡長南町西湖	ボチ ハカバ	セキトウ		山・家(数)
5. 市原市下野	ボチ ハカ	ボチ ハカ ウチラントウ		寺
6. 東金市下布田	ボチ ラントウ	ウチラントウ ナイラントウ		野
7. 海上郡海上町東琴田	ボチ	先祖のハカ		道
8. 〃　〃 江ヶ崎	ハカ	セキトウバ		林
9. 八日市場市長岡	ボチ	セキトウバ		寺
10. 習志野市実籾	ラントウ	ウチラントウ		野
茨城県				
1. 多賀郡十王町高原	ハカ	下の方のハカ		山
2. 〃　〃 長久保	ボチ	ビョウソ		山(数)
3. 鹿島郡波崎町荒波	サンメ	ボチ ハカ		林
4. 〃　〃 舎利	サンメ	ボチ ハカ		林
群馬県				
1. 北群馬郡子持村伊熊	ハカ	ヒキハカ		野
2. 〃　〃 立和田	ハカ	ヒキハカ		道・家(数)
栃木県				
1. 塩谷郡藤原町上滝	ハカ ボチ	ハカ ボチ		道
2. 今市市栗原	ハカ ボチ	ハカ ボチ		川
3. 〃 下穴沢	ハカ ボチ	ハカ ボチ		山
4. 〃 芹沼	ハカ ボチ	ハカ ボチ	隣	山(7)
5. 鹿沼市酒野谷	ラントバ	ヒキハカ		野・山(数)

(2) 所　在

隣～両墓隣接。

山　ムラはずれの山裾，山の斜面，山中，丘の上など。

林　ムラはずれの林の中など。

野　ムラはずれの野原や田畑の間などに。

道　ムラはずれの道路端。

川　ムラはずれの川端。

海　ムラはずれの海浜。

内　集落の内側に家々に囲まれて。

寺　寺の境内もしくは近辺に。

堂　堂の近辺に。

家　家ごとに屋敷近辺に点在。

(数)　他にも数カ所　(2)　2カ所　(3)　3カ所

(3) 状　態

共　共有使用で家ごとの占有区画などなし。

区　家ごとの区画割りあり。

共・区　共有が原則だが一部に占有区画もできてきているもの。

石　目印の自然石1個または数個。

(石)　俗名を刻むなど一定の加工を施した目印の石。

木　目印の自然木

(木)　角柱の形などへ加工し俗名や戒名を記入したもの，木墓標。

芝　芝を敷いたもの。

土盛　土盛り。

石積　石積み。

囲(円)　サギッチョなどと呼ばれる円錐形の竹囲い。

囲(角)　イガキなどと呼ばれる四角形の竹囲いや木囲い。

囲(弓)　イヌハジキなどと呼ばれる竹を弓なり状に地面につき立てて囲ったもの。

屋　藁や板などの屋根がけ。

家　シズクヤ，タマヤなどと呼ばれる家型。

石塔　仏教式の石造墓塔。

(4) まいり方

a_1　aへのみまいり，bはほとんど忘却。

a_2　aへの墓参が主でbへは盆など限られたときだけ。

x　aとbへほとんど同じようにまいる。

b_1　bへのみまいる。aへは埋葬後35日か49日まで。

b_2　bへの墓参が主でaへは1周忌くらいまで。

b_3　bへの墓参が主でaへは3年忌くらいまで。

b_4　bへの墓参が主であるが，aへも7年忌から13年忌くらいまでならまいる。

(5) 物的関係

なし　aからbへ何も移さない。bへは何も納めない。

土　aからbへ土を一握り移す。　(土) 一部の人がそうする。

石　aからbへ石を移す。

骨　aからbへ骨を掘りおこして移す。　(骨) 一部の人がそうする。

髪　aからではなく，それとは別に，bに遺髪や爪などを納める。(髪)　一部の人がそうする。

のが、今日都鄙を通じての一般的風習である。ところが、是に対して、その「葬地」と「祭地」とを別にする例、即ち墓地に第一次と第二次との二種を有する例がある」(3)、「両墓制と呼ぶのは、遺骸を葬った墓を比較的短期間にうち棄てて、以後その死者を祭るための墓を別地に設ける墓制である」(4)という規定は、実は柳田国男による両墓に対するそれぞれ「葬地」「祭地」という仮説的な概念付与を前提としたものであったのであり、したがって後者の「祭地」というやや不明瞭な概念の規定次第では両墓制の概念は大きくゆれ動いてしまわざるを得ない状態となっているのである。

そこでいま、あらためて術語としての両墓制の厳密な概念を求める上で重視されねばならないのは、そうした柳田国男の仮説的な「祭地」という概念付与の無批判な継承ではなく、何よりも具体的な個々の伝承事例の整理とそれらの帰納による再吟味の作業ということになるであろう。

一　両墓の形態

そこで、筆者は昭和四十六年七月から昭和四十八年八月にかけての二年間、それまで両墓制の事例として報告されてきた各地の諸事例をまず直接確認してまわるという作業を試みた。そして、その段階で第1表に掲げるあわせて一一七個の事例に関するデータを得た。実際の調査と整理の作業にあたっては、両墓に対する先入観を払拭してとりかかるべきものと考え、これまで「葬地」「第一次墓地」「埋め墓」などと呼ばれてきたものをa、「祭地」「第二次墓地」「詣り墓」などと呼ばれてきたものをb、と仮に呼んでおくこととし、そのa、b、両墓についてそれぞれ①呼称、②所在、③状態、④まいり方、⑤物的関係、の五つの項目を用意した。

を確認することができた。

　そして、この調査の結果、多くの事実を確認することができた。とくに、③状態、の項については、次のような点

　まず、これまで「埋め墓」などと呼ばれてきたaというのは、確かに死体が埋葬されている墓地であり、その景観上の特徴は死体埋葬地点の上に施される墓標や供物など一連の墓上装置の集合であるという点にある。そして、それら各種の墓上装置というのは、基本的には、

・塚（モリッコとかドマンジュウなどと呼ばれる土盛りや、ツカなどと呼ばれる石積みの類）(5)(6)

・目印（ハカジルシ、マクライシなどと呼ばれる自然石や、埋葬地点に挿し立てておかれる生木や木墓標、また芝などの類）(7)(8)(9)(10)(11)

・呪的付属物（魔除けの鎌や、また箒、枕、帽子、草履、杖、傘、木製の模型の鍬などの類）(12)(13)

・設え（イヌハジキ、サギッチョ、イガキ、シズクヤ、タマヤ、スヤなどと呼ばれる竹囲いや家型などの装置の類）(14)

・供物（花、膳、水、線香、ローソク、灯籠などの類）(15)

という五つの要素からなっており、いずれもその組み合わせとしてとらえることができる。そして、いろいろとこの五つの要素の組み合わせの上で変化形はあるものの、それぞれ墓上装置として完結し独立的に機能し得ているものと考えられる。(16)

　一方、これまで「詣り墓」などと呼ばれてきたbの方は、比較的古いものでは五輪塔や宝篋印塔、それに地蔵や如意輪観音などを刻んだいわゆる仏像光背型などから、箱型や駒型、角柱型など、近年のものにいたるまで、その型式は多様であるが、(17)いずれも死者供養のために建てられた仏教式の石造墓塔の類の集合である。そして、これら仏教式の石造墓塔の特徴としてあげられるのは、

・特定個人の死者の供養のために設けられた仏教的装置である。

・死者の関係者の墓参、礼拝の対象となっている。
・家ごとに帰属している。
・石工など専門職の製作になり、僧侶によるカイゲン（開眼供養）など一定の儀礼的手続きを経ている。
・建立者の信仰や経済力などを反映するもので必ずしもすべての死者に対して一基ずつ建てられるものではない。
・朽廃することのない石造の装置である。

などの諸点であった。

第１図　類型Ⅰ—奈良県高市郡高取町寺崎（埋葬地点に木墓標を立てたり，生木をさしたり，竹のイガキを設けるだけで石塔は建てない）

第２図　類型Ⅱ—京都府北桑田郡京北町高野（埋葬地点の上に石塔を建てる形で，石塔が建てられている例と，まだ石塔が建てられていない例が見られる）

ただ、このbの区画内には、なお他にも次のような一般的な石造墓塔の類とは異なるものもみられた。

㋑　石塔建立予定地点にたてておかれる自然石や木墓標の類(18)

㋺　墓域の入口などにみられる三界万霊総供養碑の類や阿弥陀や地蔵など石仏の類(19)

㋩　林立する石造墓塔の間に混在している自然石の類(20)

などである。しかし、これらはいずれも少数例で、すべての事例にわたって存在しているわけでもないために、これらをもって、bの主要構成要素とみることにはやはり無理がある。

㋑の類は近い将来における石塔建立という前提の上に仮に立てておかれるものであり、その意味でやはり従属的なものにすぎないし、また㋺の類もbの区画内だけでなく、むしろaの区画の方に設けられている場合も少なくなく、また寺の境内や路傍などに建てられていることも多いのであって、bを構成する主要な要素とは認めがたい。また、

第3図　類型Ⅲ—京都府北桑田郡京北町宮の辻（埋葬地点から少しずつずらして石塔を建てている）

第4図　類型Ⅳ—香川県三豊郡仁尾町南草木（手前が埋葬区画で，向う側は石塔建立区画と墓域とに二分されている）

㈧の類も多くは経済上の理由によるものであり、一般的な石塔との比較で型式上の単なる素朴さをもってそれを原初的な形態として過大に評価することはできない。

以上、このように各地で伝承されてきた現象的事実に立脚する限り、やはり、まずは、両墓は形態上、

・aは死体埋葬地点の上に施される一連の墓上装置の集合

・bは死者供養のために建てられた仏教式石造墓塔の集合

と認定しておくことができるものと考える。

第５図　類型Ⅴ―京都府綴喜郡田辺町打田（死体埋葬墓地）

第６図　類型Ⅴ―京都府綴喜郡田辺町打田（石塔墓地の入口）

二　死体埋葬地点と石塔建立地点とをめぐる五つの類型

さて、こうして形態の上から、両墓制における両墓というのが、死体埋葬地点に施される各種の墓上装置の集合と、それに対応する死者のための石塔群である、ということが認定されるならば、ここにひとつの新しい視角がひらけてくる。

つまり、この両墓制に限らず、広く一般の土葬墓制において、個々の死体埋葬地点と石塔建立地点との両者の位置関係に着目してみるという視角である。そして、そのような視角に立った場合、筆者が、その後、調査した墓制事例をも含めて各地の土葬墓制の諸事例から抽出することができるのは、およそ次のような五つの類型である。

類型Ⅰ　死体埋葬地点に一連の墓上装置を施すだけで、石塔は建てない。

類型Ⅱ　死体埋葬地点の真上に石塔を建てる。

類型Ⅲ　死体埋葬地点のそばに少しずらして石塔を建てる。

類型Ⅳ　死体埋葬地点からまったく離れて石塔を建て、墓域が死体埋葬の区画と石塔建立の区画との両区画に二分されている。

類型Ⅴ　死体埋葬地点とはまったく離れて石塔を建て、死体埋葬の墓地と石塔建立の墓地とが完全に隔絶して別々になっている。

これらのうち、これまで両墓制と呼ばれてきたのは、類型Ⅳ・Ⅴであり、類型Ⅳの場合にはとくに両墓隣接型とも呼ばれてきた。そして類型Ⅱ・Ⅲが単墓制と呼ばれて、両者はまったく異質な墓制であるかのように論じられてきた

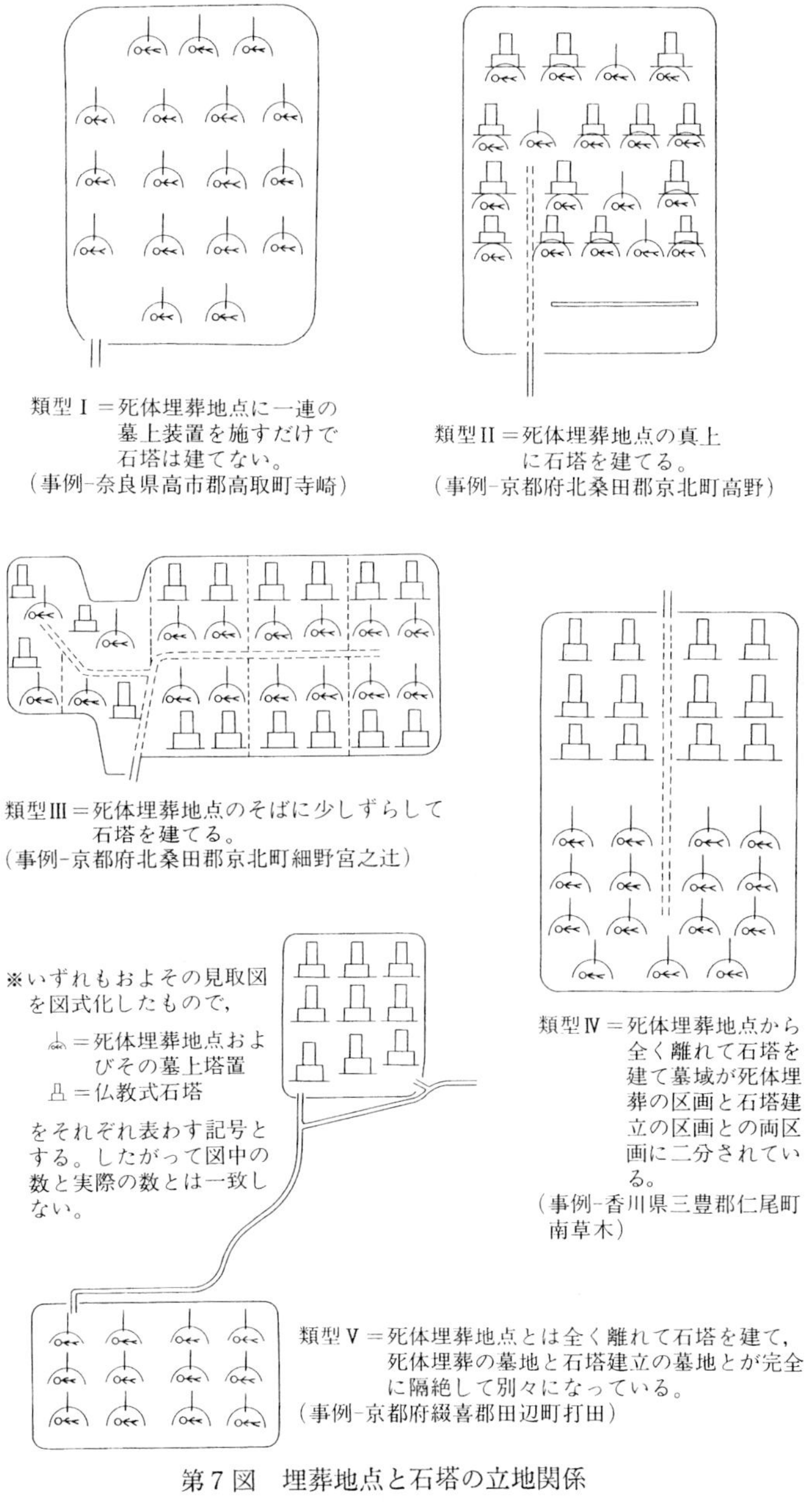

類型Ｉ＝死体埋葬地点に一連の
墓上装置を施すだけで
石塔は建てない。
（事例–奈良県高市郡高取町寺崎）
類型II＝死体埋葬地点の真上
に石塔を建てる。
（事例–京都府北桑田郡京北町高野）
類型III＝死体埋葬地点のそばに少しずらして
石塔を建てる。
（事例–京都府北桑田郡京北町細野宮之辻）
類型IV＝死体埋葬地点から
全く離れて石塔を
建て墓域が死体埋
葬の区画と石塔建
立の区画との両区
画に二分されてい
る。
（事例–香川県三豊郡仁尾町
南草木）
※いずれもおよその見取図
を図式化したもので，
＝死体埋葬地点およ
びその墓上塔置
＝仏教式石塔
をそれぞれ表わす記号と
する。したがって図中の
数と実際の数とは一致し
ない。
類型Ｖ＝死体埋葬地点とは全く離れて石塔を建て，
死体埋葬の墓地と石塔建立の墓地とが完全
に隔絶して別々になっている。
（事例–京都府綴喜郡田辺町打田）

第７図　埋葬地点と石塔の立地関係

のである。

しかし、いまこれら五つの類型を相互に比較してみることによって、あらためて次のような諸点を指摘することができるであろう。

まず第一に、類型Ⅲと類型Ⅳとの間には意外にも共通点が多いということ、たとえば、類型Ⅲの場合、全体的な景観からいえば埋葬区画の中に石塔が建てられており、同一墓域内に埋葬地点上の装置と石塔とが混在しているようにはみえるものの、共同墓地の場合など、少し細かくそれぞれ各家ごとの区画内に個別に注目してみるならば、石塔というのはほとんどの場合、整然と並列的に建てられる傾向が強いため、結果的に、それぞれ狭小な範囲ながらも、そこでは死体埋葬の区画と石塔建立の区画とに二分されているというのが実情であることがわかる。したがって、類型Ⅲと類型Ⅳとの間の差異というのは、両区画に二分されているのが、各家ごとの区画内においてであるか、それともその墓地を共同使用している多数の家々全体にわたってであるのか、という点だけということになる。そして、それはまた、個々の埋葬地点が長く保存されるか、まもなく放棄され不明と化すか、という点についてみても同様である。類型Ⅳ・Ⅴに限らず、類型Ⅱ・Ⅲの場合でも、石塔というのはすべての死者およびその埋葬地点に対応して建てられるものではないため、いずれの類型においても、墓地の連続的使用の中にあって遅かれ早かれ個々の埋葬地点というのはやがては不明と化していっているのが実情である。

次に、第二の点として注目されるのが、類型Ⅰの存在である。類型Ⅰにおいては石塔という要素が欠落している。つまり、この類型Ⅰの存在は、日本の一般的な葬送墓制の習俗の中から石塔という要素をいったん除去してみるという視角を与えてくれる。そしてさらに、その石塔というのが日本の葬送墓制の習俗の中にあっては、必ずしも必要不可欠のものではなく、一連の墓制史の系譜の中に、ある時期より以降、付加されてきた新しい一要素であるということを教えてくれる。また一方で、類型Ⅲ・Ⅳ・Ⅴの存在は、この石塔が、一般に各地の埋葬墓地でマクライシ、アタマイシ、メアテイシなどという民俗語彙とともに伝承されてきている個々の埋葬地点上に据え置かれる目印の自然石の類と系譜的につながるものではなく、このように埋葬地点とは離れた場所にもしばしば建てられ得るものであるということをよく示している。

そこで、これらの点を総合してみることにより、これまで単墓制とか両墓制とか呼ばれてきた類型Ⅱ・Ⅲと類型Ⅳ・Ⅴとは、たがいに異質な墓制というのではなく、いずれも、いわば無石塔墓制ともいうべき類型Ⅰを先行形態として、そこに新たに石塔という要素が付着してきたとき、その付着のしかたによって分かれたそれぞれ変化形であるとみることができるのである。

では、石塔の付着のしかたの上でどうしてそのような差異がみられたのか。そこにはそれなりの理由があったはずであり、その点について、これら五つの類型相互間の差異点を細かく比較し検討していくことによって明らかにしていく必要があろう。

三　無墓制について

ところで、両墓制、単墓制という術語に対して、最近では一方で無墓制という術語も用いられるようになってきている。では、この無墓制というのはどのようなものであるか、また、いまみた類型Ⅰの無石塔墓制とはどのような関係にあるのか、それらの点についてもここで確認しておく必要があろう。

最初に、この無墓制という語を使用したのは、昭和三十九年十二月『地方史研究』一四―六に掲載された村瀬正章氏の「墓のない家がある」であろう。村瀬氏はその中で、愛知県碧南市の大浜地区と棚尾地区の一二二九戸についてのアンケート調査を実施し、墓のない家がそのうち五七・九パーセントにものぼり、それらのほとんどが浄土真宗門徒の家であるということを指摘した。そして、その墓のない理由について、阿弥陀仏を唯一絶対として信仰する浄土真宗独特の教義や、土地の狭さ、経済的困難など、をあげる伝承者たちの見解を紹介し、さらにそれらの家々では遺骨の一部を京都の大谷本廟へと納骨する風がさかんにみられるということを指摘した。

この村瀬氏の報告した事例は火葬の事例と推定されるが、それに対し土葬の場合で、これとよく似た事例があることを報告したのは森岡清美氏(21)である。

森岡氏の注目したのは、三重県阿山郡大山田村下阿波の事例で、臨済宗神憧寺檀家二五戸と浄土真宗正覚寺門徒三〇戸とは、ともにサンマイと呼ぶ共同の埋葬墓地を使用しながら、前者はその埋葬墓地サンマイへもまいるし、また寺の境内には別に石塔墓地を設けており両墓制のかたちをとっているのに対し、後者は一切墓参などせず石塔も建てずにただ家の仏壇と寺の本堂とで念仏供養を行っているというものであった。その浄土真宗門徒の家々では、埋葬翌日のハイソマイリにただ一度だけサンマイへまいり、その日のうちに遺髪を正覚寺に納め、のち適当な時期に京都の大谷本廟へも同じく遺髪を納めてこれを納骨といっており、盆や彼岸などの追善供養はすべて家々の仏壇と正覚寺本堂において行っているのである。そこで、この浄土真宗正覚寺門徒三〇戸の事例について、森岡氏は埋葬墓地は捨ててこれにまいることはしないし、正覚寺境内につくられた納骨塔も墓参の対象とはなっていないところから、これは墓のない無墓制と呼んでよいのではないかとしたのである。そして、もしそれが適当でないとするならば、正覚寺本堂を集合詣り墓とする両墓制もしくは多墓制と呼んでもよいであろうとのべた。

その後、松久嘉枝氏(22)や天野武氏(23)、児玉識氏(24)らによって、岐阜、石川、山口、鳥取などの各県下の事例があいついで

報告され、この無墓制という語とこうした墓を設けない墓制についての人々の関心が高まっていった。(25)

なかでもとくに児玉識氏が調査し報告した山口県大島郡笠佐島の事例や鳥取県東伯郡羽合町上浅津・下浅津の事例などは非常に徹底した内容のもので人々を驚かせた。たとえば笠佐島の事例では、集落の後背の小山の上に掘った大きな穴が焼き場で、そこで火葬にすると焼いた骨のほんのひとつまみを袋などに入れて京都西本願寺の大谷本廟へ納骨するだけで、他の大部分の遺骨はそのまま野ざらしにしておかれる。次の火葬の時、骨などが残っていても周囲へかきあげる程度で特別なことはしない。死者のための位牌も石塔もなく、家の仏壇には阿弥陀仏がまつられており、盆や年忌にはその仏壇にまいるだけである。また鳥取県の東郷池畔の上浅津・下浅津の事例では最近まで、池岸に作られたヒヤと呼ばれる焼き場で火葬にすると、ほんの一部の骨を京都西本願寺の大谷本廟へ納骨するためにとっておくだけで、他は全部東郷池の池中へと投棄していたという。もちろんそこでも墓などはなかった。

さて、そこで、この無墓制という語を民俗学上の術語としてこれから使用していくとするならば、やはりこの種の諸事例の整理とそれにもとづく概念規定の明確化という作業を行っておかねばなるまい。(26)そして、その際、注意しなければならないのは、火葬の場合と土葬の場合との区別ということである。(27)これまで、無墓制として注目されてきたのはほとんどが火葬の場合であり、火葬骨の大部分を投棄してしまうという事例であって、その限りにおいては概念規定の上でとくに問題はない。つまり、無墓制とは、火葬骨の大部分を投棄してしまい、墓を設けない墓制である、と規定しておくことができよう。しかし、それに対し、森岡清美氏の報告した前述の三重県大山田村下阿波の浄土真宗門徒の家々の場合などは土葬であり、継続的な墓参供養の対象とはなっていないものの、埋葬墓地自体は集落の南はずれの川の近くに確実に存在しており毎年盆前の墓掃除は行われている。筆者もこの下阿波の事例については実地調査を行い、またこれとよく似た事例として、同じく大山田村広瀬や滋賀県伊香郡余呉町小谷の事例などを確認してまわったが、これらはいずれも埋葬墓地が存在しているため、やはり、火葬の場合とは区別しておかねばならぬものと考える。無墓制と呼ぶ以上、土葬の場合でも墓がない、つまり埋葬地点および埋葬墓地を完全に放棄してかえりみないというかたちでなければならない。そして、そうしたケースは、とくに埋葬墓地というのを定めずに死者あるごとに適宜あちこちに埋葬して棄て、そのあとはかえりみないという方式として理念上は存在し得る。しかし、これら三重県大山田村下阿波や滋賀県余呉村小谷の浄土真宗門徒の場合などは、埋葬墓地が歴然と存在しており、必ずしも無墓制と呼ぶべきかたちをとってはいない。それは、これらの事例が、一つの集落に、石塔を建立せず埋葬墓地をも重視せずただ京都の本山や檀那寺への納骨と家の仏壇の阿弥陀仏への念仏供養とで十分であるとする浄土真宗門徒の家々と、一方、檀家寺の境内などに石塔墓地を設けるとともに埋葬墓地の方へも墓参供養を続けている臨済宗や曹洞宗の檀家の家々とが約半数ずつ混在しており、その両者がともに一ヵ所の集落共有の埋葬墓地を共同使用するかたちをとっていることによるのかも知れない。

しかし、では、一つの集落の全戸がそのような浄土真宗門徒ばかりで占められ、しかも石塔は一切建てないというような事例であれば完全な土葬無墓制となっているかといえば、また必ずしもそうではないのである。たとえば、筆者の調査事例でいえば、滋賀県伊香郡木之本町唐川という集落では、最近になって北陸自動車道の建設工事により、古くからの埋葬墓地サンマイがとりこわされて新しい墓地が設置され、それを機にそこには新しい石塔が建てられるようになったのであるが、それ以前はずっとその古くからの集落共有の埋葬墓地サンマイには一切石塔は建てなかった。むしろ、埋葬墓地の共有を守るために個人の石塔の建立を禁じていたほどであった。しかし、そのころも盆や年忌などの墓参はその埋葬墓地サンマイの方へずっと行っていたのである。つまり、この事例では、石塔は建てられていなくても埋葬墓地が営まれ、墓参供養も行われていたことからみて、これを無墓制と呼ぶわけにはいかない。これらはやはり無墓制とは区別して、石塔を建てない墓制という意味で、先にものべたように無石塔墓制と呼んでおくべきであろう。

したがって、これまでの民俗調査の段階では土葬無墓制というのは、理念上は存在し得るものの、その具体例というのはまだ確認できていないということになろう。

そこで、これまで使用されてきた、両墓制、単墓制、無墓制という術語について、その概念規定を明確にしておこうとするならば、やはり、葬法の種類、墓参供養の有無、石塔建立の有無、墓地の有無、という四つの点を規準として整理してみる必要があるであろう。そして第2表がそうした整理の試案の一つである。

両墓制というのは、土葬墓制においてみられる形態で、埋葬墓地とは別に石塔墓地を設けるものであり、墓参は両墓に行う場合も石塔墓地の方へだけ行う場合もあり得る。それに対し、単墓制というのは、埋葬墓地に石塔を建てそ

第2表　両墓制・単墓制・無墓制の分類

葬法	土葬				火葬		
墓参供養	有			無	有		無
石塔	有		無		有	無	
墓地	有			無	有		無
	①	②	③	④	⑤	⑥	⑦
	埋葬した墓地に石塔を建て、そこに墓参供養をする。	埋葬した墓地とは別に石塔を建て、両方もしくは一方へ墓参供養をする。	埋葬した墓地にも他にも石塔は建てず、埋葬墓地へ墓参供養をする。	埋葬した地点を放棄してしまい、墓地も設けず墓参供養もしない。	火葬場で火葬し、火葬骨を石塔の下などへ納め、そこへ墓参供養をする。	火葬場で火葬し、火葬骨は墓地に埋めてその上には自然石を置くなどし、そこに墓参供養をする。	火葬場で火葬し、火葬骨を投棄してしまい、墓地も設けず墓参供養もしない。
	単墓制	両墓制	無石塔墓制	無墓制	(一般の火葬墓制)	無石塔墓制	無墓制

こに墓参をするというかたちのものである。一方、無石塔墓制というのは、土葬の場合も火葬の場合もあり、いずれも一定の墓地を営みそこへ墓参をするもので、ただ仏教式の石造墓塔の類は一切建てないというものである。これらに対し、無墓制というのは墓地を設営せず遺骨や遺体は放棄してかえりみず、したがって墓参などということもあり得ないかたちをいう。

なお、管見の範囲内では、これまで確認されている火葬無墓制の事例はおよそ十数例であるが、(28)それらすべてに共通している点といえば、やはりすでに注意されてきているように、浄土真宗門徒であるという点と、それに、火葬骨の一部を檀家寺や京都の大谷本廟へと納める納骨の儀礼が行われているという点であろう。

浄土真宗の教義が徹底して阿弥陀仏への信仰と念仏とを中心とする独特なものであることはよく知られているところであり、実際にこの火葬無墓制のかたちをとってきている地域でも、宗祖親鸞が「某閉眼セバ加茂川ニイレテ魚ニアタフベシ」といったという故事を語り伝えている例は多い。(29)したがって、基本的にはそうした浄土真宗の独特な教義と、それに加えて京都の大谷本廟への納骨儀礼の存在とがこのような火葬無墓制を実現せしめているものとみることができる。しかし、その他の要因をも含めてのこの火葬無墓制成立の、いわば決定的な要因の組み合わせというのは、まだ必ずしも明らかではない。たとえば、山口県下の事例などについて、中世の海人・舟人などの流動的非農業民＝ワタリの生活の伝統というのが注目されるとした児玉識氏の見解もあるように、(30)それぞれ事例ごとの経済的、社会的背景についての分析が今後必要とされているところといってよかろう。

まとめ

以上、ここで論じたところをまとめておくならば、およそ次のような諸点である。

i　両墓制における両墓とは、形態的にみる限り、一方は死体埋葬地点に施された一連の墓上装置の集合であり、他の一方はそれに対応し死者供養のために建てられた仏教式石造墓塔の集合である。

ii　個々の死体埋葬地点と石塔建立地点との両者の位置関係に着目するという視点に立つならば、日本の土葬墓制は次の五つの類型に大別することができる。

類型Ⅰ　死体埋葬地点に一連の墓上装置を施すだけで石塔はどこにも建てない。

類型Ⅱ　死体埋葬地点の真上に石塔を建てる。

類型Ⅲ　死体埋葬地点のそばに少しずらして石塔を建てる。

類型Ⅳ　死体埋葬地点からまったく離れて石塔を建て、墓域が死体埋葬区画と石塔建立区画との両区画に二分されている。

類型Ⅴ　死体埋葬地点からまったく離れて石塔を建て、死体埋葬の墓地と石塔建立の墓地とが完全に隔絶して別々になっている。

これらのうち、類型Ⅱ・Ⅲが単墓制、類型Ⅳ・Ⅴが両墓制と呼ばれているものであり、類型Ⅰは仮に無石塔墓制とでも呼ばれるべきものである。そして、これらはいずれも、類型Ⅰの存在から推定されるところの石塔以前の埋葬墓地を共通の基盤とし、それに対する新たな石塔という要素の付着のしかたによって分かれたそれぞれ変化形である。

iii　無墓制という術語の概念は、土葬と火葬という葬法の違い、墓参供養の有無、石塔の有無、という三つの点をふまえた上で考慮されるべきであり、無墓制と無石塔墓制とを混同してはならない。無墓制には土葬の場合と火葬の場合とがあり得るが、いずれも死体もしくは遺骨を放棄してしまい墓を設けない墓制である、もちろん、墓参供養も石塔建立も行われない。現在までの段階では、火葬無墓制の事例は確認されているが、土葬無墓制の事例というのはまだ確認されていない。

注

（1）大塚民俗学会編『日本民俗事典』。
（2）竹田聴洲「両墓制研究混迷の反省」（『日本民俗学会報』五五、昭和四十三年）。拙稿「両墓制について」（『日本民俗学』一五七・一五八合併号、昭和六十年）。
（3）大間知篤三「両墓制の資料」（『山村生活調査第二回報告書』昭和十一年）。
（4）大間知篤三「両墓制について」（『宗教研究』一二七、昭和二十六年）。
（5）たとえば、第1表中の、京都4・7、兵庫5・6、奈良2、三重6・8〜10、香川8、愛知2、静岡2、埼玉1、千葉2・4〜10、茨城1〜4、群馬1・2などの諸事例で顕著であった。
（6）同じく、第1表中の、京都4、兵庫1・11・12・21、三重7・11、香川3・5、愛知1〜3、山梨1・2、千葉1などでみられた。
（7）同じく、第1表中の、京都1・5、大阪1・2、兵庫3・4・18、福井5・7〜9、滋賀1・2、三重6〜11、香川1・4・5・7・9〜14、鳥取2・3、島根1・2、愛知2・3、静岡1・2・4、東京1〜3、埼玉1、群馬2、栃木1などでみられた。
（8）同じく、第1表中の、千葉5・10、栃木3などでみられた。
（9）同じく、第1表中の、京都2〜8、大阪3〜6、兵庫1〜4・7〜10・13〜16・20・21、滋賀1・3、奈良1〜3、三重1〜5・7・8・10・11、静岡1〜4、東京2、埼玉1、山梨1・2、千葉1・6〜9、茨城1・2、群馬1・2などでみられた。なお、山梨1・2、茨城1などのように、こうした木墓標をたてるようになったのは最近の傾向で、かつてはたてなかったといっている例もある。

(10) 同じく、第1表中の、京都7、兵庫4・5・13・16・17、奈良2、三重1～4・8、鳥取2、愛知3、千葉5・6、栃木4・5などでみられた。

(11) なお、目印の自然石や木墓標にかえて、一周忌とか三年忌とか一定期間が経過したのち、角柱状の石に俗名を刻んだ、いわば石墓標ともいうべきものへとたてかえる例も各地でみられた。たとえば、第1表中の、京都2～6、大阪3・4、兵庫2・9・15、奈良2、三重8・9、香川4・5・11～13、島根1・2、千葉6～8、茨城3・4などである。この石墓標はbの仏教式の石塔とはまったく別のものである。そして、これをたてるようになったのは最近の傾向であるという例も多かった。

(12) 第1表中の諸事例では、京都7、大阪6、兵庫2、福井2・11、鳥取2、静岡1・4などでみられた。

(13) 第1表中の事例では、たとえば、箒は香川11・12、枕は香川12、帽子は香川11、静岡1、草履は京都7、三重3、香川1～3・5・6・14、鳥取2、杖は兵庫1・2・4・8、香川1～3、静岡1・4、傘は大阪6、兵庫1・4・8、香川11・12、木製の模型の鍬は大阪6、兵庫4・5、福井2、三重8などでそれぞれみられた。

(14) この種の設えには、大別して、(1)板や藁で屋根がけのかたちにするもの、(2)竹を弓なりにさし立てめぐらせるもの、(3)竹を垣根のように四角に立てめぐらせるもの、(4)立てめぐらした竹を上で束ねて円錐形にするもの、(5)家型の装置を置くもの、の五つのタイプがある。たとえば、第1表中、屋根がけのかたちは、京都7、香川8、静岡1・3・4、弓なりのかたちは、兵庫4、三重7、群馬2、栃木4・5、垣根のかたちは、京都1・2・7・8、大阪2、兵庫11・13～17・20、福井8・9、奈良1～3、三重2・5、香川15、円錐形のかたちは、大阪5、兵庫5・6、7・18・19、福井2・5・7・10・11、滋賀2、奈良3、三重6、香川9～13・15、愛知1、家型のかたちは、兵庫9～13・15・17・18・20、福井3・4・6、香川1～8・14・15、鳥取1～3、東京1・2、山梨1・2、栃木1～5などでみられた。
なお、同一埋葬地点に二つのタイプの設えが重複しているような例、たとえば、兵庫11・13・15・17・18、香川8などや同一墓地内に二つ以上のタイプの設えが併存している例、たとえば京都7、奈良3、香川15、栃木4・5などもみられた。

(15) この供物の類は基本的には、食物、水、火、花を主要構成要素としており、すべての事例に共通してみられた。

(16) 墓上装置の構成と機能については後述。第三章第一節参照。

(17) 仏教式の石造墓塔の種類と機能およびその歴史的変遷過程については後述。第三章第一節参照。

（18）第1表中では、兵庫18、三重6、鳥取2などでみられた。
（19）第1表中では、兵庫2、東京2、香川1、群馬1などでみられた。
（20）第1表中では、京都2、兵庫6などでみられた。
（21）森岡清美「墓のない家」（『社会と伝承』九―一、昭和四十年）。
（22）松久嘉枝「岐阜県揖斐郡坂内村の墓制」（『日本民俗学』九一、昭和四十九年）。
（23）天野武「白山山麓の墓制」（『日本民俗学』九二、昭和四十九年）。
（24）児玉識「周防大島の『かんまん』宗とその系譜」（『瀬戸内海地域の宗教と文化』雄山閣出版、昭和五十一年）。同「真宗地帯の風習」（『日本宗教の歴史と民俗』隆文館、昭和五十一年）。
（25）野口淳「無墓制の問題」（『日本民俗学』一三一〈卒業論文発表要旨〉、昭和五十五年）。
（26）この「無墓制」という語の概念をめぐっては、最上孝敬氏が『葬送墓制研究集成』第四巻（名著出版、昭和五十四年）で、その第五篇を「無墓制について」と題して、この語を使用したころから、とくに問題視されるようになり、その後、橋本鉄男「ムシロヅケの溜」（『岡山民俗創立三十周年記念特集号』昭和五十四年、土井卓治「葬りの源流」（『日本民俗文化大系2太陽と月』昭和五十八年）、松崎憲三「真宗地域の民俗」（『民俗フォーラム』国立歴史民俗博物館、昭和六十年）、田中久夫「シンポジウム　死者をめぐる民俗」（『日本民俗学』一五七・一五八合併号、昭和六十年）、蒲池勢至「真宗と墓制」（『歴史手帖』一五―六、昭和六十二年）などの発言がある。
（27）蒲池勢至「真宗と墓制」（前掲）も火葬と土葬の区別ということをのべている。
（28）以下の諸事例が知られている。
愛知県碧南市大浜・棚尾（村瀬正章『地方史研究』一四―六）、愛知県岩倉市川井町（蒲池勢至氏調査）、愛知県一宮市千秋町浅野羽根・小山（蒲池勢至氏調査）、岐阜県揖斐郡坂内村ほか（松久嘉枝『日本民俗学』九一）、石川県石川郡尾口村（天野武『日本民俗学』九二）、福井県勝山市北谷町（天野武『日本民俗学』九二）、滋賀県近江八幡市沖ノ島（鳥越憲三郎ほか『民俗』一―三・四）、滋賀県高島郡今津町天増川（今津中学校郷土研究クラブ『三谷郷土誌』）、滋賀県犬上郡多賀町大君ヶ畑（『木地師の習俗』一）、滋賀県坂田郡米原町榑ヶ畑（滋賀民俗学会『湖東・湖西の山村生活』）、滋賀県坂田郡伊吹村甲津畑（橋本鉄夫『岡山民俗創立三十周年記念号』）、滋賀県神崎郡能登川町伊庭（蒲池勢至氏調査）、滋賀県東浅井郡浅井町谷口（野口淳氏昭和五十四年調査）、大阪府河内長野市旧高向村滝畑（宮本常一「河内国滝畑左近熊太翁旧事談」）、鳥取県東伯郡羽合町上浅津・下浅津（児玉識『日本宗教の歴史と民俗』）、山口県大島郡笠佐島（児玉識『瀬戸内海地域の宗教と文化』）、山口県光市室積・五軒屋（山口県教育委員会　岩本忠一『山口県民俗地図』）。

（29）「真宗帯佩記」巻下（『真宗全書』第六四巻）。

当流ノ正意、没後ノ葬礼ヲモテ肝要トスルニアラス（中略）本師聖人ノオホセニイハク、某親鸞閉眼セハ加茂河ニイレテ魚ニアタフヘシト云々、コレスナハチカノ肉身ヲカロンシテ、仏法ノ信心ヲ本トスヘキヨシヲアラハシマシマスユヘナリ

「叢林集」巻七（『真宗全書』第六三巻）。

然レトモ当流ハ皆火葬ニテ拾骨ヲ御本廟ニ許入レ給上ハ別ニ人々ノ塚アルヘキヤウモナシ

（30）注（24）参照。

第三節　両墓の呼称

——サンマイおよびラントウ考——

はじめに

両墓制事例における両墓の呼称というのは両墓に対する人々の認識表現の一つでもあり、両墓の概念をもとめる作業の上でも注目すべきものといってよい。

今日では、両墓の呼称といえば、「埋め墓」と「詣り墓」という語が一般的となっている。しかし、それはあくまでも民俗学関係者の間でのことであって、いわば術語の一つとして用いられているのであり、実際の民俗語彙として伝承されている語はまた地方によってさまざまである。ここでは、そうした各地に伝承されている実際の民俗語彙に注目してみることにしたい。

まずは、両墓制習俗の成立と展開という点で、その中枢地帯であろうと考えられる近畿地方、およびその周辺一帯の諸事例にとくにしぼって検討を試みることにしたい。

一　埋葬墓地の呼称

第3表　両墓の呼称

地　名	死体埋葬区画	石塔建立区画	
京都府			
船井郡日吉町天若	ミバカ	ラントウ	『丹波地区民俗資料調査報告書』
〃　園部町口人	ミハカ	ダントウ	最上『詣り墓』
〃　和知町本庄	ボチ	ラントウ	『丹波地区民俗資料調査報告書』
亀岡市千代川千原	ミハカ	ラントウ	竹田『民間伝承』14の5
〃　畑野町千ヶ畑	ミバカ	ラントウ	『丹波地区民俗資料調査報告書』
〃　〃　広畑	ミバカ	ラントウ	〃
〃　〃　土ヶ畑	ミバカ	ラントウ	〃
綾部市於与岐町大又	ミバカ	ソーバカ	〃
熊野郡久美浜町葛野	ハカ	ラント	最上『詣り墓』
大阪府			
豊能郡能勢町田尻	イケバカ	マイリバカ	洞『山村生活調査』2
枚方市春日	ハカ	ラントウバ	高谷『日本の民俗　大阪』
泉南郡熊取町和田	サンマイ	ハカ	〃
富田林市石見川	サンマイ	セキトウ	〃
兵庫県			
多紀郡多紀町本明谷	ミバカ	ラントウ	『兵庫探検』民俗篇
〃　城東町小中	ミバカ	ラントウ	〃
〃　〃　辻	ミバカ	ラントウ	〃
〃　〃　畑井	ミバカ	ラントウ	〃
〃　〃　後川上下	ミハカ	マイリバカ	〃
〃　〃　東本荘	ミバカ・ハカ	ラント キヨハカ	〃
〃　篠山町新荘	ミバカ	キヨバカ	〃
〃　柏原町田路	ホンバカ	ムセ	〃
〃　〃　殿畑	サンマイ	ムショ	〃
〃　〃　保木	サンマイ	キヨバカ	〃
〃　〃　大島	サンマイ	ムショ	〃
〃　〃　久次	ハカ	ムショ	〃
加東郡社町上鴨川	ハカ	ムセ	〃
〃　〃　藤田		ラントウバ	〃

加古川市神野町西之山	サンマイ	ムショ	『兵庫探検』民俗篇
小野市山田町	サンマイ	ムショ	〃
神戸市兵庫区有野町唐櫃	ハカ	ダント	〃
三田市小柿	ミハカ	マイリバカ	〃
神崎郡福崎町田原	サンマイ	（墓所）	〃
城崎郡竹野町草飼	ハカ	ラントウバ	日野西『近畿民俗』45
〃　〃　須谷	ハカ	ラントウバ	〃
〃　〃　阿金谷	ハカ	ラントウバ	〃
〃　〃　奥須井	ハカ	ラントウバ	〃
〃　〃　三原	ハカ	ラントウバ	〃
〃　香住町相谷	ハカ	ラントウバ	〃
福井県			
大飯郡高浜町薗部	サンマイ	ハカ	最上『詣り墓』
〃　大飯町本郷	サンマイ ミバカ	ハカショ	最上『民間伝承』14の5
〃　大島村大島	サンマイ	ハカ	〃
小浜市加斗	サンマイ	ハカショ	最上『詣り墓』
〃　和多田	サンマイ	ザントウ	小川「小浜市の両墓制」
〃　下田	サンマイ	ラントウ	〃
〃　野代	ミバカ	ハカ	〃
〃　宝守	サンマイ	ラントウ	〃
〃　木崎	サンマイ	ラントウ	〃
〃　和久里	サンマイ	ラントウ	〃
〃　上田	サンマイ ステバカ	ラントウ ヒキハカバ	〃
〃　多田	サンマイ	ラントウ	〃
〃　西相生	サンマイ	ハカ	〃
〃　口田縄	サンマイ	ハカ	〃
〃　新滝	サンマイ	ハカ	〃
〃　奥田縄	ミバカ	ラントウ	〃
〃　羽賀	サンマイ	ヒキバカ	〃
〃　高塚	サンマイ	ヒキバカ	〃
〃　栗田	サンマイ	ハカバ	〃
〃　宇久	サンマイ	ハカ	〃
〃　堅海	サンマイ	ハカワラ	〃

小浜市竜前	サンマイ	ハカ	小川「小浜市の両墓制」
〃　新保	サンマイ	ラントウ	〃
〃　東勢	サンマイ	ボチ	〃
〃　西勢	ミバカ	ソウバカ	〃
〃　法海	ミバカ（真言） サンマイ（臨済）	ヒキバカ	〃
遠敷郡名田庄村久坂	サンマイ	ラントウバ	佐藤『葬送儀礼の民俗』
三方郡三方町藤井	サンマイ	ラントウバ	青木『社会と伝承』1の2
〃　〃　前川	イケバカ	ヒキバカ	〃
滋賀県			
伊香郡余呉村小谷	サンマイ	ハカ	酒井『社会と伝承』2の1
〃　〃　池原	サンマイ	ハカ	〃
〃　木之本町大見	サンマイ	ハカ	〃
〃　高月町森本	サンマイ	ハカチ	〃
高島郡マキノ町在原	サンマイ	セキトウバ	松井『民間伝承』8の12
〃　今津町山中下大杉	サンマイ	ラントウバ	『江若国境の民俗』
〃　新旭町新庄	サンマイ	セキトウ	S48. 5　筆者調査
滋賀郡志賀町木戸	シャンマン	ウチバカ	S47. 12 筆者調査
甲賀郡栗東町上砥山	サンマイ	ハカ	S48. 5　筆者調査
〃　信楽町田代	サンマイ	ハカ	〃
〃　信楽町杵原	ハカ	セキトウ	〃
〃　〃　朝宮	ハカ	セキトウ	〃
奈良県			
奈良市米谷	ミバカ・ハカ ウヅミバカ	ラントバ タッチャバ セキトウバカ	中田『奈良文化論叢』
〃　柳生	ミハカ	セキトウバカ	中田『近畿民俗』41
〃　大柳生	ミハカ	セキトウバカ	〃
〃　狭川	ミハカ	セキトウバカ	〃
〃　興隆寺	ハカ ホンバカ	セキトウバカ	〃
添上郡月ヶ瀬村	ミハカ・ハカ	セキトウバラ	〃
山辺郡針ヶ別所	ミバカ・ハカ	セキトバカ	〃
〃　都祁村	ハカ	タッチョバ	〃
〃　旧東山村	ミハカ	セキトウバカ ラントウ	〃
〃　旧波多野村	ミハカ・ハカ	セキトバラ ヂゾウバラ	〃

山辺郡豊原村	ミハカ・ハカ	セキトバラ セキトバカ	中田『近畿民俗』41
天理市櫟本・森本	ボチ	ラントウ	原田『社会と伝承』1の1
桜井市出雲	ハカ	ダントウ	堀『民間伝承』16の2
〃　曽爾村	ハカ・ボチ	ラントウ	大間知『民間伝承』2の8
〃　室生村	ハカ	ラントバ セキトバラ	松本『室生の民俗』
吉野郡東吉野村大豆生	サンマイ	テラバカ	S.48.5 筆者調査
〃　野迫川村弓手原	ミハカ	ヨセバカ	中田『奈良文化論叢』
和歌山県			
有田郡清水村	サンマイ	ヨセバカ	『近畿民俗』66.67.68
田辺市新庄橋谷	サンマ	アゲバカ	『くちくまの』29
〃　北長	サンマ	アゲバカ	〃
〃　名喜里	サンマ	アゲバカ	〃
〃　跡ノ浦	サンマ	アゲバカ	〃
〃　内ノ浦	サンマ	アゲバカ	〃
〃　鳥ノ巣	サンマ	アゲバカ ステバカ	〃
伊都郡久度山町古沢	サンマイ	ムセ	『和歌山県民俗資料緊急調査報告書』
〃　〃　笠木	サンマイ	ムセ	〃
〃　かつらぎ町四郷滝	サンマイ	ムセ	〃
〃　花園村	サンマイ	ヨセバカ ホンバカ	〃
有田郡金屋町石垣	サンマイ	ムショ	〃
〃　〃　広	イケバカ ウメバカ	ハカ	野田『日本民俗学』2の2
日高郡美山村朔日	サンマイ	ハカ	〃
〃　川上村神場	サンマイ	ハカ	〃
〃　中津村田尻	サンマイ	ハカ	〃
〃　〃　船着	ミハカ	ハカ	〃
〃　川辺町丹生	ミハカ	ハカ	〃
〃　〃　玄子	サンマイ	ハカ	〃
〃　〃　千津川	サンマイ	ハカ	〃
〃　〃　和佐	サンマイ	ハカ	〃
〃　〃　大滝川	サンマイ	ハカ	〃
〃　日高町比井崎	サンマイ	ハカ	〃
西牟婁郡上富田町朝来帰	ハカ	ラントウ	前田『日本民俗学』1の1

三重県			
阿山郡阿山町玉滝	サンマイ	ハカ	S47.9 筆者調査
〃　〃　新堂	サンマイ	ハカ	〃
〃　大山田村下阿波	サンマイ	ハカ	〃
伊賀上野市蔵縄手	サンマイ	ハカ セキトウバカ	〃
〃　鍛治屋	サンマイ	ハカ セキトウバカ	〃
名張市奈垣	ハカワラ	ヂゾウワラ	最上『詣り墓』
〃　布生	サンマイ	ヂゾウワラ	〃
飯南郡飯高町波瀬	ボチ	ラントウ	〃
〃　森町森区	サンマイ	ラントウ	最上『山村生活調査報告』
松阪市松江町井村曲り	サンマイ		西村『社会と伝承』1の2
度会郡度会町大野木	ムショ	ラントバ	桜井『社会と伝承』4の2
〃　〃　川口	サンマイ	ラントバ	〃
鳥羽市石鏡	ハカ・ハカバ	ラントウ ラントウバ	倉田『岡山民俗』26
〃　国崎	ハカ	ラントウバ	宇治土公『社会と伝承』1の4
香川県			
観音寺市伊吹島	ハカバ	ダントウバカ	細川『日本民俗学会報』3
仲多度郡牛島		ラントウバ	和気『民間伝承』15の10
千葉県			
市原市小田部	ソトナントウ	ウチナントウ	最上『詣り墓』
〃　荻作	ソトナントウ	ウチナントウ ダイナントウ	〃
〃　宝山	ダイナントウ	ウチナントウ	〃
山武郡大網白里町永田	ナントウ	ウチナントウ	〃
海上郡海上町後草	ボチ	ラントウバ	〃
佐倉市坂戸	ラントウ	イシラントウ	〃
〃　六崎	ラントウ	セキトバ イシラントウ	〃
〃　寺崎	ボチ	イシラントウ	〃
千葉市長作	ラントウ	ウチラントウ	〃
〃　犢橋・上横戸・下横戸	ラントウ	ウチラントウ	〃
〃　小仲台	ラントウ	ウチラントウ	〃
〃　宇野木	ラントウ	ウチラントウ	〃
八千代市大和田	ラントウ	ウチラントウ イシラントウ	〃

東葛飾郡沼南町布瀬	ハカショ ラント	セキトバ	最上『詣り墓』
〃　馬橋村幸谷	ラントウ	ウチラントウ	〃
我孫子市古戸	ラントウ	カンノン	〃
茨城県			
新治郡東城寺	ムラボチ ムラントウ		〃
水海道市豊岡飯沼	ボチ	ウチラントウ	〃
埼玉県			
浦和市大久保領家	ラントウバ	ハカバ	埼玉県教育委員会『埼玉の民俗』
栃木県			
那須郡馬頭町大山田	ボチ	ラントウ	国学院大学『民俗採訪』昭和28年
福島県			
いわき市平北神谷字馬場	ラントウバ	タッチュウ	和田『民間伝承』5の6
〃　平下神谷	ラントウ		山本『いわき市史』
〃　内郷白木町広畑		ラントウ	〃
〃　久之浜町田之網	ラントウ	ウチラントウ	〃
〃　田倉町玉山字中島		ラントウ	〃

第3表は、先に第1表で掲示した筆者の実地調査による事例以外に、これまでの民俗調査報告によって知られている両墓の呼称の一覧表である。先掲の筆者の調査事例とこれとをあわせて、まず埋葬墓地の呼称について注目してみる。すると、およそ次のように類別することができる。

(1)　ハカ系列　①ハカ・ボチ・ムショなど
②ミハカ・イケバカ・ステバカなど

(2)　サンマイ系列　サンマイ・サンマなど

これらのうち(1)の①ハカ、ボチ、ムショはそれぞれ墓、墓地、墓所[1]の漢字があてられる一般的な語で、両墓制の埋葬墓地に限られた呼称ではない。

それに対し、(1)の②ミハカ、イケバカ、ステバカは、ハカの上に一定の修飾語がつけられたもので、ミハカは身墓つまり身体の埋めてある墓、イケバカは死体をいける、つまり埋める墓、ステバカは死体を埋めて捨ててしまい、あとはかえりみない墓、というような意味の語である。これらハカに一定の修飾語がつけられたかたちの語というのは、ハカという語だけでは十分にその対象を表現できないような状況となったときにつくり出された新しい語であると考えられる。そして、いずれも両墓制における埋葬墓地の呼称としてのみ使用され、他の対象、たとえば両墓制における石塔墓地とか単墓制の墓地をあらわす語として使用されることはない。したがって、これらの語は両墓制が定着して以後の新造語であると考えられる。

一方、サンマイという語はどうであろうか。この語は、ハカ系列の語とはまったく別で、その使用例からみてやはり仏教用語の、三昧に由来するものと考えられよう。

この三昧という語が墓地を表わす語として使用されている早い例としては『百錬抄』保元元年（一一五六）七月十四日条の「左大臣病疵薨　葬大和国般若野五三昧」という記事(2)や、弘安元年（一二七八）九月六日の「日蓮書状（妙法比丘尼御返事）」の中にみられる「つかはらと申ス御三昧所あり」という記事(3)などが知られているが、そのように三昧という語が墓地を表わす語となっていった(4)背景としては、やはり平安中期以降の浄土教思想の高揚とそれにともなう念仏三昧の盛行という事情があったものと推定される。

たとえば、阿弥陀聖とか市聖と呼ばれた空也はその伝「空也誄」に、

小壮之日　以優八塞　歴五畿七道　遊名山霊窟（中略）曠野古原□有委骸堆之一処　灌油而焼　留阿弥陀仏名焉（傍点筆者）

また、慶滋保胤の『日本往生極楽記』に、

嗚呼上人化縁已尽　帰去極楽　天慶以往　道場聚落　修念仏三昧希有也　何況小人愚女多忌之　上人来後　自唱令他唱之　爾後挙世念仏為　誠是上人化度衆生之力也（傍点筆者）

と伝えるように念仏三昧を広く衆庶に広め、そうした念仏を唱えながら死者葬送のこともすすんで行っていったとされている。

また、寛和二年（九八六）に横川に結成された念仏の結社、二十五三昧会は、毎月十五日に同志が集まって念仏三昧を修し、ともに極楽往生を願うというものであったが、源信の撰になるその「十二ヶ条起請」[5]では、とくに臨終から葬送に関して、

一、可以光明真言　加持土砂　置亡者骸事

一、可建立房舎一宇　号往生院　移置病者事

一、可兼占勝地　名安養廟　建立卒塔婆一基　将為一結墓所事

（〈「八ヶ条起請」[6]では〉一、可点定結衆墓処　号花台廟　二季修念仏事）

一、可結衆之中有亡者時　間葬念仏事（傍点筆者）

などのことが定められており、彼らは結衆の中から危篤の者が出ると、往生院という建物に移してその臨終から葬送に際してはずっと一同で念仏を唱えつづけ、極楽浄土への往生を期すこととしていたのである。また、「八ヶ条起請」によれば、結衆の墓処は花台廟と名づけられ、年に二季の念仏が修せられることにもなっていた。

こうした葬送の場における念仏三昧がついには墓地の呼称ともなっていったものと推定されるわけであるが、では一方、現在の民俗語彙としてのサンマイという語の伝承実態はどうなっているのであろうか。次にそれについて確認してみよう。

まず、このサンマイという語の分布であるが、筆者の調査の範囲内でいえば、近畿地方周辺一帯のやや限られた地域においてしか用いられていないようで、西は兵庫県から香川県海岸部あたりまで[7]、東は新潟、長野、静岡の各県

を結ぶあたりまでで、それ以外の関東、東北、中国四国、九州など日本列島の外郭の地方へむかってはほとんど用いられていないという点が指摘できる。(8)そして、こうした限られた分布からすれば、このサンマイという語はかつて墓地を表わす語として日本全国に定着していたのが、のちに廃れて今日みるような近畿周辺の限られた地域にのみ残存しているものとみるよりは、前述の『百錬抄』や「日蓮書状」などからもうかがえるように、およそ平安末期から鎌倉期へかけて墓地の呼称として新たに用いられはじめた語であったが、それもどうやら近畿地方周辺一帯までの範囲にしか伝播しなかったものとみる方が妥当ではなかろうか。つまり、このサンマイという語は、その分布からみる限り墓地を表わす呼称としては、近畿地方周辺一帯までの範囲にしか定着しなかった語であると推定しておいてよいと思われる。

では、次にこのサンマイという民俗語彙の意味する対象についてであるが、この語はより厳密にいえば、両墓制の埋葬墓地の呼称としてだけでなく、地域によっては、単墓制の墓地の呼称としても、(9)また火葬場の呼称としても用いられているという点が注意される。(10)そして、このようなサンマイという語の意味する対象の多様性は、実は両墓制の成立の時期の問題とも関わるひとつの重要な示唆を与えてくれるものと考えられる。というのも、近畿地方とその周辺一帯の墓制史の中で、このサンマイという語が墓制に関わる語として使用され定着していった時期と、一方、仏教式石塔の建立の風が一般化、定着化し両墓制もしくは単墓制の形態が成立してきた時期と、そのいずれが先かという問題に関連するのであるが、文献や石造遺物を通してみる限りでは、先にもみたようにサンマイという語の定着がおよそ平安末から鎌倉期へかけてのころで、一方、石塔建立の風の定着化による両墓制の成立は早くても中世末から近世初頭ということであるから、(11)サンマイが両墓制に先行しているということになる。では、民俗伝承の上ではどうか。このサンマイという語の意味する対象の多様性の中から、やはり次のような事実を指摘することができる。

① 両墓制の事例においては、このサンマイという語は埋葬墓地の方に限って用いられ、決して石塔墓地の方をさして用いられることはない。

② 近畿地方一帯からとくに北陸地方へかけての火葬地帯においては、火葬場をサンマイという例が多い。しかし、その場合も石塔墓地だけをさしてサンマイとはいわない。(12)

③ 少数例ではあるが、単墓制の墓地、つまり埋葬墓地に石塔が建てられているかたちの墓地のことをサンマイと呼ぶ例もある。(13)

つまり、このサンマイという語は、墓制に関してさまざまな対象を表わす語として用いられていながらも、(14)一貫して石塔および石塔群のみをさして用いられることはないという事実である。サンマイという語は石塔群だけははっきりと区別して避けているといってもよいくらいである。これは何を意味するのか。

もし、すでに近畿一帯の墓制史の中に石塔という要素が付着してきており一般化していた段階で、このサンマイという語が墓制に関わる語として使用されはじめたのだとすれば、石塔群をさしてサンマイといってもよいはずである。サンマイが仏教用語の三昧に由来するもので念仏による死者の葬送と供養の場ということをあらわす語であるとすれば、埋葬墓地や火葬場などさまざまな対象に対して用いられていながら石塔群だけを避けているのは不可解である。やはり、これは、サンマイが石塔以前の語であるからと考えるのが妥当ではあるまいか。

文献と石造遺物から推定されたのと同様に、民俗伝承の上からもこうしてみるとやはり、近畿一帯において、サンマイという語が葬送墓制に関わる語として使用されはじめた時期というのは、石塔建立の風の一般化、定着化という現象がおき旧来の埋葬墓地から両墓制、単墓制が成立してくる時期よりも、時代的には先行していたことが推定される。結局、サンマイという語は、当初土葬地帯においてはいわゆる石塔以前の旧来の埋葬墓地の呼称として、また火

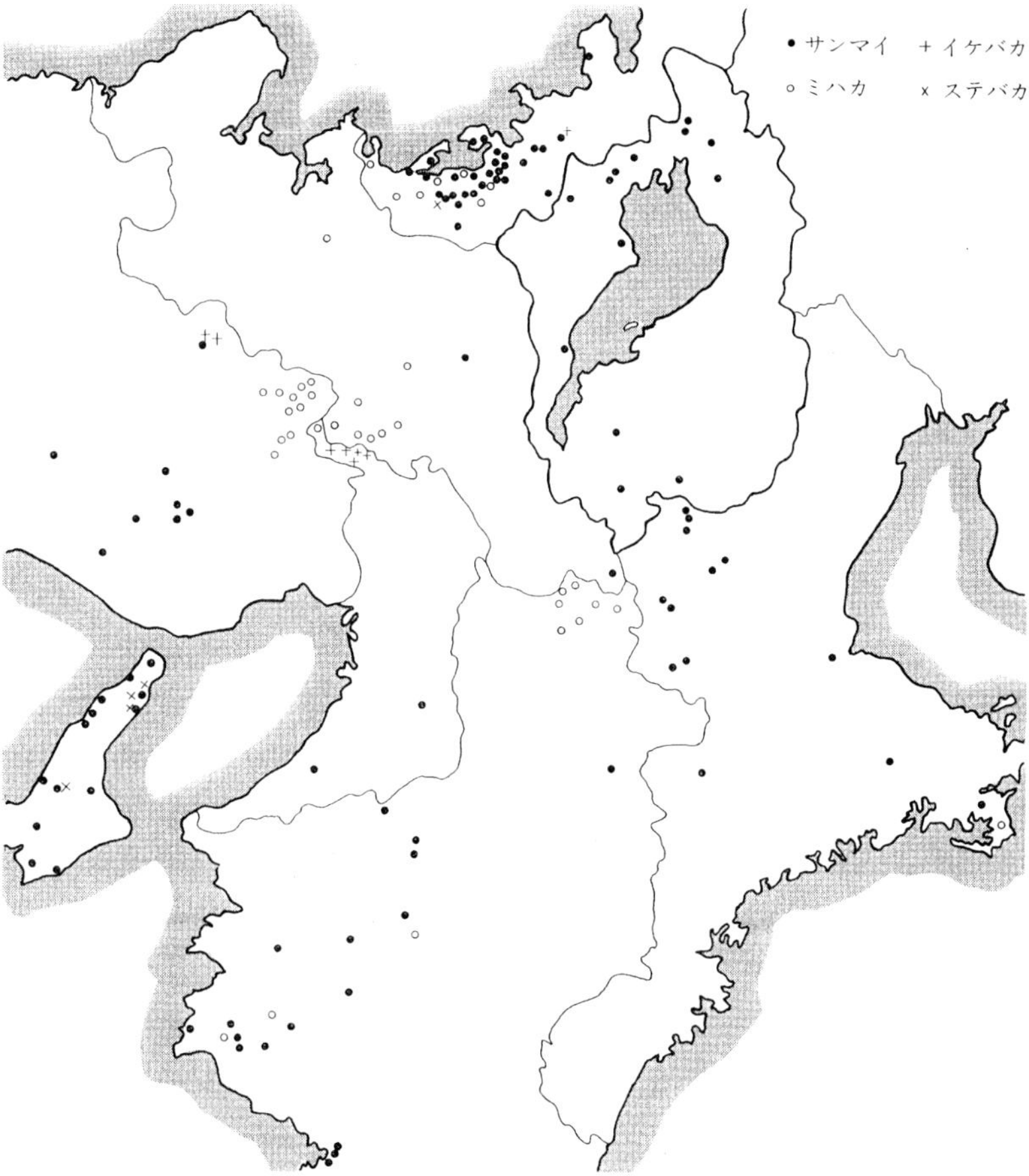

第8図　両 墓 の 呼 称

葬地帯においては火葬場の呼称として、それぞれ用いられるようになっていたものと推定しておいてよいであろう。

ところで、このサンマイという語の伝承実態に関しては、注目される点がもう一つある。それは、両墓制事例において埋葬墓地の呼称として用いられているもう一方のミハカという語と、このサンマイという語との分布上の好対照という点である。

ここまでの検討によって、サンマイという語の定着は石塔普及以前、つまり両墓制成立以前であり、ミハカという語の採用は当然ながら両墓制成立以後と推定されてきているわけであるが、このサンマイとミハカの両者がみごとに第8図にみるように特徴的な分布を示しているのである。

まず、サンマイが淡路島、和歌山、三重、滋賀、若狭、兵庫を結ぶいわば環帯状に比較的濃密にみられ、その内側の京都、大阪、奈良盆地の一帯には稀薄であるのに対し、一方、ミハカはちょうどサンマイの内側の京都府亀岡盆地から丹波篠山へかけての一帯、それに奈良県山辺郡から天理市へかけての一帯に概して濃密な分布がみられる。そして、若狭では両者が混在しているが、やはりサンマイよりはミハカの方が環帯の内側に多くみられる。そして、サンマイという語はこうして環帯状の地域に濃密な分布がみられながらも、さらによく注意してみると、その内側の地域でも皆無というのではなく、たとえば奈良盆地一帯のように子供の墓のことをコドモザンマイなどといっている例がある(15)など、少しずつは使用されているのである。

このような分布の実態からすると、やはりサンマイという語は当初からずっと今日みるような近畿地方周辺部の環帯状の地域でのみ使用され続けてきたものとは考え難い。もともとは京都・奈良を中心とするあたりから使用されはじめた語で、それがしだいに四周へと伝播していき、今日みるような分布圏にまでひろまったのに対し、一方、ミハカは両墓制の成立以後、しだいにサンマイを内側から駆逐するようなかたちで使用されていき、その結果、今日みるような、いわば同心円的な独特な分布状態となったのではないかと推測されるのである。つまり、これはかつての柳田国男の方言周圏論(16)の考え方が適用できる例ではないかとも考えられるのである。サンマイという語が、今日それを伝承している人々においてさえ、その意味が不明瞭となっているのに対し、ミハカは、明らかに埋葬墓地の呼称として理解されており、ミハカがサンマイを駆逐する可能性は、調査地においても実感されるところである。

さて、以上の検討により、埋葬墓地の呼称としては、ハカ系列の語とサンマイ系列の語とがあるが、近畿地方およびその周辺一帯の両墓制事例においては、両墓制成立の前段階において、埋葬墓地は多くサンマイと呼称されるようになっていたということが指摘できるであろう。そして、サンマイと呼称された埋葬墓地は、その語の意味するように死者葬送のための念仏供養の場であると一般に観念されるようになっていたものと考えられる。

ただし、その念仏供養が、一定の葬送儀礼の完了の後の継続的な墓参供養の念仏の場ということを意味するものであったかどうかは疑問であろう。この念仏供養を意味するサンマイという語は、一方では前述のように多く火葬場の呼称としても定着し用いられてきているのであり、むしろ死者の臨終から葬送の時点に集中して唱えられた念仏三昧を意味するものであった可能性が大であるように思われる。

二　石塔墓地の呼称

では次に、石塔墓地の呼称についてみてみよう。石塔墓地の呼称として用いられている語についても、およそ次のように類別することができる。

(1)　ハカ系列　①ハカ・ボチ・ムショなど
②キヨバカ・ヒキハカ・マイリバカ・セキトウバカ・アゲバカ・テラバカ・カラムショなど
(2)　セキトウ系列　セキトウ・セキトウバ・セキトウバカ
(3)　ラントウ系列　ラントウ・ラントウバ・ダントウ・ダントバ・ザントウなど

そして、これらのうち、(1)の①の類は先に埋葬墓地の呼称のところでものべたように、一般的な語で、石塔墓地にとってとくに固有の呼称というのではない。また、(1)の②の類のようなハカに一定の修飾語がつけられたかたちの呼称は、それぞれ石塔墓地に対する人々の認識のあり方をよく示すものではあるが、地域ごとにさまざまで、いずれも少数事例にすぎない。

(2)のセキトウの類は直接的に石塔墓地を言い表わしている語であるが、分布の上では奈良東部の山間部や滋賀県甲賀郡、それに淡路島の一部などと限られている[17]。

これらに対し、やはり第1表と第3表とで注目されるのは、(3)のラントウの類であろう。ダントウやザントウはラントウのラが転訛したものと考えられるが[18]、このラントウ系列の呼称は近畿一帯の両墓制事例において広く用いられている語であり、石塔墓地の性格をよく表わす語として注目する必要があろう。

そこで、このラントウという語についてであるが、まず第一に想起されるのは、俗に卵塔などと書く無縫塔の意であろう。それは、鎌倉期以降、禅宗とともに普及した新型式の石造墓塔で、はじめ禅僧の墓塔として建てられたが、のちには一般の僧侶の墓塔ともなったもので、塔身が丸く卵に似ているところからか、俗に卵塔とも呼ばれてきているものである。しかし、この無縫塔のことを卵塔と呼ぶ俗称がいつころからはじまったものかは、現在のところ必ずしも明確ではない。ただ無著道忠（一六五三〜一七四四）の編になる禅宗の辞書の一つである『禅林象器箋』二、殿堂門に次のようにあるのなどが参考になる。

卵塔　忠曰　無縫塔　形似二鳥一　故云二卵塔一（傍点筆者）

また、臨済禅の典籍の一つ『林間録』に、

雲居祐禅師　於二宏覚塔之東一　作二卵塔一（傍点筆者）

とあるのなどは、そうした無縫塔のことと考えられる。

これに対し、必ずしも禅僧たちの無縫塔という型式の石塔に限らず、一般に死者供養のための石造墓塔のことをラ

ントウと呼んだという例もみられる。たとえば、『太平記』巻三三「将軍御逝去事」にある、

悲哉　天下ヲ治テ六十余州　命ニ随フ者多シトイヘ共、有為ノ境ヲ辞スルニハ伴テ行ク人モナシ。身ハ忽ニ化シテ暮天数片ノ煙ト立上リ、骨ハ空ク留テ卵塔一掬ノ塵ト成ニケリ（傍点筆者）

という足利尊氏の石造墓塔は、現在、京都市北区の等持寺に建立されているものと推定されるが、それは現状としては宝篋印塔である。ただ、基台の丈量および材質からみて元来は大型の五輪塔であった可能性が大であるが、いずれにしても無縫塔の型式ではない。

また、『看聞御記』の次のような記事も注目される。

応永二十四年（一四一七）七月十五日条

十五日　晴　蓮供御祝着如例　晩景大光明寺施餓鬼聴聞ニ参　先指月ニ行　時剋寺ニ参　於地蔵殿長老対面　干飯　茶子等献之侍臣同食之　則人桟敷山門腋　女中同候　施餓鬼聴聞了仏殿焼香　次擥塔御廟前　奉水向　焼香了帰　夜石井念仏拍物密々見物

永享八年（一四三六）七月十二日条

十二日　陰　雨時々降　早旦伏見へ行　大光明寺為焼香也（中略）又宝厳院へ行　又有一献　先亡母欄塔へ参焼香　及晩景帰京（傍点筆者）

この『看聞御記』の記事によれば、伏見宮貞成は毎年夏の盆行事にあたってはていねいに施餓鬼供養に参加するとともに、その両親の石造墓塔へもまいって焼香供養などを行っていたことがわかる。(19)

そして、このような一般の石造墓塔のことを意味するラントウという語は、こののちやがて広く墓地の呼称ともなっていったらしい。

たとえば、江戸中期の雑俳、『桜の実』[20]二の中にみられる、

らんとうは藪蚊が喰ふとお七いふ

という例や、江戸後期の滑稽本『東海道中膝栗毛』[21]四・上の中で、

御ていしゅさん　なんとここの内は卵塔場じゃあねへか。

といっている例などは、石造墓塔という意味をこえて、それらが林立している墓地一般の呼称となっているものである。

さて、こうした文献の中にみられるラントウという語に対して、一方、民俗の上ではどうであろうか。民俗語彙としてのラントウおよびラントウバという語の意味するところは多様であり、

① 僧侶の無縫塔
② 両墓制の石塔墓地、およびそこに林立している石塔群
③ 両墓制、単墓制の別なく墓地一般[22]
④ 火葬場[23]
⑤ 石造墓塔の一種で祠型のもの[24]
⑥ 墓上装置の一種[25]

など実にさまざまである。このうち、とくに注目されるのは①②③の用例であるが、①と③の用例は文献でもみたところとよく対応しているものである。それに対して②の用例は直接文献の上で確認されるものはないものの、一般の石造墓塔の呼称としての文献上の用例とほぼ対応するものとみてよいであろう。とすると、両墓制の石塔墓地のことを広くラントウとかラントウバと呼んできているのは、まさに石塔の建立されている墓地であるということを直接的

に言い表わしているものといってよい。そして、両墓制成立の当初より石塔墓地の方をこのラントウとかラントウバという語で呼んでいたような事例においては、はじめからそれが石塔の墓地に他ならないとする認識が存在したものとみることができよう。そして実際にそうした事例が近畿一帯では非常に多かったであろうことが第1表および第3表にみる諸事例からも推定されるのである。

ところで、③の用例に関連してここで注意しておかなければならない点がある。それは、第1表および第3表にみるように、近畿地方一帯を離れて関東地方などでは、両墓制事例において、埋葬墓地の呼称としても石塔墓地の呼称としても、このラントウという語が用いられているという点である。なぜ、本来、石造墓塔の呼称であったと考えられるラントウという語が一部の事例ではあっても埋葬墓地の呼称として用いられているのであろうか。

そこで、この疑問について、③の用例を参考にしながらいくつか指摘できる点を整理してみると、

① 近畿地方一帯に限ってみれば、ラントウ、ラントウバ、ダントバなどといえば両墓制の石塔墓地の呼称であり、埋葬墓地の方の呼称として用いられることはない。

② 関東地方周辺の両墓制事例ではラントウが埋葬墓地の呼称であったり石塔墓地の呼称であったりして混同されており、ラントウは一般の墓地の意を表わす語ともなっている。

③ 東北地方の陸前北部や、西日本の隠岐島や五島列島の一部などでは、ラントウ、ラントウバ、ダントバが単墓制の墓地の意、つまり埋葬しその上に石塔が建てられている墓地の意として用いられている。(26) そして、これと同じ用例は江戸時代の文芸作品の中にもみられる。(27)

ということになる。つまり、このラントウという語は、一方では限定的に石造墓塔やその林立した石塔墓地の呼称となっているのに対し、もう一方では死者を埋葬したその上に石塔が建てられている単墓制の墓地の呼称としても拡大

化して用いられているものとみることができる。これは、近世以降の石塔の普及にともない墓地とは石塔の林立している場所であるとする感覚が一般化し定着してきたことによるのではないか。

そしてさらに、そうしたラントウという語の普及が先行してしまった結果、より本来的なラントウ＝石塔という関係が理解されないまま生じたのが、先にみた第1表および第3表にみるような関東地方一帯の両墓制事例におけるラントウ、および一定の修飾語＋《プラス》ラントウという語の用例ではないか、と推定されるのである。これはあくまで一つの推定にすぎない。しかし、両墓制における石塔墓地の呼称を検討するこの作業において注目されたラントウ、ラントウバという語が、より古くは石造墓塔、および石塔墓地を意味する語として用いられていたのではないかという前述の論点を、第1表および第3表にみるような関東地方周辺の両墓制の諸事例における用法が否定するものではないということは、ここに指摘しておくことができるであろう。

なお、このラントウという語の使われ方の上で第1表および第3表の近畿地方周辺の両墓制事例を通してみてもう一つ注意されるのは、先にみた埋葬墓地のサンマイという語とこのラントウという語とは一緒に対になって用いられる例が非常に少ないという点である。しかし、これはよく注意してみれば、福井県若狭地方や三重県伊勢地方、それに香川県荘内半島などのそれぞれ一部ではサンマイとラントウが対になっている例もみられるのであって、サンマイの分布圏が前述のように独特な環帯状の地域に展開しているのに対し、ラントウが地域ごとに濃淡はありながらもほぼ全体的にその分布が広がっていることによるものと思われる。つまり、この両者の間にはとくに反発しあうべき特別な事情があるというわけではなく、両者が対になって使用されている例が少ないという、この事実はむしろサンマイという語とラントウという語とがそれぞれ使用され定着していった時期が時代的に互いに隔たっていたということを反映しているのではないかとも考えられるのである。

まとめ

さて、両墓について伝承されてきている呼称についての以上の検討により、ここに次のような点を指摘しておくことができるであろう。

i　両墓制の埋葬墓地の呼称としては、ハカ系列の語とサンマイ系列の語とが伝承されてきているが、このうちサンマイ系列の語は、石塔建立の風の一般化以前、つまり両墓制成立以前において、すでに埋葬墓地の呼称として近畿地方一帯において使用されるようになっていたものである。

ii　サンマイと呼称された埋葬墓地は、死者葬送のための念仏三昧の場であると観念されるようになっていた。

iii　両墓制の埋葬墓地の呼称としてのミハカとかイケバカなど、一定の修飾語＋《プラス》ハカ、のかたちの語は、両墓制の成立以後の新造語で、とくに近畿地方一帯の両墓制分布圏においては、環帯状に分布するサンマイの内側に分布しており、意味不明となっていったサンマイにかわって内側からそれを駆逐するかたちで定着していった可能性が大である。

iv　両墓制の石塔墓地の呼称としては、ハカ系列の語とセキトウ系列の語とラントウ系列の語とが伝承されてきているが、これらのうちではとくにラントウ系列の語が、両墓制の石塔墓地の性格をよく表わす語として注目される。

v　両墓制の石塔墓地に対するラントウとかラントウバという呼称は、それがまさに石塔の建立されている墓地であると考えられていたということを示すものである。

注

（1）『日葡辞書』。
Muxo ムショ（訳）墓、墓地。

（2）『百錬抄』保元元年（一一五六）七月十四日条。
十四日　左大臣病疵薨　葬大和国般若野五三昧　後日遣滝口　令実検死骸之実否。

（3）「妙法比丘尼御返事」（『日蓮書状』）。
（前略）佐渡ノ国にありし時は、里より遙にへだたれる野と山との中間に、つかはらと申ス御三昧所あり、彼処に一間四方の堂あり、そらはいたまあわず、四壁はやぶれたり、雨はそとの如し、雪は内に積る、仏はおはせず、筵畳は一枚もなし（後略）。

（4）三昧が墓地や火葬場を表わす語となっている例としては次のようなものも知られている（傍点筆者）。
『保元物語』（「左府御最後　付大相国御歎きの事」）。

悪左府御歳卅七と申し保元々年七月十四日の午の剋にはかなくうせ給。夜に入てのち、般若野の五三昧に送収たてまつり、各ちりぢりに成てンげり。

『同』（「左大臣殿の御死骸実検の事」）。

悪左府の死生の実否を実検の為に、官使一人滝口三人差つかはさる。官使は左史生中原惟則、滝口は師光・資行・能盛也。彼所は大和国添上郡河上の村般若野の五三昧也。

『親鸞上人絵詞伝』。

鳥辺野の南、延仁寺の三昧に送りて火葬し奉る。

『日葡辞書』。

Sanmai ハカドコロ（訳）寺院の墓地。あるいは共同墓地。

『書言字考節用集』二。

三昧場　サンマイバ　本朝俗斥葬所云レ爾　西域所レ謂　尸陀林是矣。

浮世草子『懐硯』四・四。

煙は愁の種なる三昧を見しに、おほくは少年の塚。

『俚言集覧』。

三昧　上方辺　中国辺にて　荼毗所を三昧と云ふ。

『和訓栞』。

さんまい　俗に墓所をいふ、仏家の三昧より出たり。

(5)　『横川首楞厳院二十五三昧式』（「源信　撰　永延二年六月十五日付」）。

(6)　『横川首楞厳院二十五三昧起請』（「慶滋保胤　撰　寛和二年九月十五日付」）。

(7)　例外的に山口市での使用例も『防長方言調査表』（防長史談会）に報告されている。

(8)　関東地方では、例外的に千葉県、茨城県の海岸一帯、つまり御宿町須賀、浜、波崎町荒波、舎利などの両墓制事例において、このサンマイという呼称がきかれる。これは、この房総海岸一帯と近畿地方の太平洋岸のいずれかの地域との間の特殊な海上交通関係を想像させるが、その裏付けはまだ明確でない。

(9)　近畿地方周辺の単墓制事例で、筆者は多く見聞している。報告されたものとして、錦耕三・平山敏治郎『奥播磨民俗採訪録』（昭和二十八年）、日野西真定「兵庫県城崎郡竹野町附近の両墓制及び葬制の研究」（『近畿民俗』四五、昭和四十五年）、青木紀元「前川部落の両墓制」（『社会と伝承』一―二、昭和三十一年）なども参照される。

(10)　近畿地方周辺のとくに近江、美濃、越前方面の火葬事例において筆者は多く見聞している。報告されたものとして、桜田勝徳『美濃徳山村民俗誌』（昭和二十六年）、『米原町榑ヶ畑の民俗』（滋賀民俗学会、昭和四十三年）など参照される。また各地の方言集の類にも散見される。

(11)　竹田聴洲「両墓制村落における詣墓の年輪㈠・㈡」（『仏教大学研究紀要』四九・五二、昭和四十一・四十三年）。

(12)　たとえば、一例をあげるなら、滋賀県栗太郡栗東町六地蔵という村では火葬場と石塔墓地とが一緒で一つの墓域となっているが、その全体をさしてサンマイといっており、石塔のことをサンマイというのではない。

(13)　注(9)参照。

(14)　他にもたとえば、伝染病死者（小島勝治「喪中の忌み」〈『民間伝承』二―一〇、昭和十二年〉など参照）、水死者（拙稿「若狭の両墓制　事例二、三」〈『えちぜん　わかさ』三、昭和五十一年〉など参照）、幼児死亡（中田太造「奈良県下の墓制の総合的研究」〈『近畿民俗』四一、昭和四十一年〉など参照）などの、いわば異常死者の墓地に限ってサンマイという例もある。

(15)　中田太造「奈良県下の墓制の総合的研究」（前掲）。

(16)　柳田国男「蝸牛考」（はじめ『人類学雑誌』四二―四・五・六・七、昭和二年に発表。のち昭和五年に大幅な増補改訂を加えて単行本とし、さらに昭和十八年にもその改訂版を出版）。なお、この方言周圏論をめぐっては、福田アジオ「周圏論の歴史」、平山和彦「周圏論をめぐる諸問題」（『日本民俗学会報』六〇、昭和四十四年）、馬瀬良雄「方言周圏論再考」（『言語生活』三一二、昭和五十二年）、柴田武「方言周圏論」（『講座日本の民俗』一、昭和五十三年）、福田アジオ「方言周圏論と民俗学」（『武蔵大学人文学会雑誌』一三―四、昭和五十七年〈のち『日本民俗学方法序説』収録〉）などの論考があるが、今日の民俗学ではむしろ方言周圏論の考え方に対して否定的な考え方が強い。筆者も、福田アジオ「方言周圏論と民俗学」などに学ぶところ多く、言語伝承の周圏的分布が中央からの伝播による変遷過程を示すものとする方言周圏の仮説に対しては疑問視する立場に立つものであるが、このサンマイとミハカのような場合に限っては、近畿地方周辺という一定の範囲内でのことであり、文献や石造遺物からの推定とよく照応しているということもあり、また、環帯状の分布の内側にも一部にはサンマイの残存例もみられるなどの点から、周圏論の考え方が適用できる例ではないかと考えるのである。

(17)　最近ではこのセキトウ、つまり石塔という語で石造墓塔の意味を表わす用法が一般化してきているようであるが、石造墓塔のことを表わす民俗語彙は多様で、ハカイシ、ボセキなどの語がむしろ一般的でさえある。筆者の両墓制調査に際しても「セキトウはどこに建ててありますか」という質問に対して、そのセキトウの意味がわからず、村の人たちに不審そうな顔をされた体験が少なくない。

(18)　ラントウとダントウの転訛は実際に調査地においても体験することがある。同じ村でも人によってラと発音したりダと発音したりで厳密にはよくわからないという例も多い。そして、こうした民俗語彙として定着した語はもう人々の間ではほとんど漢字表記は意識されていない。

(19)　『文明本節用集』（十五世紀後期）。
　卵塔　ランタフ　塔頭廟所。
『日葡辞書』（慶長八年〈一六〇三〉）。

Rantō（ランタウ）（訳）異教徒が墓石として積み上げる四角の石と丸い石。

『太閤記』三（小瀬甫庵、寛永二年〈一六二五〉序）。

かくて、御位牌所として建立一宇　号総見院　同卵塔為作事料　銀子千百枚渡之。

『本朝二十不孝』二・四（井原西鶴、貞享三年〈一六八六〉刊）。

親達の墓に参り、此段々を難き卵塔の水艇に腰をかけ、

などの記事が参考になる。これらによれば、ラントウという語は禅僧に固有の無縫塔の意味としてだけでなく、一般の石造墓塔の意味としても用いられてきたことがわかる。

(20) 雑俳『桜の実』（薩秀堂桜木連、明和四年〈一七六七〉刊）。

(21) 滑稽本『東海道中膝栗毛』（十返舎一九、享和二年〈一八〇二〉〜文化六年〈一八〇九〉刊）。

(22) たとえば、陸前北部一帯でも宮城県本吉郡本吉町津谷松岡、女川町屋浦などでは単墓制であるが墓地のことをラントウもしくはラントウバという（佐藤米司「墓制・死後のまつり」〈『陸前北部の民俗』昭和四十四年〉）。また、島根県の隠岐の島前地方でも墓地のことをミショもしくはダントバという（小脇清「隠岐島前の葬制」〈『民間伝承』一六—四、昭和二十七年〉）。長崎県南松浦郡樺島でもハカバもしくはダントバという（竹田旦「長崎県南松浦郡樺島」〈『離島生活の研究』昭和四十一年〉）。

また、関東地方をはじめとする各地の方言集の類の中にも墓地をラントウという例が多く採録されている。たとえば、

（栃木）『河内郡方言集』（明治三十六年）、『栃木県安蘇郡野上村語彙』（昭和十一年）。

（群馬）『群馬県邑楽郡誌』（大正六年）。

（茨城）『稲敷郡方言集』（明治三十五年）。

（千葉）『印旛郡宗像村誌』（大正元年）、『印旛郡六合村誌』（大正元年）、『香取郡誌』（大正十年）。

（東京）『八王子の方言』（昭和四十年）。

（神奈川）『神奈川県方言辞典』（昭和四十年）。

（新潟）『中越方言集』（昭和三十一年）。

（長野）『信州佐久地方方言集』（昭和十六年）。

（愛知）『三河北設楽郡方言集』（昭和九年）。

（島根）『隠岐島の昔話と方言』（昭和十一年）。
など。

（23）たとえば、青森県津軽地方の今別町では火葬場のことをラントウとかラントウバという（佐藤米司「葬制と墓制」〈『津軽の民俗』昭和四十五年〉）。山形県西田川郡温海町越沢でも火葬場をラントウバという（『民間伝承』一六―一）。また、筆者の採訪によっても千葉県北部の一帯で火葬場のことをラントウといっている例が聞かれた。なお、このラントウとの関係は不明であるが、東北地方の各地で墓地もしくは火葬場の呼称としてランバという語が伝えられているのも注意される。

（24）岡山県や香川県で多くみられるもので、石造の祠型、堂宇型のものをいう。土井卓治氏によれば、岡山県下で最古のものは、倉敷市通生の般若院神宮寺墓地にあるもので慶長四年（一五九九）銘のものという。新しいものでは小豆島土庄町小海の大師堂にある明治十八年銘のものがある。岡山県では、浅口郡黒崎村安養院墓地、倉敷市浜法然寺墓地、寄島町竜城院墓地、金光町寂光院墓地、備前市西片上妙国寺墓地、真光寺墓地などに多くみられ、香川県では、小豆島の池田島町日方墓地、内海町坂手観音寺墓地、土庄町南郷庵墓地内笠井家墓地などに豊島石製の多くのラントウがあるという（土井卓治『石塔の民俗』昭和四十七年）。

なお、京都府北桑田郡京北町山国地方でも古くそうした例がみられたという（竹田聴洲『民俗仏教と祖先信仰』〈後編第十六章第一節〉昭和四十六年）。

（25）墓上装置として、ラントウと呼ばれるものには二つのかたちがある。一つは、奈良県一帯でみられるもので、埋葬地点の上を四十九本の板塔婆で囲む設えをいう。たとえば、奈良県添上郡月瀬村嵩ではとくに年長者や家柄の上位の人に限ってこの設えをつくりラントウと呼んでいる。同様に山添村西多摩でも長老や神社の役をつとめた人にはカコイラントウをする。山添村三ヶ谷ではこれをダントウと呼び、やはり氏神の神主をつとめた長老や功労者の場合にだけにみられる。山添村伏拝でも同様。一方、ふつうの人たちの場合には割竹で囲む設えにして、それはラントウとはいわず、イガキという（中田太造「奈良県下の墓制の総合的研究」〈『近畿民俗』四一、昭和四十一年〉）。筆者の実地調査でも、たとえば奈良市柳生村の興ヶ原などで同様の例が確認されている。

一方、ラントウと呼ばれる墓上装置のもう一つは、木や竹などで作った家型の設えで、これを伊豆諸島の利島や三宅島伊ヶ谷などではラントウもしくはダントウという（井之口章次「葬式」〈『日本民俗学大系』四、昭和三十四年〉）、西垣晴次「東京都伊豆利島」〈『離島生活の研究』昭和四十一年〉）。また、筆者の調査によれば兵庫県淡路島の三原町志知、中島、市、阿万、筒井などでも墓上に据える家型の設えをラントウもしくはダントウという。

（26）　注（22）参照。

（27）　注（20）（21）参照。

第二章　両墓制の成立と展開

第一節　石塔立地の多様性と両墓制成立の前提
——奈良盆地の郷墓と盆地周辺部の諸事例より——

はじめに

両墓制の成立の時期については、すでにこれまで竹田聴洲氏らによって、両墓制村落の石塔群の精密調査が行われ、早いものでは中世末の永正年間にまでさかのぼる事例があるということが明らかにされている。(1)

竹田氏らの調査した事例は、京都府北桑田郡京北町比賀江の事例であったが、その精密調査の結果、詣り墓の区画内から、永正五年（一五〇八）紀銘の宝篋印塔台座を最古とし、以下天文十四年（一五四五）から慶長四年（一五九九）にいたるまでのあわせて一一基のいずれも一石五輪の型式の石造墓塔の存在が確認され、(2)それによって、この事例における両墓制の成立の時期が、およそ永正から天文にかけてのころのことであったということが明らかにされたのである。

しかし、その両墓制がなぜその時期にその地域に成立したのか、その間の事情や背景などについてはまだ必ずしも明らかでない。ここでは、そうした両墓制の成立の事情や背景などの問題について追跡してみることにしたい。

前述のように、両墓制と単墓制とが、石塔普及以前の旧来の「埋葬墓地」に対する、その後の石塔という要素の付着のしかたによって分かれた、それぞれ変化形である、とするならば、今日の両墓制事例における埋葬墓地は、両墓制成立以前の、つまり石塔普及以前の「埋葬墓地」の系譜を直接的にひいているものであり、その「埋葬墓地」の実態を復元的に理解する上で、重要な示唆を与えてくれるものと期待してよい。

そこで、現行の両墓制事例における埋葬墓地の特徴について注意してみると、まず指摘できるのは、ほとんどの事例に共通して、それらが一定の集落の共有墓地というかたちをとっているという事実である。そして、その共有というのにも、大別して、墓域全体が入会的なまったくの共同使用の原則にたち、死者あるごとに順次古くなった埋葬地点を掘り返しては次々と新しい死者を埋めるというかたちのもの(3)と、一方、各家ごとの埋葬区画が一応決められており、その自分の家の区画内でそれぞれ順次掘り返しては埋葬をくりかえしているというかたちのもの(4)との両者がある。しかし、これらは現在の伝承から判断する限りでは、前者のかたちが後者に先行する伝統的なものであったと考えてよさそうである。なぜなら、まず一般に前者のかたちの事例が圧倒的に多いということ(5)、それに現在では後者のかたちをとってはいても、それは近年になって前者のかたちから移行したものであるということがそれぞれの土地の古老たちの確かな記憶によってまだたどりうるものが多い(6)ということ、などによってである。

ところで、両墓制に先行しその基盤ともなった旧来の「埋葬墓地」の特徴の一つは、その墓域内に個人ごとの石造墓塔を立地させなかったという点にある。そして、その石造墓塔の、この点に関して指摘できる特質はといえば、素材の上で石造の半永久的な装置であるという点、そしていずれも各家ごとに帰属するものであるという点などである。このようないわば一定地点の長期間にわたる占有を必然化する石造墓塔の建立が、埋葬墓地の共有かつ入会的な連続的共同使用の原則と互いに矛盾しあうものであることはいうまでもない。したがって、このような埋葬墓地の共有という基本原則に由来するさまざまな集落内規制が両墓制成立の一つの要因をなしていたのではないかということは、これまでも注意されてきたことであるし(7)、ここでもやはりまずは注意しておく必要があろう。

しかし、ではこの埋葬墓地の共有という原則が両墓制の成立を決定する最終的な要因であったかというと、必ずしもそうでもなさそうである。以下に掲げる奈良盆地の諸事例はさらに複雑な事情を示唆しているようである。

そこで、なによりまず、大規模な共有墓地の典型例ともいうべき奈良盆地一帯のいわゆる郷墓の諸事例に注目してみることにしたい。

一　郷墓と両墓制

郷墓についてのこれまでの調査研究は、個別的なものとしては、坪井良平氏の京都府相楽郡木津町の木津惣墓墓標の研究(8)がそのさきがけで、その後、竹田聴洲氏の奈良県山辺郡都介野村の来迎寺墓についての研究(9)や赤田光男氏の奈良県生駒市の輿山墓地についての研究(10)などがある。また、奈良盆地の郷墓の全体を見渡すものとしては、早くには野崎清孝氏の歴史地理学的な研究(11)があり、最近では元興寺文化財研究所による研究が進められている(12)。

それらによると、まず郷墓の成立の時期については、それぞれ多くの郷墓の墓域内に現存している五輪塔や十三重層塔など大型の石塔の類から、鎌倉末期あたりまでさかのぼるのではないかと推定されている。たとえば、生駒郡平群町の椣原墓の場合、その墓域のなかほどに現存する大型の石造十三重層塔は鎌倉末期の造立と推定され(13)、同じくこの墓域の西北部に建ち並んでいる大型の数基の五輪塔はいずれも鎌倉末から南北朝期の造立と推定されるものである(14)。

また、奈良市五条町の五条墓に隣接する唐招提寺末西方院に現存する大型五輪塔は唐招提寺中興二世で正応五年（一二九二）の没といわれる証玄和尚のものとされている。[15] このような鎌倉末から南北朝期にかけてのやや大型の五輪塔は、他にも奈良市西大寺町の西大寺奥院墓地や天理市中山町の中山墓などにもみられる。

また法隆寺の北方にある斑鳩町三井の極楽寺墓についでは、[16] その墓寺である極楽寺は鎌倉末期の史料にすでにみえているといい、この墓地は法隆寺の寺僧たちの埋葬地でありかつ付近の凡下の人たちの埋葬地でもあったという。

たしかに郷墓の墓地としての起源は、このように鎌倉末期、あるいはそれ以前にさかのぼるものも少なくないと推定される。しかし、郷墓の特徴は何といっても多くの集落がいわゆる墓郷《はかごう》として結集し、一つの大規模な墓地を共同利用するという点にある。そうした墓郷の結集と大規模墓地の共同利用の方式が一般化するのはいつか、その墓郷集団の形成について考察された野崎清孝氏によると、[17]

・墓郷集団の編成は近世における藩政村の所領関係とはまったく結びつかない。つまり、同一の墓郷集団でもそれぞれ地域ごとの領主はさまざまでいりくんでいる。

・墓郷のなかには、同一鎮守神の氏子圏を形成している宮郷や、水利を同じくする水郷、山林の入会権を共有する山郷など、その他の集団編成と一致するものと、一致しないものとの両者がある。

・中世において大和国守護をも兼ねた興福寺の支配下にあった衆徒・国民などの有力土豪はそれぞれ菩提寺をもったが、それらが現在の郷墓の墓寺となっている例も多い。

などの点が指摘され、墓郷集団の編成は近世以前からのものであり、およそ、文禄検地の時期を下限とする十五〜十六世紀のころのことであろうと推定されている。そして、とくに宮郷・水郷・山郷と一致しないものについては、中世に奈良盆地に割拠した衆徒・国民の勢力圏＝郷に由来するものではないかと推定されている。

この野崎氏の推定は大方において首肯し得るところである。ただ、一般に郷墓に付属の墓寺というのは必ずしも衆徒・国民の菩提寺とは結びつかない小規模なものも多い点からすると、墓郷は必ずしも衆徒・国民の勢力による上からの編成ばかりでなく、墓郷自体が農民たちの独自の連帯の一形式であり、宮郷・水郷・山郷などと同様に、南北朝期以降この奈良盆地一帯で農民たちを中心として展開した、いわば下からの郷村結合のあり方を反映しているものとみるべきではないかと考える。

筆者は昭和五十六年夏から昭和五十八年春にかけて、春と夏の休暇を利用して奈良盆地の郷墓の実地調査を試みた。奈良盆地の郷墓の総数は一〇〇以上にものぼるといわれるが、(18)それらすべての調査は個人では不可能なため、盆地の北部から南部へかけて一六個の事例を適宜選び出してみた。第4表に掲げる諸事例である。その後の数度にわたる補充調査の結果をもあわせて、以下少し説明を加えておこう。

(1)　青　野　墓

この墓地を利用しているのは表にみる六つの大字《ダイジ》であるが、大字によっては古くから火葬にしていた。昭和三十年代後半までこの墓地には火葬場があり、そこを利用していた。この墓地は古くから西大寺の領分だといって西大寺の家々は土地を使う権利があるから土葬にしていたのだといっている。火葬にしていたのは青野、疋田、菅原で、土葬にしていたのは西大寺、二条、北新である。

墓地の現状としては、石塔が林立しているが、いずれも昭和のそれも戦後を中心とする新しい石塔ばかりである。土地の古老たちは、この墓地はむかしはヒョウボク（標木）と竹のイガキばかりで石塔はほとんどなかったという。昭和五十六年の調査時点では昭和五十一年没の人物の埋葬地点に設けられた竹のイガキが確認された。

第4表　郷墓の調査事例

	郷墓（通称）	大字	寺院	石塔墓の有無 郷墓に	寺に	その他に
(1)	青野墓		（墓寺）：なし			
		青野	浄土真宗 本教寺	×	×	×
		西大寺	真言律宗 西大寺奥院 浄土宗 浄土院 融通念仏宗 多聞院別院	×	○ × ×	×
		疋田	浄土真宗 常福寺	×	×	×
		菅原	浄土真宗 西蓮寺	×	△	×
		二条	浄土真宗 歓喜寺	×	×	×
		北新	浄土真宗 正行寺 融通念仏宗 大蓮寺	×	× ○	×
(2)	五条墓		（墓寺）：律宗念仏寺			
		五条	律宗 西方院	○	○	×
		平松	浄土真宗 乗明寺	○	×	×
		六条	融通念仏宗 大通寺	○	×	×
		七条	曹洞宗 三松寺 融通念仏宗 極楽寺	○	× ×	×
		西ノ京	（寺なし）	○	×	×
		柏木	真言宗 観音寺	○	×	×
		南新	（寺なし）	○	×	×
		尼ヶ辻	西音寺	○	×	×
		横領	興福院	○	×	×
(3)	加茂坂墓（九条墓）		（墓寺）：浄土宗 来迎寺	○	×	×
		東九条	融通念仏宗（廃寺）	○	×	×
		西九条	融通念仏宗 井戸寺	○	×	×
		杏 東町	融通念仏宗 西福寺	○	×	×
		八条	浄土真宗 法性寺 浄土真宗 浄楽寺	○	× ×	×
(4)	永井墓		（墓寺）：安楽寺			
		南永井	（寺なし）	○		×

		神　殿	浄土宗 安養寺	○	×	×
		清水永井	（会所寺の類）	×	○	×
		北永井	浄土宗 祐楽寺	×	○	×
		今　市	融通念仏宗 隆興寺	×	×	○
		柴　屋	臨済宗 龍象寺	×	○	×
		下　山	真言宗 円満寺	×	×	○
		田　中	融通念仏宗 光明寺	×	×	○
		井戸野	浄土宗 常福寺	×	○	×
		上三橋	融通念仏宗 地福寺	×	×	○
		下三橋	真言宗 極楽寺	×	×	×
(5)	森本墓		（墓寺）：なし（もとありとの伝承）			
		森　本	融通念仏宗 霊仙寺	○	×	×
		中之庄	浄土宗 十楽寺	○	×	×
		蔵之庄	融通念仏宗 蔵福寺	○	×	×
		石　川	浄土真宗 徳源寺	○	×	×
		楢	融通念仏宗 興願寺	○	×	×
(6)	新木墓		（墓寺）：浄土宗 万福寺			
		新　木	浄土真宗 南林寺	△	×	×
		田　中	浄土真宗 西休寺 浄土真宗 光明寺	△	× ×	×
		満願寺	浄土真宗 満念寺	△	×	×
		小　南	浄土真宗 安楽寺 浄土真宗 願誓寺	△	× ×	×
		池之内	浄土真宗 徳蔵寺 浄土真宗 西方寺	△	× ×	×
		豊　浦	（寺なし）	△	×	×
		杉	（寺なし）	△	×	×
		本　庄	融通念仏宗 松福寺	△	○	×
		天　井	浄土真宗 円照寺	△	×	×
(7)	椣原墓		（墓寺）：なし（もとありとの伝承）			
		椣　原	真言宗 金勝寺	○	×	×

	郷墓（通称）	大　字	寺　院	石塔墓の有無		
				郷墓に	寺に	その他に
		櫟原　椿木	（廃寺）	○	×	○
		上　庄	融通念仏宗 法念寺	○	○	×
		西　向	融通念仏宗 阿弥陀寺	○	○	×
		梨　本	融通念仏宗 戒勝寺	○	△	×
		吉　新	融通念仏宗 正明寺	○	△	×
(8)	長安寺墓		（墓寺）：浄土宗 西方寺			
		長安寺	浄土真宗 西徳寺	△	×	×
		筒　井	浄土真宗 西念寺 浄土真宗 正念寺 浄土真宗 光専寺 浄土宗 専念寺 法華宗 本門寺	△	× × × ○	×
		馬　司	浄土真宗 光照寺 浄土真宗 慈光寺	△	× ×	×
		池　沢	浄土真宗 正覚寺	△	×	×
		今国府	融通念仏宗 金輪寺	△	×	×
		椎　木	真言宗 光堂寺 浄土真宗 浄蓮寺 融通念仏宗 出雲寺	△	×	×
		柳　生	（寺なし）	△		×
		伊豆七条	融通念仏宗 勝福寺	△	×	×
		八　条	浄土宗 華蔵寺 浄土真宗 円徳寺	△	○	×
		宮　堂	融通念仏宗 観音寺	△	△	×
(9)	窪田墓 （阿土墓）		（墓寺）：律宗 阿土寺			
		北窪田		○		×
		上窪田	浄土真宗本願寺派 円教寺 浄土真宗興正派 法光寺	○	× ×	×
		中窪田	融通念仏宗 常徳寺	○	△	×
		下窪田	浄土真宗仏光寺派 平楽寺	○	×	×
		北吐田	融通念仏宗 念仏寺	○	×	×

		南吐田	曹洞宗 南陽寺		○	×
		上吐田	融通念仏宗 金福寺	○	△	×
		下永　西城	浄土宗 西方寺 浄土宗 徳勝寺	×	○	×
		岡　崎	融通念仏宗 妙楽寺	○	×	×
		東安堵南方	融通念仏宗 大宝寺 真言宗 極楽寺	○	× ×	×
		西安堵	融通念仏宗 観音寺	○	×	×
(10)	結 崎 墓		（墓寺）：真言律宗 安養院			
		結崎　中村	融通念仏宗 超円寺 融通念仏宗 地蔵寺	△	○ ○	×
		中村別所	浄土宗 極楽寺	△		×
		市場	（寺なし）	△	×	×
		井戸	融通念仏宗 西音寺 浄土真宗本願寺派 西願寺	△	○ ×	×
		辻	浄土真宗興正派 法満寺	△	×	×
		出屋敷	（庵寺の類）	△	×	×
		唐　院	融通念仏宗 浄徳寺 浄土真宗大谷派 西教寺 真言宗 箕輪寺	△	○ × ×	×
		保　田	浄土真宗仏光寺派 光林寺 真言宗 富貴寺	△	× ×	×
		小　柳	浄土真宗仏光寺派 光明寺 浄土真宗大谷派 願行寺	△	× ×	×
		西但馬 東但馬	浄土宗 西道寺 浄土宗 竜天寺	△	○ ×	×
		黒　田	真言宗 法楽寺 浄土宗 浄照寺 浄土真宗大谷派 教行寺	△	× × ×	×
		伴　堂	融通念仏宗 融観寺 真言宗 延寿院	△	○ ×	×
		三　河	浄土宗 呪徳庵	△	×	×
		屛　風	浄土宗 浄土寺	△	○	×
(11)	広 瀬 墓		（墓寺）：浄土宗 常念寺 （箸尾氏の菩提寺）			

	郷墓（通称）	大　字	寺　院	石塔墓の有無		
				郷墓に	寺に	その他に
		広　瀬		○		×
		古　寺	浄土真宗仏光寺派 心光寺 浄土真宗大谷派 順行寺	○	× ×	×
		箸尾　萱野	浄土真宗大谷派 教行寺 浄土真宗大谷派 南陽寺 浄土宗 西願寺	○	× × ×	×
		的場	融通念仏宗 法善寺 真言宗　大福寺	○	○ ×	×
		弁財天	浄土真宗大谷派 蓮行寺	○	×	×
		南	浄土真宗本願寺派 願乗寺 融通念仏宗　長泉寺	○	× △	×
		中	浄土真宗本願寺 徳浄寺	○	×	×
		大　場	（尼寺）	○	×	×
		但馬出屋敷	（寺なし）	○		×
		林　口	融通念仏宗 福徳寺	○	○	×
		田　中	真言宗 養楽寺	○	×	×
		杉の木	（寺なし）	○		×
		金剛寺	浄土真宗本願寺派 金正寺	○	×	×
⑿	中 山 墓		（墓寺）：浄土宗 念仏寺			
		中　山		○		×
		菅　生	（寺なし）	○		×
		竹之内	融通念仏宗 宝伝寺	○	△	×
		乙　木	（寺なし）	○		×
		佐保庄	（寺なし）	○		×
		三昧田	（寺なし）	○		×
		兵　庫	融通念仏宗 神護寺	○	×	×
		成願寺	（寺なし）	○		×
		新　泉	（寺なし）	○		×
		岸　田	（寺なし）	○		×

⒀	大安寺墓（平田墓）		（墓寺）：浄土宗 教安寺			
		大安寺		△		×
		平　田	（寺なし）	△		×
		西井上	融通念仏宗 伝楽寺	△	×	×
		東井上	融通念仏宗 極楽寺	△	×	×
		法貴寺	浄土真宗本願寺派 幽玄寺 浄土真宗大谷派 蓮行寺 浄土真宗大谷派 観念寺 融通念仏宗 西誓寺	△	× × × ×	×
		小　阪	（寺なし）	△		×
		北阪手	融通念仏宗 阿弥陀寺	△	×	×
		南阪手	浄土真宗大谷派 西願寺	△	×	×
		大　木	浄土真宗興正派 善照寺 融通念仏宗 仏光寺	△	× △	×
		伊与戸	（寺なし）	△		×
		笠　形	（寺なし）	△		×
		為川南方	（寺なし）	△		×
		為川北方	（寺なし）	△		×
		蔵　堂	融通念仏宗 浄福寺	△	△	×
⒁	八条墓		（墓寺）：浄土宗 極楽寺	△		×
		八　条	浄土真宗興正派 明善寺 浄土真宗興正派 妙称寺	△	× ×	×
		宮の森	浄土真宗大谷派 正法寺	△	×	×
		秦楽寺	浄土真宗本願寺派 浄土寺	△	×	×
		味　間	浄土宗 西福寺 曹洞宗 補厳寺	△	△ ○	×
		田原本		△		×
		新　木	浄土真宗大谷派 一行寺	△	×	×
		阿部田	浄土宗 十念寺 浄土真宗 光明寺（廃寺）	△	△ ×	×
		九品寺	（寺なし）	△		×
⒂	飯高墓		（墓寺）：なし（もとありとの伝承）			
		飯　高	浄土宗 瑞花院 浄土真宗本願寺派 最勝寺	△	○ ×	×

	郷墓（通称）	大字	寺院	石塔墓の有無		
				郷墓に	寺に	その他に
		小 槻	浄土真宗本願寺派 願成撰 浄土真宗大谷派 浄行寺	△	× ×	×
		土 橋	浄土真宗興正派 専念寺	△	×	×
		豊 田	（廃寺）	△		×
		大 垣	浄土宗 親縁寺	△	△	×
		矢 部	浄土真宗大谷派 願立寺 融通念仏宗 安楽寺 （真言宗の宮寺の類）	△	× × ×	×
		満 田	浄土真宗本願寺派 満誓寺	△	×	×
⒃	葛 本 墓		（墓寺）：浄土宗 安楽寺			
		葛本西垣内 本郷 見門 新屋敷	浄土真宗興正派 浄教寺	△	×	×
		十 市	浄土真宗興正派 常願寺 融通念仏宗 本願寺	△	△ △	×
		中 町	浄土真宗本願寺派 浄楽寺	△	×	×
		多	浄土真宗興正派 常光寺 融通念仏宗 念仏寺	△	× △	×
		西新堂	浄土真宗興正派 普賢寺	△	×	×
		新 口	浄土真宗興正派 善福寺	△	×	×
		上品寺	浄土真宗興正派 浄正寺	△	×	×
		八木 内膳		△		×
		新 賀	浄土真宗興正派 西教寺	△	△	×
		常 盤	浄土真宗興正派 常光寺 浄土真宗大谷派 教円寺	△	× ×	×
		東竹田	浄土真宗興正派 憶念寺 融通念仏宗 融宣寺	△	△ △	×
		味 間	浄土宗 西福寺 曹洞宗 補厳寺	△	△ △	×
		太田市	（廃寺）	△		×

なお、第4表中の石塔墓の有無については、ここでは江戸時代以降の石塔の建立がみられるものをもって古くから存在した石塔墓地とみなすこととした。古くから石塔を建てる習慣がみられたのは、西大寺の真言律宗西大寺奥院（寿光院）の檀家と北新の融通念仏宗大蓮寺の檀家であり、その他は土葬の場合も火葬の場合も一般に石塔を建てるということをしなかったという。菅原の浄土真宗西蓮寺の境内には門徒のうちの一〇戸分の石塔があるが、そこには火葬骨が納骨されているという。

したがって、この青野墓を利用している六つの大字では、とくに西大寺の真言律宗西大寺寿光院の檀家、それは西大寺のうちでも小字の野神と艾とに集中しているが、それと北新の融通念仏宗大蓮寺檀家六戸の家々において両墓制がみられたことになる。

(2)　五　条　墓

この墓地は古くからここに埋葬し、石塔も建てる単墓制である。五条の律宗西方院は唐招提寺の奥の院といわれ、その境内には長老たちの石塔が建てられており、一部有力檀家の石塔もみられる。この場所は五条墓と、現在では土塀で区切られてはいるが、地続きとなっており、もともと同じ墓域であったものと思われる。

(3)　加茂坂墓

この墓地も古くからここに埋葬し、石塔も建てる単墓制である。広い墓域は家ごとに整然と区画割りがなされている。最近は火葬が普及してきている。

第9図　永井墓（安楽寺近くの内側の区画をとりまくように外側に俗名墓標を立てている埋葬区画がある。木製の墓標から石製の墓標へと変化してきている）

(4)　永　井　墓

この墓地では、墓寺の安楽寺に近い内側の区画には石塔が林立し、それをとり囲むように広がっている外側の区画には石製の俗名墓標が林立している。内側の区画は埋葬し石塔もそこに建てる単墓制のかたちをとっており、南永井と神殿の二つの大字が利用している。家ごとの区画は整然とはしておらず、適宜自分の家の利用場所が自然と決まってきているような状態である。それに対し、外側の区画はその他の九つの大字が利用しており、完全な共同利用で家ごとの区画などない。この九つの大字では、ここに埋葬するのみで石塔は別に大字ごとに寺などに建てる両墓制のかたちをとっている。石製の俗名墓標を建てるようになったのは最近のことで以前はずっと木の墓標を建てていたという。

両墓制のかたちをとっている大字では、石塔墓を寺の境内に設けているのが清水永井、北永井、柴屋、井戸野で、寺以外の場所に設けているのが、今市、下山、田中、上三橋である。今市では通称チバミの墓地とツキドメの子墓という二ヵ所に石塔墓がある。今市は西、中、東の三地区からなるが、西がチバミの墓地に、中と東がツキドメの子墓に石塔墓をもっている。いずれも十二～十三歳位までの子供を埋葬する子墓であったが、最近では大人を埋葬する例もあるという。ツキドメの子墓は今市、柴屋、下山、田中の四つの大字の共同の子墓で、手前の区画が今市の石塔墓で奥が子墓となっている。下山では通称デヤンドウと呼ばれる場所に石塔墓がある。その場所はもと地元の造り酒屋で石田家という有力者が土地を寄付したものという。石田家は現在ではもう絶家となっているが、その石田家の石塔は永井墓の方へ建ててある。田中では、石塔墓は以前は集落のなかほどの用水堀のところにあったが狭くなったということで昭和三十年代末に新しく現在の場所、つまり集落からやや離れた田んぼの中に移した。上三橋では集落のはずれの川のそばに石塔墓がある。そこは古くから上三橋の子墓でもあった。

なお、下三橋では寺にもその他の場所にも石塔墓は設けられていない。旧家の今西家は絶家となったが、その家の石塔だけは現在永井墓にある。

また、これら一一の大字の他に、北之庄、池田、窪之庄の三つの大字はそれぞれ大字ごとに埋葬墓地に石塔を建てる単墓制のかたちをとっているが、伝染病死などで火葬にする場合には、この永井墓に以前あった火葬場を利用していた。

(5)　森　本　墓

現在、この墓地には墓寺はないが、明治のころまでは本光明寺という寺があったといい伝えている。墓地はおよそ大字ごとに区画が分かれており、そこに埋葬し石塔も建てており単墓制のかたちをとっている。

(6)　新《に》木《き》　墓

この墓地はここに埋葬し石塔も建てる単墓制のかたちをとっているが、本庄という大字だけは寺の境内にテラバカと呼ぶ石塔墓があり両墓制のかたちをとっている。この墓地を利用している大字の寺は圧倒的に浄土真宗が多く、それらの境内には石塔墓はない。そうしたなかで、テラバカのある本庄だけは融通念仏宗の寺であることが注意される。

なお、新木墓に建てられている石塔も江戸末期から明治へかけてのものが古い方で比較的新しいものが多い。

(7)　榯《ひで》原《はら》墓

墓域内に円満寺跡という場所があり、そこに墓寺として円満寺というのがあったといわれる。現在では六つの大字ごとに専用区画が決められているが、それは昭和になってからのものである、以前は自由に埋葬していたという。ただ当時も自然に大字ごとにおよその埋葬区画ができていたともいい、昭和になってきめた現在の区画割りはそれとして機能してはいるが、一方古くからそれぞれの大字で使用していた区画も旧墓というかたちでまだ確保されており、かなりいりくんだ使用状況となっている。最近、金勝寺の住職の働きかけにより墓域内に林立していた古い石塔が無縁塔群として一ヵ所に集められ積み上げられたが、まだ旧墓としてあちこちに残された古い石塔もみうけられる。墓域の西北部に一段低く広がっている区画に鎌倉末〜室町初の造立と推定される大型の五輪塔が数基建ちならんでいるが、そこは金勝寺の住職の墓域となっている。また、その北側に隣接して近世墓塔群の林立する区画があるが、そこは西向の資産家で有力者であった乾家の墓域である。そこが前述の円満寺跡と呼ばれている場所でもある。

石塔の造立についてみると、榯原の一八戸はすべて金勝寺の檀家であるが、その境内には石塔墓はなく、榯原墓へ埋葬し石塔もそこへ建てる単墓制である。金勝寺は現在は真言宗室生寺末であるが、昭和三十六年までは真言宗長谷寺末でさらに江戸時代には興福寺一乗院末で法相・真言兼帯の寺で格式が高かったという。

櫟原という大字は椿木、向浦、下庄、南垣内、中垣内、上垣内の六つの垣内《かいと》からなっているが、そのうち椿木だけが榯原墓を利用している。椿木が櫟原に編入されたのは明治十二年のことで、それまでは江戸時代を通じて椿木村として独立していた。現在では榯原墓に石塔を建てるようになっているが、それは昭和四十六年ごろの椿台住宅団地の造成以後のことで、それまでは、埋葬は椣原墓へ、石塔は椿木にあった石塔墓へ建てる両墓制であった。山寄せにあったその石塔墓が宅地造成で廃され、その時、石塔はすべて椣原墓へ移した。寺はかつて融通念仏宗安楽寺というのがあったが廃寺となり、現在では全戸ともに櫟原の正楽寺の檀家となっている。

上庄は、現在では椣原墓に埋葬し石塔もそこに建てるかたちになっているが、明治のころまでは法念寺の境内に石塔を建てていたといい伝えている。場所が狭くなるので石塔は椣原墓の方へ移したのだという。

西向の阿弥陀寺にはテラバカといって古い石塔墓がある。ただし、戦後の新しい石塔は椣原墓の方へ建てる例が多い。なお、今日まで乾殿《いぬいどの》用水の名で知られるこの地の有力者乾家の場合は特別である。というのは、乾家には本家（オモヤ）と分家（シンタク）の二戸があり、本家の方は、すでに松原市の方へ転出しており、分家の方は今もこの地にあるが、この乾家二戸の場合、古くから椣原墓の区画内の円満寺跡と呼ばれる場所に独自の墓域を占有しており、そこに埋葬し石塔も建てるかたちをとっておりながら、その一方では、阿弥陀寺の境内にも古くからの石塔墓があり、その両方の石塔はともに江戸時代の年号をもつもので、時代的には併行し互いに差はないのである。つまり、この乾家二戸の場合、単墓制的なかたちと両墓制的なかたちとが併行して行われてきたことになる。

梨本は川原垣内、奥垣内、西垣内の三つの垣内からなっているが、これは明治初期に蔵城（川原垣内・奥垣内）と西梨本（西垣内）とが合併したものである。このうち川原垣内と奥垣内の家々が椣原墓を利用している。西垣内は、集落後背の今は住宅団地になっている一画に墓地があり、そこに埋葬し石塔も建てている。ただ、その西垣内の中でも東、川原、谷口の三戸だけは椣原墓にも古い先祖の墓があり、こちらの西垣内の墓地にももっており、いずれも埋葬してそこに石塔を建てるかたちをとっている。川原垣内と奥垣内の家々は、椣原墓に埋葬し石塔もそこに建てている。ただし、梨本の家全戸がその檀家となっている戒勝寺には、埋葬はしていないが石塔だけのテラバカがあり、そこに石塔だけのテラバカをもっている家は、川原垣内の辰巳二郎、奥垣内の辰巳弘務、北川義夫、西垣内の田中実の四戸である。この四戸は、むかしの資産家であったからではないかといわれている。

吉新は、現在では市街地として戸数も増加しているが、『平群町史』によると、もとは江戸時代の吉田村と新家村とが明治八年に合併して吉新となったものである。明治十五年の戸数はまだ三二戸であった。それらの在来戸が椣原墓に埋葬し、石塔もそこに建ててきており、いずれも正明寺の檀家である。それらの在来戸は、もとは梨本の戒勝寺の檀家であったが、のち大阪の平野の融通念仏宗の本山である大念仏寺へ働きかけてこの地に正明寺をつくり、その檀家となったのだといい伝えている。この正明寺には古い石塔が数十基あり、そこには埋葬されていない。ここに石塔をもっているのは、朝野、西尾、西川、中尾、浦井の五戸で、これらの家は吉新の古くからの家だといわれている。

(8)　長安寺墓

この墓地は墓寺の西方寺の周囲に広がっており、およそ大字ごとの区画が決められている。最近では火葬が一般的となり新しい石塔の林立した景観となっているが、昭和三十年代ころまでは土葬が中心で埋葬地点に立てられたヒョウボクとイガキがたくさんみられたという。

浄土真宗の寺には石塔墓はない。

筒井では浄土宗専念寺に地元の旧家の石塔墓がある。ただし、この墓地には古くは埋葬もしていたといい伝えており、同寺所蔵の「嘉永七寅年　往生記　称名山専念寺」と表紙にある過去帳にも、たとえば「安政二年九月八日　寿福院留守居浄誉恵教法尼　寺内埋」の記事がみられた。

馬司の慈光寺や今国府の金輪寺などの境内には五輪塔の残欠部分や地蔵像や小型の石塔が少しみられるが、それらは石塔墓地というほどのものではない。

柳生は横田の出垣内で約二〇戸の集落であるが、そのうち巽、西本、福田（以上、融通念仏宗）、森川姓二戸、森、畊田《こうだ》（以上、浄土真宗）の七戸が長安寺墓に埋葬し、そこに石塔も建てている。のこりの十数戸は横田と櫟枝とともに横田の集落の北方にある墓地を利用している。

八条では華蔵寺の裏手にドーヤマと呼ばれる石塔墓がある。そこは藤田、吉村、吉川、中川、野崎、村岡、辻内、森、茨木、豆本の各姓の在来戸二〇戸の石塔が建てられている。

宮堂の観音寺にも石塔墓があるが、そこの石塔は昭和初期によそから集められたものらしいといっている。宮堂では長安寺墓を利用する家以外に宮堂だけの西の辻の墓と称する墓地を利用する家もある。西の辻の墓というのは、もとは子墓であったのをそこに大人も埋め石塔も建てるようになったものだという。

つまり、この長安寺墓を利用している家々では、浄土真宗門徒の場合には多くが無石塔墓制で、その他は単墓制が一般的で、そして八条の華蔵寺に石塔墓をもっている家々などごく一部で両墓制のかたちがみられたことになる。

(9)　窪　田　墓

この墓地は別名を阿土墓ともいう。かつては埋葬する上で大字ごとの区画などなく自由に空いたところを掘り返しては埋めており、イガキやヒョウボク、石塔が林立していたという。

上窪田の中という旧家は周濠をめぐらした広い屋敷をもち、その屋敷内に持仏堂の真言宗華蔵院を建立している。この華蔵院には中家の人々の位牌が納められ、ながく先祖たちの追善供養の場としての機能をはたしてきているが、石塔はすべて窪田墓の埋葬墓地に建てられている。

中窪田の常徳寺の境内には、住職と稲田、奥山、馬場、斧田姓三戸の計六戸の石塔あわせて約二〇基がある。この六戸は古くからのこの地の在来戸で、窪田墓に埋葬し石塔もそこに建てている。もとこの寺は、現在の大和川のあたりにあったのが川の氾濫で現在地へ移ったものといい伝えており、この約二〇基の石塔は、その移建の際にこの境内に整理したものだといっている。

南吐田の南陽寺は現在では約八〇戸ほどの檀家があるが、もとは土地の旧家である新野家の先祖のうちの一人の女性が庵主となり、尼寺として建てたものだといい伝えている。境内には新野家のほか島崎家、馬場家など南吐田の家の石塔が建てられており、これらは両墓制のかたちをとっている。

上吐田では、現在では全戸ともに窪田墓に埋葬し石塔もそこに建てる単墓制のかたちをとっているが、金福寺の境内には檀家の一部の十数戸の古い石塔墓がある。

西城は下永の一部で、およそ三六戸ばかりの集落であるが、西方寺の檀家二二戸は阿土墓に埋葬し、石塔は西方寺に建てる両墓制のかたちをとっている。徳勝寺檀家五戸は徳勝寺境内の墓地に埋葬し、石塔もそこに建てる単墓制、その他の寺の檀家はそれぞれ単墓制となっている。なお、いい伝えによればもとは西城も東城もいっしょの墓地であったが、大和川の氾濫で別々になったのだという。

⑽　結　崎　墓

この墓地は、むかしから結崎、唐院、保田、小柳、但馬、黒田、伴堂、三河（屏風を含む）の八ヵ郷の墓地といわれ、かつては埋葬するだけの墓地で石塔は各大字の寺に建てたり、あるいはまったく建てなかったりであったという。

それがのちに石塔もしだいに建てられるようになり、最近では火葬化がすすんでいる。もともと大字ごとの使用区画などきまっていない完全な共同墓地であったという。現在も毎年八月十二日には墓会《ハカエ》といって前日の十一日から夜店が出るなど大勢の人々の墓参供養で賑わう。

結崎には中村や市場、井戸など六つの小字がある。中村の超円寺には椿井、奥田、森内姓などの旧家の石塔墓があり、古くには両墓制のかたちをとっていたものと思われる。結崎墓へ石塔を建てるようになったのは明治十年ごろから以後のことだといっている。超円寺は、現在は融通念仏宗であるが、そうなったのは元禄のころでそれ以前は各宗兼務の寺で浄土宗長円寺と称したこともあるという。地蔵寺には檜垣、石橋、森川、村井姓など旧家の石塔墓があり、それらも両墓制のかたちといってよい。それらの家々では、現在ではもう結崎墓へ石塔を建てるようになっているが、この地蔵寺にある石塔は古い先祖のものだといい、檀家であってもここに石塔のない家は比較的新しい分家か転入戸であるといっている。浄土宗極楽寺は、安養院と並んで結崎墓の中にある。

市場にはもと和福寺という寺があったというが明治の廃仏毀釈でこわされたという。市場の家々は中村の超円寺の檀家や辻の法満寺の門徒になっている。

井戸の西音寺には片山、島田、石田など檀家の石塔墓がある。西願寺には石塔墓はない。浄土真宗の門徒はかつては石塔は建てなかったといい、大正、昭和以降のものが結崎墓へ建てられている。

唐院の箕輪寺や保田の富貴寺など真言宗の寺は、そのほとんどが宮寺の類で檀家はなく石塔墓もない。

⑾　広　瀬　墓

ここに埋葬し、石塔も古くから建てられてきており、単墓制のかたちをとっている。ただし、昭和四十七年から土葬が禁止され完全に火葬化している。常念寺は、もとこの地の土豪箸尾氏の菩提寺であったといわれ、箸尾氏一族の五輪塔三六基もある。この墓地には、小さな墓寺としてこれとは別にかつて極楽寺というのがあり、尼さんがいたのを記憶している人も多い。

林口は約六〇戸ほどの集落であるが、そのうちの一部の檀家の石塔が福徳寺に十数基みられる。それらは一応両墓制のかたちといえる。

⑿　中山墓

ここに埋葬し、石塔も建てる単墓制のかたちをとっている。火葬が多くなってきたのは昭和五十年代以降だというが、昭和五十六年八月の筆者の調査時点でも埋葬したばかりの例があり、青竹でつくったイガキにあざやかな季節の花が供えられていた。大字ごとの使用区画は古くから決まっていたという。墓地の入口に大型の五輪塔がある。

⒀　大安寺墓

別名を平田墓ともいう。ここに埋葬し、石塔も建てる単墓制のかたちをとっている。昭和四十年代以降は火葬化がすすんでいる。

法貴寺では一部の家は八田の初瀬川沿いにある別の野墓を利用しているが、そこも埋葬してその上に石塔を建てる単墓制のかたちである。

蔵堂の浄福寺には檀家の石塔墓があり、その場合両墓制といえる。

⒁　八条墓

古くからここに埋葬しているが、石塔は、一部に五輪塔残欠部分や地蔵浮彫像なども散在しているものの、ほとんどは明治、大正期以後の新しいものばかりである。浄土真宗の門徒の家ではかつては石塔を建てることはあまりなかったという。

味間ではこの八条墓を利用している家と葛本墓を利用している家とに分かれている。西福寺には檀家の石塔墓がある。田原本でも一部の家々が、この八条墓を利用している。阿部田の十念寺には石塔が十数基あるが、ほとんどが無縁のものである。

⒂　飯《ひ》高《だか》墓

最近は火葬化がすすんでいるが、もとは土葬で古くなったところを次々と掘り返しては埋める完全な共同墓地であった。墓域一面ヒョウボクばかりで、石塔はほんのわずか無縁のようなものが散在している状態であったという。石塔を一般にここに建てるようになったのは戦後になってからのことである。なお、明治後半と大正十二年ごろと二度にわたって墓域の拡張をしたという。

飯高の瑞花院の境内には檀家の石塔墓があり、元禄の年号などをもつ江戸時代以降の石塔が林立している。最近では火葬骨を納める例もみられるようになったが、かつては飯高墓に埋葬し、ここに石塔を建てる両墓制のかたちをとっていた。なお、この瑞光院の境内には古い五輪塔や宝篋印塔の残欠部分などが散在しているが、昭和四十七〜四十九年の修築の際に地中から出てきたという五輪塔の地輪に「文明十五年癸丑三月廿五日　妙圓禅尼」とか「大永三年癸未四月廿四日　月漢栄光」とあるのがみられた。それら石塔の類の悉皆調査が望まれるところである。

豊田では鎮守社の境内に無縁の石塔が五、六基放置されているが、これは石塔墓というほどのものではない。大垣の親縁寺にも約一五基ほど近世以降の石塔がある。

⑯　葛　本　墓

ここに埋葬し石塔も古くからここに建てる単墓制のかたちをとっている。最近では火葬化がすすんでいる。なお、安楽寺には鎌倉中期と推定されている大型の宝篋印塔がある。

葛本の四つの垣内《かいと》は大部分の家が浄教寺の門徒である。十市の本願寺には一五基ばかりの石塔墓がありウチバカと呼ばれている。すでに火葬が一般的でウチバカには火葬骨を納めるようになっている。多の念仏寺には吉田、植田、吉岡など一部の家の古い石塔が数基ある。八木の内膳では一部の家だけが葛本墓を利用している。味間では旧家だけが葛本墓を利用しており、他の家々は千代の極楽寺墓の方を利用している。太田市には独自の墓地があり、現在ではそこへ埋葬しているが、かつては葛本墓を利用していたらしいといっている。

さて、これらの諸事例を通覧して指摘できることは何か、それらをまとめてみよう。まず第一に、いずれも郷墓の墓域内に石塔が林立しており、単墓制のかたちを主流としているということである。共有埋葬地としての共有規制が必ずしも石塔という要素をその墓域内に拒否していないということがわかる。しかし、ではすべての事例が単墓制であるかといえばそうでもなく、大字《ダイジ》によっては両墓制のかたちをとっていたり、また近年までとくに石塔は建てなかったという無石塔墓制の例もみられるのである。

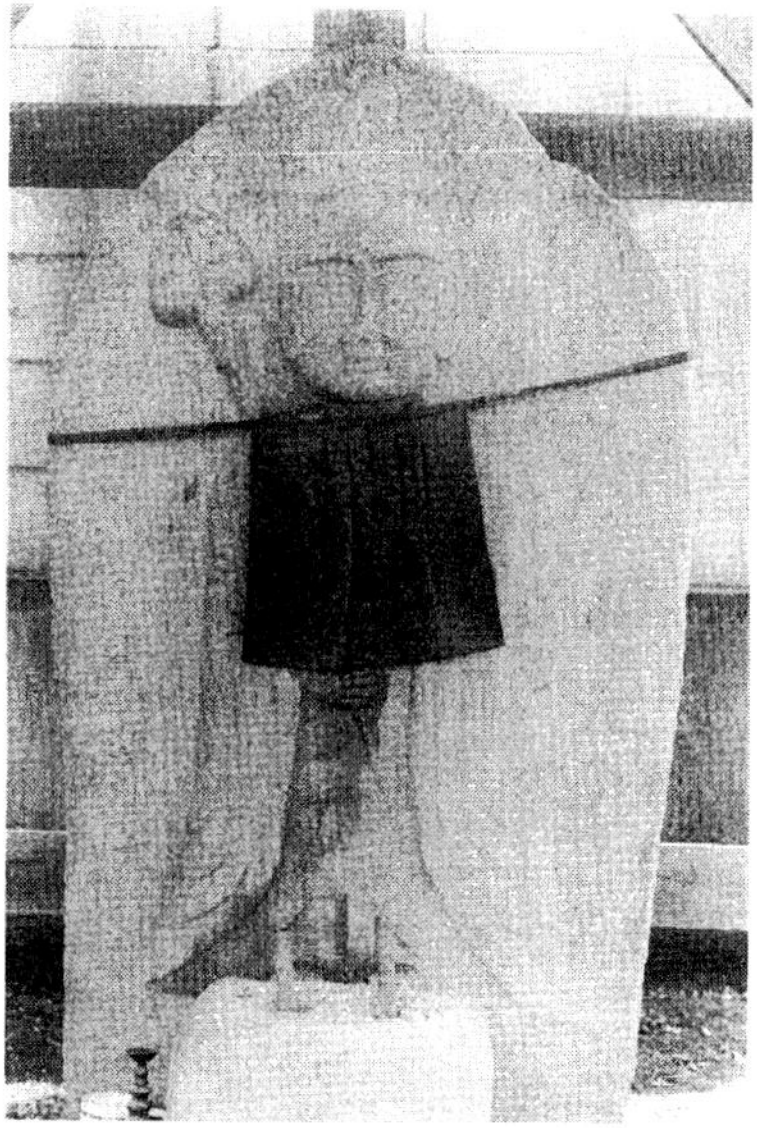

第10図　永井墓への入口にある迎え地蔵（「天正廿年十月廿四日大願道一」の銘がある）

第11図　奈良盆地の郷墓でよくみられる五輪浮彫塔（「天正四年十月十四日浄慶」の銘がある）

つまり、同じ一つの郷墓であっても、石塔の造立に関しては、それを共同利用している大字によって多様であり、それぞれ差異がみられるのである。このことは、郷墓の成立とその運営ということと、石塔の受容のしかた、つまり、両墓制、単墓制への分岐ということとはまったく別の次元の問題であったということを示す。

第二に注目したいのは、いずれの郷墓にもほぼ共通して十六世紀半ば以降、天文年間から天正年間にかけて地蔵石像や十三仏碑、六字名号碑などの類が一斉に造立されているという点である。第5表がそれらの一覧表であるが、それぞれ銘文によれば、僧侶の名を刻んだものと、当時の有力農民と思われる人たちの結衆の名を刻んだものとが相半ばしている。これは、これらの地蔵石像や六字名号碑の類の造立の背景に僧侶の側からの積極的な働きかけがあったと同時に、その一方では、有力農民を中心とする念仏の結衆や講の組織が当時さかんに結成され活動し

第5表　郷墓にみられる比較的初期の石仏・供養碑・石造墓塔

	石仏・供養碑の類	初期の石造墓塔	六地蔵
(1)青野墓	天文22（1553・地蔵）	西大寺奥院墓地に享禄3（1530・五輪塔），同じく天文19(1550・五輪浮彫塔)，菅原の西蓮寺境内に天文16（1547・五輪塔）	享保2
(2)五条墓	天文3(1534・地蔵),天文13(1544・地蔵）弘治2（1556・板碑）	天正7（1579・五輪浮彫塔） 慶長6（1601・自然石）	寛延2
(3)加茂坂墓	（不　詳）	永禄2（1559・五輪浮彫塔） 永禄7（1564・五輪浮彫塔）	
(4)永井墓	天正20（1592・地蔵）	天正20（1592・五輪浮彫塔） 北永井の祐楽寺墓地に永禄10（1567・五輪浮彫塔）	正徳2
(5)森本墓	天正7（1579・六字名号碑）	天文16（1547・五輪浮彫塔） 弘治3（1557・五輪浮彫塔）	
(6)新木墓	（不　詳）	（不　詳）	元禄9
(7)椣原墓	天文22（1553・十三仏碑） 天正3（1575・地蔵） 西向の阿弥陀寺に天正4（1576・六字名号碑）	（不　詳）	寛文・延宝年間
(8)長安寺墓	天文19（1550・阿弥陀石像）	天正12(1584・筒井順慶の五輪塔)	
(9)窪田墓	永禄5（1562・地蔵）	天正3（1575・五輪浮彫塔）	
(10)結崎墓	天文19（1550・地蔵）	屏風の浄土寺に天正10（1582・阿弥陀石像）	
(11)広瀬墓	大永3（1523・地蔵） 天文19（1550・六字名号碑） 天正2（1574・六字名号碑）	永正丁卯（1507・五輪塔），永正17（1520・五輪塔） 天文8(1539・地蔵),天文13(1544・五輪浮彫塔)	
(12)中山墓	（地蔵・天文23と推定される）	天正5（1577・五輪浮彫塔），天正7（1579・五輪浮彫塔），天正9（1581・五輪浮彫塔）	
(13)大安寺墓	天文8（1539・地蔵），天文22（1553・地蔵）	天文7(1538・五輪浮彫塔)，弘治1(1555・五輪浮彫塔)，永禄4(1561・五輪浮彫塔)	
(14)八条墓	（不　詳）	味間の補厳寺に永禄12（1569・地蔵） 同じく永禄12（1569・五輪塔）	
(15)飯高墓	永禄3（1560・地蔵）	天正6（1578・五輪浮彫塔），天正8（1580・五輪浮彫塔）	元禄10
(16)葛本墓	天文22（1553・地蔵）	永禄12（1569・地蔵）	元禄16

はじめていたことを示す。そして、地蔵や六字名号碑の類の墓地への造立は、何よりこの時期に、直接墓地における地蔵や阿弥陀仏への結縁を通しての死者供養が行われはじめていたことを示す。

そして、これはかつて鎌倉末から南北朝期にかけて流行した郷墓の墓域内への有力寺院の高僧たちの大型の五輪塔の造立やその他大型の十三重層塔などの供養塔の類の造立の動きとはまったく異なった新しい動きであり、郷墓の中心的な荷い手である有力農民たち自身による、直接、墓地で行う死者供養の風の高揚を反映しているものということができる。そして、この時期こそ、第5表にその初期のものを整理してみたように、個人の死後往生、死者供養のための個人ごとの石造墓塔の造立が開始される時期でもあったのである。いうまでもなく、この十六世紀半ばというのは近世幕藩体制の確立以前であり、当然、いわゆる一寺一家の寺檀関係の成立以前である。その十六世紀半ばの段階で、つまり寺僧と村人たちとの間の檀家寺とその檀家という一定の社会関係が制度的に創設される以前の段階で、すでに土豪層や有力農民たちの間では死者供養のための石造墓塔の造立が開始されていたのである。そして、それがやがて今日みるような石塔造立の風の定着化へと進んだものと推定され、そこに両墓制、単墓制、あるいは無石塔墓制への分岐点があったということになる。

では、石塔の造立においてどうしてそのような差異がみられたのか。1から16までの各郷墓とそれを利用している大字ごとの実態から石塔の建てられ方について整理してみよう。すると、

(1)郷墓つまり埋葬墓地に建てる――単　墓　制

(2)集落の方に建てる　①寺の境内に ┐
　　　　　　　　　　②その他の場所に ┘―両　墓　制

(3)とくに建てない――無石塔墓制

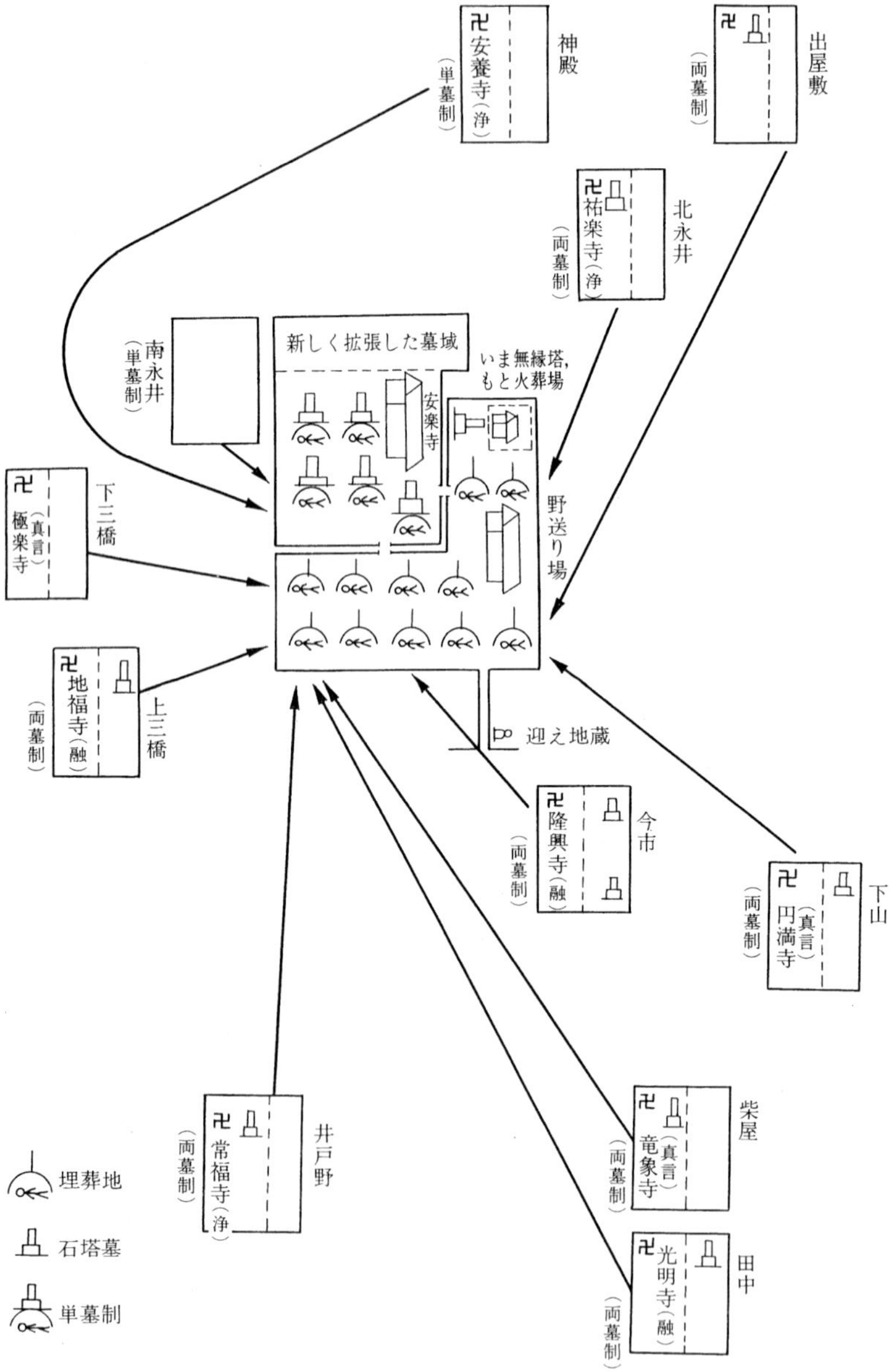

神殿
卍安養寺（浄）
（単墓制）
出屋敷
（両墓制）
北永井
卍祐楽寺（浄）
（両墓制）
南永井
（単墓制）
新しく拡張した墓域
安楽寺
いま無縁塔，もと火葬場
野送り場
下三橋
卍極楽寺（真言）
上三橋
卍地福寺（融）
（両墓制）
迎え地蔵
今市
卍隆興寺（融）
（両墓制）
下山
卍円満寺（真言）
（両墓制）
井戸野
卍常福寺（浄）
（両墓制）
柴屋
卍竜象寺（真言）
（両墓制）
田中
卍光明寺（融）
（両墓制）
埋葬地
石塔墓
単墓制

第12図　永　井　墓

の三者に大別できる。そして、このうちとくに(3)のタイプにおいて共通している点といえば、いずれも浄土真宗門徒の場合であるという点であろう。この浄土真宗門徒の場合には郷墓にも寺やその他の場所にも石塔を建てない傾向が強く、それらが大多数を占めるような郷墓ではつい最近まで、郷墓はイガキとヒョウボクばかりが一面にひろがる埋葬墓地で、石塔はあまりみられなかったようである。たとえば、1青野墓、6新木墓、10結崎墓、14八条墓、15飯高墓などでは最近になって石塔を建てるようになったが、かつてはイガキとヒョウボクのひろがる埋葬墓地であったといい、そのころの景観をよく記憶しているという古老たちも少なくなかった。では、(1)と(2)の、単墓制か両墓制かという両者への分岐についてはどうであろうか。

そこで、同じ郷墓でありながら、大字によって単墓制のかたちをとっていたり、両墓制のかたちをとっていたりと複雑な様相を呈している典型的な二つの事例に注目してみよう。

まず、(4)永井墓についてみてみよう。この永井墓では、神殿、南永井は永井墓の内側の墓域に埋葬し石塔もそこに建てる単墓制、そして、それ以外の出屋敷、北永井、今市、柴屋、下山、田中、井戸野、上三橋は永井墓の外側の墓域に埋葬し、そことは別にそれぞれ大字ごとに石塔墓を設けている両墓制となっている。第12図がそれを模式図に示してみたものである。南永井が永井墓に石塔を建てて単墓制となっているのは、それが永井墓の地元であり、距離的にも近く、また墓寺の安楽寺以外に寺もないことによるのかとも推定されるが、神殿については明らかでない。

第13図　北永井の祐楽寺の境内にある石塔墓（古い石塔が整理されている）

それに対し、出屋敷、北永井、今市、柴屋、下山、田中、井戸野、上三橋はそれぞれ大字ごとに石塔墓が設けられているが、大別してそれは寺の境内に設けられている場合と、それ以外の場所に設けられている場合とがある。そして、寺では浄土宗の場合には、その境内に石塔墓が設けられ、融通念仏宗や真言宗の場合には設けられないという傾向がある。しかし、融通念仏宗の寺でこうした傾向がみられるのはこの地域だけで、第4表にもみるように、他の地域ではむしろ融通念仏宗の寺には石塔墓が設けられている例が多い。真言宗の寺は多くがいわゆる宮寺《みやでら》の類で檀家もなく石塔墓も設けられないのが一般的である。

寺以外の場所に石塔墓が設けられる場合、今市や上三橋のように子墓に設けられている例が注目される。

次に、(7)桧原《ひではら》墓に注目してみよう。これは、模式図化してみると第14図のようになろう。

桧原は単墓制で、これは桧原墓に近い地元であることと真言宗金勝寺がその寺格などの関係から境内に一般庶民の墓地の立地を誘引することがなかったためと推定される。

椿木、上庄は、現在では単墓制となっているが、それは、椿木は昭和四十年代に、上庄は明治のころに、それぞれ石塔を移したためであり、かつては両墓制であった。

西向は現在まで両墓制のかたちをとっているが、土地の有力者であった乾家の場合は特別で、古くから両墓制と単墓制とが併行してきている。

梨本と吉新は単墓制であるが、石塔の造立がはじまった初期のころには一部の家々で両墓制のかたちがみられた。つまり、この桧原墓では、地元の桧原を除いて、基本的には両墓制のかたちが有力であったが、それがしだいに単墓制へと変化してきたものということができる。

さて、これら典型的な郷墓の観察と伝承者の人たちからの聞き取りの結果をまとめてみると、石塔の立地というの

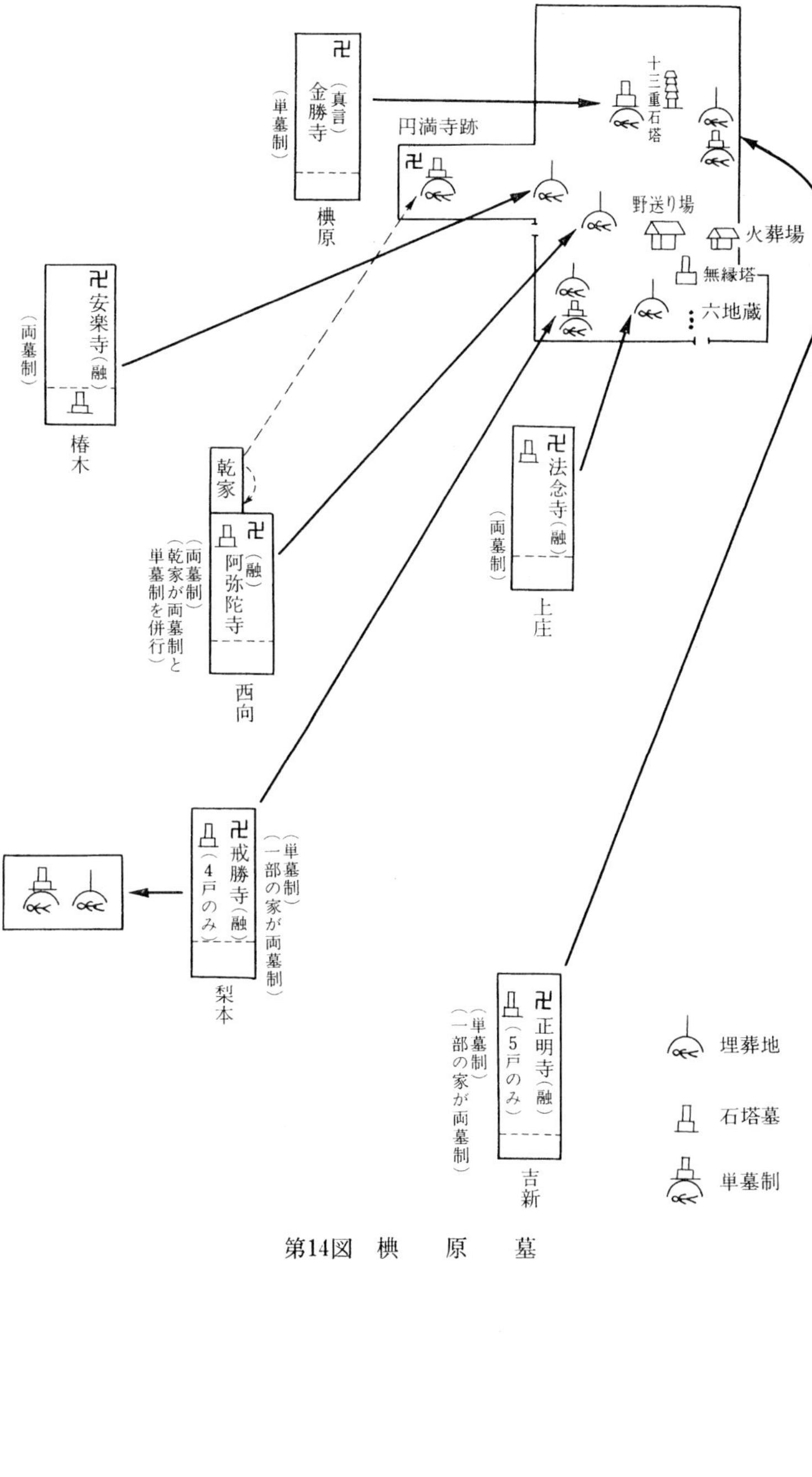
金勝寺（真言）
（単墓制）
椣原
円満寺跡
十三重石塔
野送り場
火葬場
無縁塔
六地蔵
安楽寺（融）
（両墓制）
椿木
乾家
阿弥陀寺（融）
（両墓制）
（乾家が両墓制と単墓制を併行）
西向
法念寺（融）
（両墓制）
上庄
戒勝寺（融）
（4戸のみ）
（単墓制）
（一部の家が両墓制）
梨本
正明寺（融）
（5戸のみ）
（単墓制）
（一部の家が両墓制）
吉新
埋葬地
石塔墓
単墓制

第14図　椣　原　墓

は実は多様な力が複雑に作用しあった結果であったのだということがわかる。では、その石塔の立地に作用している多様な力とは何か。

第一に、ハカへの吸引力である。それはハカが事実上の死体の埋葬地点であるために石塔が死者供養の装置であるからにはやはり直接その場所に建てられようとする力である。第二に、テラへの吸引力である。それはテラが仏像が安置され僧が居住していて読経、勤行が行われる宗教施設であるために死者供養の上でも有効な場所として、そこに建てられようとする力である。第三に、ムラへの吸引力である。それは、郷墓がムラから離れて遠くにあるために死者への愛着や墓参供養の便宜などの上からなるべく人々の日常的な生活の場所近くに建てられようとする力である。

なお、ここで、ハカというのは死体の埋葬墓地をさすものとし、テラとは一般の檀家寺に限らず小さな下寺や庵寺、尼寺など、またすでに集会所のようになっている廃寺なども含めてとにかく何らかの仏が安置され人々から寺の類であると考えられているものはすべて含むものとする。ムラというのは、視角的に家屋の密集している集落部分の範囲だけをさすこととする。(19)

そして、この基本的な三つの力の作用の中で、とくにこの奈良盆地の郷墓の諸事例において複雑な影響を与えているのが、テラの多様性である。この一帯のテラを大別してみると、

・檀家寺——近世以来、一定戸数の檀家を有しており、その檀家の葬送や先祖供養に関与してきた寺（たとえば、先の4永井墓でいえば、北永井の浄土宗祐楽寺、今市の融通念仏宗隆興寺など）。
・会所寺《かいしょでら》——独自の檀家をもたず、ムラの念仏の集まりが行われるなどして、一種の集会所のようにも考えられている小さな寺で多くは無住となっている（たとえば、やはり4永井墓でいえば、神殿の安養寺、清水永井の名もない会所寺など）。

・墓寺《はかでら》——とくに檀家はなく、郷墓の一画にあり、その管理、掃除や葬送に関わる作業などを行っている寺（たとえば、やはり4永井墓でいえば、永井墓の中にある浄土宗安楽寺など）。

・宮寺《みやでら》——檀家はなく、明治の神仏分離の以前には山伏などが加持祈禱の場としていたような寺。多く真言宗となっている（たとえば、やはり4永井墓でいえば、下山の真言宗円満寺など。また、とくにこの宮寺という呼称が定着している典型的な事例としては、たとえば、10結崎墓の場合で、唐院の真言宗箕輪寺、保田の真言宗富貴寺など）。

・菩提寺（特定の武家の）——近世において、特定の武家の菩提寺であった寺で一般の檀家はもたなかったような寺（たとえば、2五条墓の場合で、七条の曹洞宗三松寺など）。

これらのうち、石塔の立地を誘引しているのは主として、檀家寺、会所寺、墓寺の類で、宮寺にはふつう石塔は建てられないし、特定の武家の菩提寺にも一般の家々の石塔墓は設けられない[20]。そして、檀家寺の類でも、前述のように浄土真宗の場合は石塔墓を設けないのが一般的であった。したがって、石塔立地を誘引するテラの吸引力といっても、テラには逆にそれを拒否する反撥力というのも存在するという点に注意する必要がある。同様に、ハカについても前述のように共有墓地の場合には個人による墓域の占有を避けようとする共有規制が働いている点に注意する必要がある。

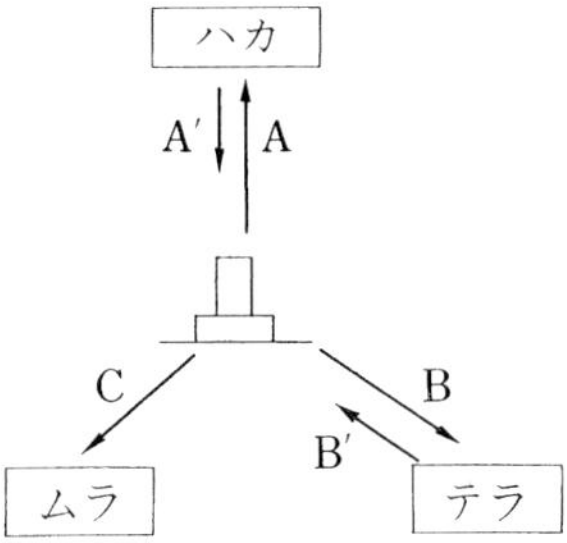

第15図　石塔の立地に作用する吸引力と反撥力の組み合わせの模式図

これらの吸引力と反撥力とを整理して模式図に示すと第15図のようになろう。

A　ハカの吸引力　　A′　ハカの反撥力
B　テラの吸引力　　B′　テラの反撥力
C　ムラの吸引力

そして、この奈良盆地一帯では、郷墓に墓寺が設けられており、ムラにも檀家寺や会所寺の類が設けられているというかたちが一般的であるため、AとB、BとCとがそれぞれ一緒に作用するという場合が多くなっている。また、郷墓はいずれも共同利用を原則とする共有墓地であるために、AとA′が一緒に作用する場合が多い。また、今ものべたように浄土真宗門徒のムラも多いため、それらのムラでは、B′がとくに強力に作用して石塔そのものの建立を拒否していることもある。

つまり、以上をまとめると、奈良盆地一帯の郷墓の諸事例において、ムラごとに、あるいは家ごとに、単墓制のかたちをとっていたり、両墓制のかたちをとっていたり、また、無石塔墓制のかたちをとっていたりと実にさまざまで、しかも時代によって、それが変化しているような例もあり、全体としてきわめて複雑な様相を呈しているのは、死者供養のためにと建てられる石塔の立地に作用する力が実に多様であることによるのであって、その石塔立地に作用している力とは先にあげた、A、B、Cの吸引力とA′、B′の反撥力とであると考えられるのである。

二　盆地周辺部の諸事例より

では、奈良盆地の周辺部の場合はどうであろうか。盆地低部では、数ヵ大字《ダイジ》の共有の大規模な郷墓が多くみられたが、周辺の山寄りの地帯となると、郷墓のような大規模な墓地はみられず、二、三ヵ大字の共有墓地であるとか、一ヵ大字で一つの墓地であるとか、いずれも規模が小さくなっている。そこで、それらの事例における両墓制、単墓制、無石塔墓制のあらわれ方についてみておくことにしたい。

第6表が、昭和五十七年から五十八年にかけて調査してまわった事例であるが、それぞれ若干の補足説明をしておこう。

第6表　盆地南部の調査事例

		埋葬墓地	寺	石塔墓地		
				埋葬墓地に	寺に	その他に
(1)	橿原市　見　瀬	見瀬の町の西の方の山の上に	浄土宗阿弥陀寺 浄土真宗称名寺 浄土真宗福栄寺	○	○ ○ ○	×
	〃　大　軽		浄土宗法輪寺	○	○	×
	〃　石　川		浄土宗本明寺	○	○	×
(2)	明日香村下平田	下平田の祐福寺の後方の丘の上に	浄土宗祐福寺	○		×
	〃　御　園		浄土宗西方寺	○	○	×
(3)	〃　檜　前	集落の西の山の上に	浄土宗西福寺	×	○	×
(4)	〃　栗　原	集落の東の田の中に	浄土宗竹林寺	×	×	○
(5)	〃　大根田	集落の西の山の上に	曹洞宗観音寺	○	○	○
(6)	〃　阿部山	集落の西北の山の中に	浄土宗観音寺	○	○	×
(7)	〃　地ノ窪	集落の西北の山裾に	浄土真宗泉福寺	○	×	×
(8)	〃　寺　崎	集落の南の山裾に	浄土真宗安楽寺	×	×	×
(9)	〃　真　弓	集落の西の山裾に	浄土真宗西蓮寺	○	×	×
(10)	〃　上平田	上平田の集落の北の方角の丘の裾に	浄土宗念仏寺	×	○	×
	〃　立　部		浄土宗定林寺	×	○	×
	〃　野　口		長楽寺	×	○	×
(11)	〃　上　居	上宮寺の隣接地	浄土宗上宮寺	○		×
(12)	〃　細　川	集落の東南と西北の山の中に	浄土宗蓮華寺	○	×	×
(13)	〃　阪　田	祝戸と稲淵の中間あたりの山裾に	浄土宗金剛寺	○	○	×
	〃　祝　戸		浄土宗専称寺	○	○	×
	〃　稲　淵		浄土宗龍福寺	○	○	×
(14)	〃　栢　森	集落の西の山腹に	浄土宗龍福寺	×	×	○
(15)	桜井市　百　市	百市の集落の東の方角の山の中に	（延命寺）	×	×	○
	〃　南音羽		（寺なし）	×	×	○
(16)	〃　八井内	八井内から多武峯へと入っていく三叉路のところの山裾に	（会所寺の類）	○	○	○
	〃　飯盛塚		（会所寺の類）	○	○	○
	〃　鹿　路		融通念仏宗薬師寺	○	○	○

(1)　橿原市見瀬・大軽・石川の墓地

この三ヵ大字の共同墓地は別名善導寺の共同墓地とも呼ばれ、見瀬の町の西方の山の上にある。広い墓域で旧来のそれは約四〇〇平方メートル、最近新しく拡張した部分が約六〇〇平方メートルある。善導寺という寺があったといい伝えているが不詳。石塔は近世初頭のものから現代のものにいたるまでたくさん建てられている。

見瀬の町には阿弥陀寺、称名寺、福栄寺の三ヵ寺があり、見瀬、大軽、石川の在来戸はほとんどがこのいずれかの檀家となっている。最も多いのが阿弥陀寺の檀家である。大軽の法輪寺と石川の本明寺は小さな寺庵の類でいずれも阿弥陀寺の下寺《したでら》である。

石塔は前述のように埋葬墓地の方にもたくさん建てられているが、それとは別に阿弥陀寺の境内には近世初頭のものから檀家の石塔墓がある。称名寺にある石塔墓は昭和二十八年に新しく設けたものだという。福栄寺にも石塔墓があり、化政期のものが数基とあとは明治以降の新しいものが数十基ある。大軽の法輪寺にも約一五戸の古い檀家の石塔がおよそ二〇基ばかりある。享保十四年（一七二九）の福田家のものが古い方に属す。石川の本明寺には巨大な五輪塔があるが、それとは別に寛保年間以降の石塔が数十基ある。参考に石川の乾正太郎氏（明治三十一年生）の家の事例をあげておこう。埋葬はすべて古くから善導寺の共同墓地へしてきているが、この本明寺の石塔墓に嘉永年間の古い石塔が一基建てられており、これは古い先祖のものだといっている。そして見瀬の阿弥陀寺の石塔墓には正太郎氏の祖父母の石塔が建てられているが、正太郎氏の父母の石塔は善導寺の共同墓地の方へ建てている。そして正太郎氏の亡妻はこの家ではじめて火葬になった人であるが同じく善導寺の共同墓地へ石塔を建ててあり、遺骨はそこに納めてある。その石塔は自分もこれからそこに入るのだという。

この事例は、集落からはなれた埋葬墓地に埋葬しながら石塔はそこへそのまま建てたり、また檀家寺へ建てたり、集落内にある下寺の類に建てたりとさまざまなかたちがあることを示すものである。

(2)　明日香村下平田・御園の墓地

下平田の祐福寺の後方数十メートルの丘の上にこの二つの大字の埋葬墓地があり、墓域はそれぞれ分かれている。下平田ではここに埋葬し石塔も建てる単墓制である。御園ではここに建てられている石塔はすべて明治・大正以降の新しいものばかりで、古い石塔は御園の集落内にある西方寺の境内にあり、古くは両墓制のかたちをとっていたものと思われる。祐福寺は高取町の浄土宗光明寺の下寺で西方寺は見瀬の阿弥陀寺の下寺である。

(3)　檜前《ひのくま》の墓地

寺檀関係は、見瀬の浄土宗阿弥陀寺檀家二四戸、檜前の浄土宗西福寺檀家二戸、八木の浄土宗西光寺檀家四戸、高取町の浄土真宗西光寺門徒一〇戸とややいりくんでいるが、墓制に関しては、その宗旨と関係なく整然としている。全戸ともに集落の西の山の上の共同墓地に埋葬し、石塔は集落内の西福寺の境内に建てて両墓制のかたちをとっている。

(4)　栗原の墓地

集落の東方の谷を下った田んぼの中にあり、墓域は手前が石塔建立区画で奥が埋葬区画とはっきり二分されている。石塔は四列に整理されており、そのうち一列が近世の小型のもので、残り三列は昭和の新しいものである。両墓隣接型。竹林寺は見瀬の阿弥陀寺の下寺で、その境内には大型の五輪塔一基と住僧のものと思われる無縫塔六基、それに観音坐像一基があるが、一般の石塔墓はない。

(5)　大根田の墓地

集落の西北方の山にあり、そこに石塔も建てられている。石塔は角柱型の新しいものが多い。それに対し、集落内の曹洞宗観音寺には藤田、山本、中村、中島、森本、長谷川の六戸の石塔墓がある。観音寺はもと高取藩主上村家の祈禱寺であった高取町上小島の長円寺の住職の隠居寺として建てられたもので檀家はない。寺檀関係は高取町の浄土宗光明寺檀家七戸、高取町の浄土真宗大円寺門徒一四戸などである。なお、観音寺に石塔墓をもつ家というのは、とくに資産家であるとか宗旨によるというわけでもなく、村人にもわからないという。なお、これとは別に観音寺から少しはなれた道路傍に古い資産家である米田家の石塔墓がある。つまり、この米田家と観音寺に石塔墓をもつ六戸とで両墓制のかたちがみられることになる。

(6)　阿部山の墓地

集落の西北方の山の中にあり、ここに埋葬し石塔も建てている。しかし、この墓地に建てられている石塔は角柱型の新しいものがほとんどである。それに対し、集落内の浄土宗観音寺の境内には在来戸三五戸のうちの一七戸の石塔墓があり、両墓制のかたちをとっている。それらは江戸中期の石塔である。この一七戸はとくに資産家というわけではない。なお観音寺は高取町の浄土宗光明寺の下寺である。

(7)　地ノ窪の墓地

集落後背の西北方の山裾にあり、そこへ行く途中には子墓もある。大人の墓地では埋葬地点に木墓標を立てラントウと呼ぶ竹囲いを施してある。石塔も建てられ単墓制のかたちとなっている。そのほとんどは昭和になってからの新しいものばかりで、それ以前は石塔は建てなかったという。ただ刻文で確認した最古の石塔としては「明治二四年二月二四日　六四歳　西窪岩造」と刻んであるものが一基あった。寺は集落内に浄土真宗泉福寺があり、全戸がその門徒である。

(8)　寺崎の墓地

集落の南の方角の山裾の池のほとりにある。埋葬地点には木墓標を立てイガキと呼ぶ竹囲いを施し季節の花を供えてある。自然の生木をさし立ててそれが根づいている例もある。墓域中央部に板碑型の六字名号碑が建てられているだけで石塔は建てられていない。寺は集落内に全戸がその門徒となっている浄土真宗安楽寺があるが、そこにも石塔はなくどこにも石塔墓は設けられていない。これは無石塔墓制の事例である。

(9)　真弓の墓地

集落後背の西の方角の山の斜面にあり、そこに埋葬し石塔も建てる単墓制である。石塔は多くが明治以後のものであるが、江戸時代のものもみられる。寺は集落内に浄土真宗西蓮寺があり、全戸ともその門徒である。

(10)　上平田・立部・野口の墓地

上平田の集落から北の方角の丘の裾にある。地名をハカンタニと呼んでいる。墓域は手前が立部、中央が上平田、奥が野口と大字ごとに区画が分かれている。埋葬地点に立てられた木墓標が林立しているが、最近では俗名を刻んだ石墓標もふえてきている。石塔はここには建てられていない。石塔はそれぞれ大字ごとに集落内にある寺に建てられており、三大字とも両墓制のかたちをとっている。上平田の念仏寺は高取町の浄土宗光明寺の下寺である。念仏寺境内には無縁化した宝篋印塔や五輪塔など古いものから今日のものまでたくさんの石塔がみられる。立部では定林寺に石塔墓がある。野口では長楽寺に石塔墓があるが、この寺はもう無住となっており集会所として利用されている。野口の家々は全戸が岡の定谷寺の檀家となっている。

(11)　上居の墓地

上居は急な山あいの斜面に家々が点在する集落で、その上手の方の山の上にある上宮寺の横から裏手にかけて墓地が広がっている。寺の横には古くからの石塔が林立しており、裏手は最近拡張された墓域でまだ石塔は少ない。古くから埋葬した場所に石塔を建てる単墓制。

(12)　細川の墓地

墓地は二ヵ所あり上垣内と中出の二つの垣内の墓地が集落の東南方向の山中に、西垣内のが西北方向の山中にある。埋葬地点には木墓標をたて竹囲いの設えを施しているが、そこに石塔も建てる単墓制のかたちをとっている。

(13)　阪田・祝戸・稲淵の墓地

祝戸から稲淵へむかう道路を行くとその中間あたりの西側の山の斜面にある。上の区画が古く、その下がそれにつぐもので古くから共同使用されている。一番下の区画は約二〇年ばかり前に拡張した新しい区画でそこだけは家ごとの区画がきめられている。石塔も建てられているがいずれも新しいものばかりである。阪田の金剛寺には広い石塔墓があり、寛正年間など室町時代に遡る古い石塔から江戸初期以降、現代のものまで各種の石塔がみられ両墓制のかたちをとっている。祝戸の専称寺にも石塔墓があるが、そこは狭く石塔の数も少ない。最近では埋葬墓地の方へ石塔を建てるようになっている。稲淵の龍福寺の石塔墓も同様で石塔の数は少なく最近の石塔は埋葬墓地の方へ建てている。

⒁　栢森《かやのもり》の墓地

集落の西の山の中腹にある。手前が石塔の建てられている区画で上の方が埋葬区画で両墓隣接型となっている。いい伝えによると、もとは龍福寺に石塔墓があったのを墓地の方へ移したのだともいう。

⒂　桜井市百市《もものいち》・南音羽上垣内の墓地

百市の集落の東方の山の中にある。百市の全戸と南音羽のうちの上垣内八戸の共同墓地である。百市ではそれぞれ屋敷の近くに家ごとの石塔墓を設けておりそれをダントバと呼んでいる。南音羽の上垣内の八戸は集落内の一画にその八戸の石塔墓があり、それをラントバと呼んでいる。いずれも両墓制のかたちをとっている。

⒃　八井内・飯盛塚《いもりづか》・鹿路《ろくろ》の墓地

八井内から多武峯の方へ入る三叉路の近くの山腹にある。埋葬地点には竹囲いやヤカタと呼ばれる家型の装置を据える。墓地の入口には江戸時代の紀年を刻む小型の石塔が計九八基建てならべてある。その横の葬儀の執り行われる

第16図　八井内・鹿路・飯盛塚の共同墓地（この広い斜面に埋葬。左手前に古い石塔）

第17図　鹿路（中林家の個人墓地，屋敷からはやや離れた山寄せの一角にある）

広場には、地蔵（「永正七年七月七日」）、梵字名号碑（「三界万霊長筭大徳　永禄二年己未二月十五日　久筭」）、地蔵（「天文廿三年」）が建てられている。

八井内の寺はいわゆる会所寺の類で無住となっている。宗旨の上では、この八井内と飯盛塚とは神仏混淆でどこの寺の檀家にも属さずに談山神社に属す神道というかたちになっている。ただ、葬式から先祖供養については仏式で行い、適宜家ごとに知りあいの寺へ依頼して行っている。会所寺の横に石塔墓がありダントバと呼んでいる。西岡と井戸の二家はそれぞれ自分の家の裏手にダントバをもっている。飯盛塚の寺も会所寺の類で無住。八井内と同様で現在依頼している寺は桜井市の浄土宗来迎寺の僧であるという。会所寺の横に石塔墓がありダントバという。福井家の石塔はそこから少しはなれた道路脇にある。東山というところにもとの屋敷があり現在飯盛塚に家をもっている東山家ではその古い屋敷近くに自分の家だけの石塔墓がある。鹿路の薬師寺は無住で全戸ともに榛原の融通念仏宗宗祐寺の檀家となっている。薬師寺に石塔墓がありダントバと呼んでいる。一方、家によってはそれぞれ屋敷近くに自分の家だけの石塔墓をもっておりそれもダントバと呼んでいる。寺に石塔墓がある家が一〇戸、個人ごとにもっているのが四戸であるが、本家と分家の差でもなく家格や経済力の差でもない。

家ごとの石塔墓、ダントバの一例をあげておこう。鹿路の中林家の本家のダントバは屋敷から少し離れた畑の端の山寄せにある。石塔は明治、大正のもの四基が建てられており新しい。その他角柱状の木墓標が三本立てられているが、これは五十年忌の最終年忌に立てるのだという。この木墓標は寺のダントバの方には立てないようである。盆などの墓参は遺体が埋葬されている共同墓地の方にも、ダントバの方にも両方に同じようにする。ただ共同墓地の埋葬地点を覚えているのは夫婦や親子の間ぐらいでそれ以上になるともうはっきりしないという。


さて、これらの諸事例を通して指摘できる点は何か。まず第一に、盆地周辺部でも両墓制と単墓制とが混在しており、石塔墓の立地に作用する力としては、やはりここでもハカ、テラ、ムラをめぐる多様な力の組み合わせがうかがえるということであろう。そして、とくに15・16の事例のように山間部で家屋が密集せずに点々と散在しているような地区では、個々のイエが石塔立地を誘引し、屋敷近辺に石塔墓が設けられているという点が注意される。先にみたムラの吸引力というのももともとはこのようなイエの吸引力の集合したものといってよかろう。

このようなハカ、テラ、ムラ（イエ）のもつ吸引力と反撥力との組み合わせの結果がそれぞれ具体的な単墓制、両墓制、無石塔墓制の諸形態として顕在化しているものと考えられる。

そして、それらは単純に、歴史的な時代差として、一方からもう一方へと変化したものともいえず、また家ごとの経済力の差とか階層差ともいいきれず、宗旨の差とも断定できないような微妙なものであったようである。たとえば、単純に時代差としてとらえられないことは、16の事例では、埋葬墓地の近世墓塔群の方がダントバの石塔群よりも時

第7表　ムラとテラとハカの位置関係と石塔の立地

		ムラ(集落範囲)内	ムラ(集落範囲)外	
(1)	橿原市見　瀬	卍 [石塔]	[石塔+ハカ]	両墓制・単墓制
	〃　大　軽	卍 [石塔]		両墓制・単墓制
	〃　石　川	卍 [石塔]		両墓制・単墓制
(2)	明日香村下平田	卍 [石塔+ハカ] (spanning both columns)		単墓制
	〃　御　園	卍 [石塔]		両墓制・単墓制
(3)	〃　檜　前	卍 [石塔]	[ハカ]	両墓制
(4)	〃　栗　原	卍	[石塔] [ハカ]	両墓隣接型
(5)	〃　大根田	[石塔] 卍 [石塔]	[石塔+ハカ]	両墓制・単墓制
(6)	〃　阿部山	卍 [石塔]	[石塔+ハカ]	両墓制・単墓制
(7)	〃　地ノ窪	卍	[石塔+ハカ]	単墓制
(8)	〃　寺　崎	卍	[ハカ]	無石塔墓制
(9)	〃　真　弓	卍	[石塔+ハカ]	単墓制
(10)	〃　上平田	卍 [石塔]	[ハカ]	両墓制
	〃　立　部	卍 [石塔]		両墓制
	〃　野　口	卍 [石塔]		両墓制
(11)	〃　上　居	卍 [石塔+ハカ] (spanning both columns)		単墓制
(12)	〃　細　川	卍	[石塔+ハカ]	単墓制
(13)	〃　阪　田	卍 [石塔]	[石塔+ハカ]	両墓制・単墓制
	〃　祝　戸	卍 [石塔]		両墓制・単墓制
	〃　稲　淵	卍 [石塔]		両墓制・単墓制
(14)	〃　栢　森	卍	[石塔] [ハカ]	両墓隣接型
(15)	桜井市百　市	[石塔] 卍	[ハカ]	両墓制
	〃　南音羽	[石塔]		両墓制
(16)	〃　八井内	[石塔] 卍 [石塔]	[石塔] [ハカ]	両墓制・両墓隣接型
	〃　飯盛塚	[石塔] 卍 [石塔]		両墓制・両墓隣接型
	〃　鹿　路	[石塔] 卍 [石塔]		両墓制・両墓隣接型

(備考) [ハカ]はハカ，卍はテラ，[石塔]は石塔を示す。

代的には古いものであるのに対して、13の事例では埋葬墓地の石塔は最近の新しい角柱型のものばかりである。後者はもと両墓制であったのが最近単墓制化してきているものということもできようが、前者の場合はその逆でむしろ石塔造立の初期のころには単墓制のかたちであった可能性が強く、のちに両墓制となったものと推定される。

また、単純に階層差ともいいきれないのは、5、6の事例のように必ずしも石塔を造立している家が資産家であるとか、家格が高いなどというわけでもないという例も多く、また、宗旨の上でも浄土真宗の門徒の場合、7、8、9のそれぞれの事例のように石塔造立に消極的であったり、積極的であったりさまざまである。そこで、これらを整理する上では、そのような、時代差、階層差、宗旨などという尺度とは別にそれぞれの事例について、石塔立地に関与するムラ、ハカ、テラの三者の相互の位置関係に注目してみるのが有効ではなかろうか。そして、そこに石塔墓がそれぞれどのように設営されていったのかという点に注意してみる必要があるのではないかと考える。

第8表　ハカの位置と石塔立地の関係

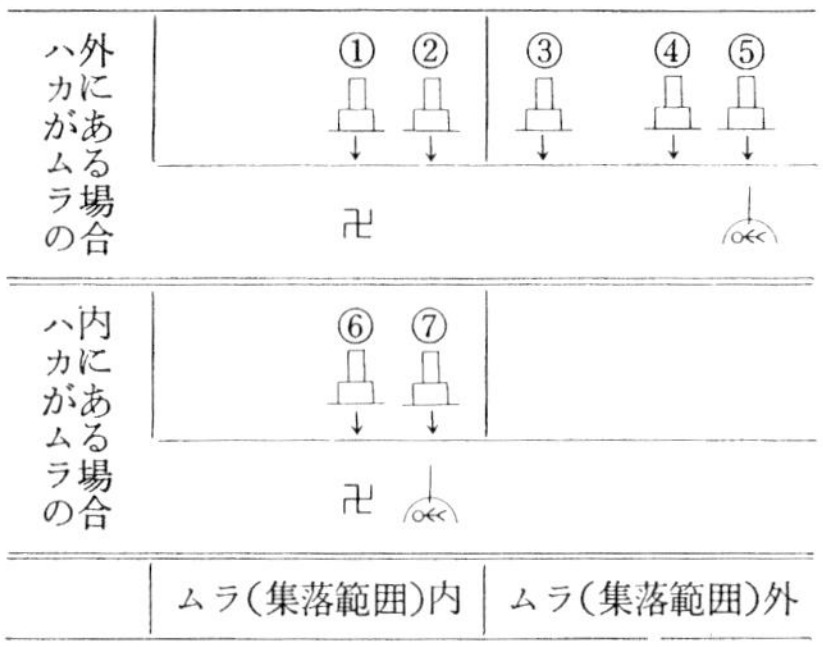

（備考）
①両墓制―事例3檜前など　②両墓制―事例15南音羽など　③両墓制―（郷墓の事例4今市など）
④両墓隣接型―事例4栗原など　⑤単墓制―事例12細川など　⑥両墓隣接型―（存在が予想される）
⑦単墓制―事例2下平田など

なお、ここでも前述のようにムラというのは、家屋の集中している集落部分の範囲だけをさすこととし、ハカとは埋葬墓地をさすものとする。そして、テラというのは一般の檀家寺に限らず小さな下寺の類やすでに廃寺同様の村の集会所とされているようなものもとにかく人々から寺の類と考えられているものを含むものとする。

第7表がそのようなムラ（集落範囲）とハカ（埋葬墓地）とテラ（各種の寺庵まで）の立地関係を図式的に整理してみたものであるが、この地域ではほとんどの場合、ハカはムラの外に離れて設けられており、テラはムラの内に設けられていることがわかる。ただ、下平田と上居の場合は、ハカがテラに近接して設けられており、したがって、それらがムラの内か外か微妙な立地となっているという点が注意される。

さて、このような立地関係のなかに、新たに石塔墓が設営されてきたことによって、現在みるような両墓制、単墓制もしくは無石塔墓制という複雑な状態へとなったものと考えられるわけであるが、その石塔墓の立地のあり方をタイプ別に整理してみると、第8表のようになるであろう。

つまり、石塔墓の立地は、ハカ、テラ、ムラ（イエ）の吸引力と反撥力の組み合わせによって多様ではあるが、結局は、第8表にみるように、ハカ（埋葬墓地）がムラ（集落範囲）の外に立地しているような場合だと、無石塔墓制のままか、あるいは①②③の典型的な両墓制の三つのタイプもしくは④の両墓隣接型、それとも⑤の単墓制になるか、そのいずれかに分かれることになり、一方、ハカ（埋葬墓地）がムラ（集落範囲）に近接もしくはその内側に立地しているような場合だと、無石塔墓制のままか、あるいは⑦の単墓制となり、もしくは⑥の両墓隣接型も考えられるが、この場合少なくとも両墓の隔絶したかたちの典型的な両墓制はみられない。

この、ハカ（埋葬墓地）がムラ（集落範囲）に近接もしくはその内側に設けられているような場合には両墓制はみられないという点は重要である。

なぜなら、両墓制を成立させる前提として、ハカ（埋葬墓地）がムラ（集落範囲）の外に離れて立地しているという状況があるということ、つまり、ハカをムラから遠く離れた場所に設けるという方式とそれを実現させている強い死穢忌避の観念とが前提となってはじめて両墓制という形態があらわれるのではないかという推論を導くからである。(21)もちろん、ハカがムラから離れて設けられていればすべて両墓制となるということではない。しかし、それが両墓制成立のひとつの前提として考えられるということである。

したがって、本稿では以上の結果から奈良盆地の周辺部、とくに南部の諸事例を通覧してみることにより、第8表にみるように石塔立地のあり方によって両墓制にも①②③④の四つのタイプがあり、単墓制にも⑤⑦の二つのタイプがあるということ、そして両墓制成立の前提として、ハカ（埋葬墓地）をムラ（集落範囲）の外に離れて設けるという方式が存在するということをひとまずは指摘しておくことにしたい。

まとめ

本稿で論じたところをまとめておくと、およそ以下のとおりである。

i　中世以来、現代にまで継続して使用されてきている墓地で、しかも大規模な共同墓地の典型例でもある奈良盆地の郷墓についてみると、同じひとつの郷墓であってもそれを利用している大字《ダイジ》ごとに、両墓制であったり、単墓制であったり、無石塔墓制であったりと多様であり、石塔の造立に関してはそれぞれ大字ごとに差異がみられる。このことは、郷墓の成立と運営ということと、石塔という要素の受容のしかた、つまり両墓制、単墓制、無石塔墓制への分岐ということとはまったく別の次元の問題であったということを示す。

ii　奈良盆地の郷墓の諸事例において、石塔墓の立地が多様であり、両墓制、単墓制、無石塔墓制が混在しているのは、石塔の立地に作用する力というのがもともと多様であるからであって、その力とは、

A　ハカの吸引力　　A′　ハカの反撥力

B　テラの吸引力　　B′　テラの反撥力

C　ムラ（イエ）の吸引力

の五つの組み合わせであると考えられる。

iii　盆地周辺部の諸事例の整理によれば、石塔墓の立地に作用する力はいかに多様であっても、両墓制成立の前提として考えられるのは、ハカ（埋葬墓地）がムラ（集落範囲）の外に遠くはなれて設けられるという方式とそれを実現させている強い死穢忌避の観念とである。

注

（1）　竹田聴洲「両墓制村落における詣墓の年輪㈠・㈡」（『仏教大学研究紀要』四九・五二、昭和四十一・四十三年）。

（2）　注(1)の竹田氏論文によれば、

宝篋印塔台座	□□禅定門	永正五年
一石五輪塔	□□禅尼	天文十四年
〃	〃	〃二十年
〃	□□禅門	永禄□年
〃	〃	天正元年
〃	〃	天正七年
〃	〃	天正十二年
〃	□□霊 六親 □□霊	天正十八年
〃	□□禅尼	天正十八年
〃	□□禅門	慶長二年
〃	〃	慶長三年
〃	□□禅尼	慶長四年

のあわせて一二基である。

(3)〜(5)　第一章第二節にあげた第1表のうちの(3)状態の項参照。

(6)　第一章第二節にあげた第1表のうちでも、京都3・6、兵庫4・15、三重7などの諸事例において聞かれた。また、筆者の調査よりも約二〇年ほども前の時点で各地の両墓制事例を調査してまわられた最上孝敬氏も同趣旨のことを『詣り墓』（前掲五一ページ）でのべている。

(7)　最上孝敬『詣り墓』（前掲四四・五〇ページ）。佐藤米司『葬送儀礼の研究』（岩崎美術社、昭和四十六年、三四〜三六ページ）、赤田光男『祭儀習俗の研究』（弘文堂、昭和五十五年、一五五〜一五八ページ）。

(8)　坪井良平「山城木津惣墓墓標の研究」（『考古学』一〇―六、昭和十四年）。

(9)　竹田聴洲『民俗仏教と祖先信仰』（東京大学出版会、昭和四十六年）。

(10)　赤田光男『祭儀習俗の研究』（弘文堂、昭和五十五年）。

(11)　野崎清孝「奈良盆地における歴史的地域に関する一問題」（『人文地理』二五―一、昭和四十八年）。

(12)　『近畿における中世葬送墓制の研究調査概報』（元興寺文化財研究所、昭和五十八年）。

(13)(14)　『平群町史』（昭和五十一年）に川勝正太郎氏の鑑定を引用している。

(15)　この五輪塔の地下の石櫃内から青銅製の舎利筒が発見され、その銘文に「日本国和州唐招提寺律法再興第二和尚証玄円律上人所生同国山辺郡鉾立郷人也　承久二季庚辰七月七日辰日辰刻誕生　正応五季壬辰八月十四日辰刻入滅于時行年七十三夏臈五十三別五十八」とあった。この舎利筒は現在は再びこの五輪塔地下に埋納されている。

(16)　細川涼一「中世の法隆寺と寺辺民衆」（『部落問題研究』七六、昭和五十八年）。

(17)(18)　注(11)に同じ。

(19)　したがって、この場合の「ムラ」とは、集落とほぼ同義語として用い、家屋が集中していて空間的に他と区別されて一つのまとまりとなっている形態をさす語とする。

(20)　2五条墓を利用する墓郷集団の一つである七条の、曹洞宗三松寺はもと郡山城主本多政勝一族の菩提寺で、のち柳沢松平家の菩提寺であった。したがって、もとはその境内に一般の家々の墓地はなかったが、近年では信徒の墓地が設営されるようになっている。

(21)　なお、こうした推論は、すでに早く原田敏明「両墓制の問題」（『社会と伝承』三―三、昭和三十四年）が提唱し、最近では、福田アジオ「両墓制の空間論」(国立歴史民俗博物館共同研究「葬墓制と他界観」一九八七年六月二十二日研究発表レジュメ)でも指摘されているところでもある。

第二節　近世墓塔の定着と両墓制の成立・展開・他界観

——埼玉県新座市大和田の事例より——

はじめに

両墓制の成立の時期については早くから人々の関心が高かった。しかし、両墓制を、葬地と祭地とを別にする習俗で死穢忌避と霊肉別留の観念にささえられた日本古来のものであるとする立場などからすれば、その起源は古代以来のものであり、その後、庶民の間でも石塔が建てられるようになってから現行の両墓制となったと漠然と説明する程度であった(1)。

それに対し、やはり石塔の厳密な初現時期を明らかにすべきだとしたのは竹田聴洲氏であり、竹田氏を中心とするグループによって、京都府北桑田郡京北町比賀江の事例の精密調査が実施され、その結果、永正五年（一五〇八）記銘の宝篋印塔を最古とする中世末から近世初頭へかけての石塔十数基が確認されて、両墓制の成立時期が早いものでは中世末にまでさかのぼることが明らかとなったのは大きな成果であった(2)。

しかし、両墓制の成立の時期というのは、実際には事例ごとにさまざまで、古く中世末にまでさかのぼるものもあれば、新しく近世になってから成立したものもある。

そこで、そのような事例ごとの両墓制の成立時期を確認していくという作業は重要である。なぜなら、それによってそれぞれの事例における両墓制の成立事情を明らかにすることができるからである。

ここでは、関東地方における両墓制の典型的な一事例をとりあげ、石塔墓地の精密調査を実施することによって、その成立から展開の過程を追跡してみることにしたい。

一　集落と墓地

埼玉県新座市大和田は、いわゆる純農村というのではなく、かつて江戸時代には川越街道の宿場の一つとして多くの商店のたちならぶ町場であった。明治になってからも町場としての賑わいを続けたが、その当時から商売や職人仕事のかたわらに畑の耕作もするという兼業の家も多かったという。しかし、大正三年（一九一四）の東武東上線の開通をさかいに、しだいに町場としての性格を弱めていき、戦後の農地解放などを経て、今日のような農村的景観へと転じたものである。(3)最近では住宅地化がこの一帯でも進行しているが、それでも少し注意してみれば、川越街道沿いの家並みにはもとの町場の様子をうかがわせるものがある。現在の家並み配置と墓地の位置関係はおよそ第18図にみるとおりである。

図中で、西北から東南の方向へと走っている道路が川越街道である。そして、これに沿った間口五、六間ずつの整然とした屋敷割りが、近世初頭以降の川越街道の宿場としてのこの大和田の集落形成を推定させるところである。しかし、それに対して、一方氷川神社の裏から普光明寺の前を通り、観音堂のところで川越街道と交叉する曲がりくねった小さな道があり、それを土地の人々は鎌倉街道と呼んでいる。そして、その普光明寺から川越街道へかけてのあたりを今も本村《ほんむら》と呼んでいる。とすると、この大和田の集落形成については、近世初頭以降の川越街道の宿場として

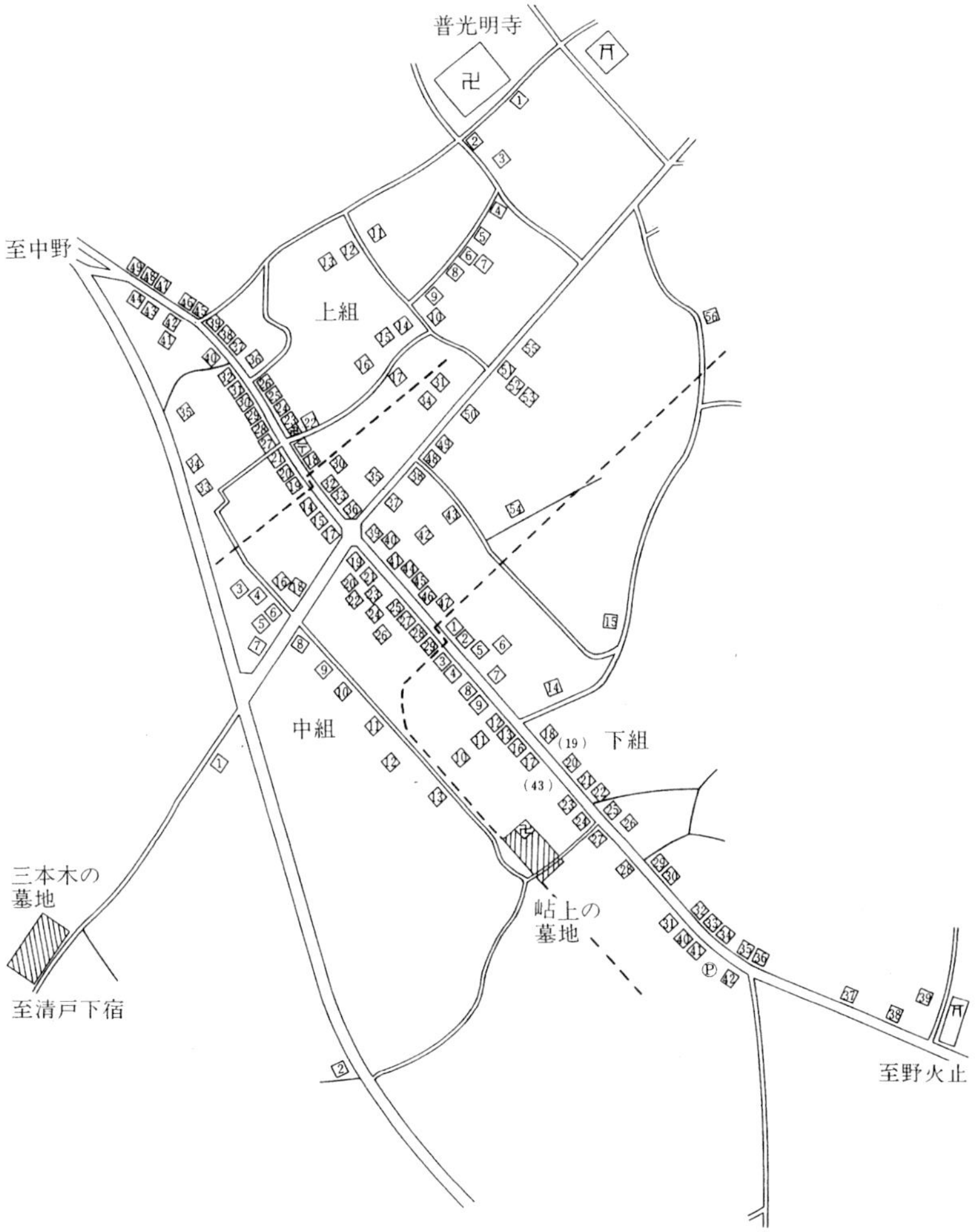

第18図　大和田の家並配置図

第9表　大和田の世帯一覧表

（上　組）

番号	氏名	講中	番号	氏名	講中
1	上田睦子	三本木	26	須藤信次	三本木
2	高橋俊雄	〃	27	奥田タミ	〃
3	新井弘幸	〃	28	関口富久子	〃
4	加藤義治	〃	29	尾崎三郎	〃
5	萩原平吉	〃	30	※岡川秀治	岾上
6	萩原平三郎	〃	31	長谷部としお	三本木
7	高橋ギン	〃	32	長谷部清	〃
8	小林武雄	〃	33	高橋いね	〃
9	高橋武国	〃	34	加藤奎治	〃
10	※深井直治	岾上	35	長谷部勇	〃
11	大竹正男	三本木	36	長谷部泰敏	〃
12	高橋清治郎	〃	37	平塚誠一	〃
13	高橋保幸	〃	38	高橋文一	〃
14	大竹浅二	〃	39	三上義光	〃
15	橋田弘幸	〃	40	新井二郎	〃
16	高橋福治	〃	41	藪内熊次郎	〃
17	長谷部昇	〃	42	加藤正照	〃
18	新井清右衛門	〃	43	橋本昇	〃
19	道下甲子	〃	44	斉藤源吾	〃
20	竹内節郎	〃	45	榎本兵五郎	〃
21	高橋政蔵	〃	46	広岡修一	〃
22	高橋新蔵	〃	47	永峯保次	〃
23	加藤勇次	〃	48	山本与助	〃
24	小沢三男	〃	49	田中富雄	〃
25	高橋庄司	〃			

※　中組から転入

（中　組）

番号	氏名	講中	番号	氏名	講中
1	奥田正一	三本木	14	荻島浩	三本木
2	田中栄蔵	〃	15	長谷部益一	〃
3	新井繁明	〃	16	川島守治	〃
4	高橋幸太郎	〃	17	小沢久五郎	〃
5	牧野平八郎	〃	18	荻島安	〃
6	細沼栄	岾上	19	斉藤六郎	〃
7	萩原春吉	三本木	20	岡野泰治郎	岾上
8	二タ見岩雄	〃	21	鈴木新太郎	〃
9	山本半十郎	〃	22	榎本芳夫	〃
10	高橋正一	岾上	23	細沼譲	〃
11	鈴本松男	〃	24	細沼賢司	〃
12	細沼正幸	〃	25	時田寛	〃
13	小見野嘉雄	三本木	26	時田照久	〃

番号	氏　名	講　中	番号	氏　名	講　中
27	高橋　利男	岾　上	42	新井　一男	岾　上
28	高橋　定一	〃	43	大久保　良一	三本木
29	新井　宗吉	〃	44	竹内　綿次	岾　上
30	須藤　金蔵	三本木	45	細沼　一郎	〃
31	高橋　藤一	〃	46	西山　芳雄	〃
32	高橋　玉太郎	〃	47	原　春江	〃
33	加藤　政雄	〃	48	細沼　富蔵	三本木
34	平塚　高男	〃	49	細沼　正雄	〃
35	大竹　本	〃	50	須田　克巳	〃
36	金子　晃	〃	51	高橋　藤吉	〃
37	長谷部　喜久男	〃	52	磯谷　民雄	〃
38	大野　芳男	岾　上	53	加藤　正治	〃
39	高橋　英一	〃	54	島村　新治郎	岾　上
40	新井　新吉	〃	55	須田　俊雄	三本木
41	荻島　安	〃	56	須田　武	〃

（下　組）

1	奥田　英輔	岾　上	23	高橋　利男	岾　上
2	皆川　喜四郎	〃	24	山本　昇	〃
3	榎本　三郎	〃	25	荻野　英男	〃
4	奥田　勇	〃	26	中川　文夫	〃
5	高橋　庄吉	〃	27	斉藤　きく	〃
6	皆川　岩男	〃	28	奥田　要太郎	〃
7	斎藤　昭夫	〃	29	小寺　昭彦	〃
8	金子　光蔵	〃	30	中川　幸太郎	〃
9	奥田　実	〃	31	浅田　末平	〃
10	皆川　鉄二	〃	32	金子　満蔵	〃
11	高橋　福太郎	〃	33	榎本　清一	〃
12	高橋　清	〃	34	中島　三頼	〃
13	茂木　茂	〃	35	奥田　昭	〃
14	植竹　長生	〃	36	高橋　昭二	〃
15	新井　留吉	〃	37	田中　定一	〃
16	内田　喜一	〃	38	蓬沢　輝男	〃
17	時田　耕作	〃	39	山本　幸七	〃
18	内田　種子	〃	40	榎本　実	〃
19	*土岐田　申納	〃	41	三上　つぎ	〃
20	内田　早苗	〃	42	加藤　庄太郎	〃
21	野材　平作	〃	43	*金子　守	〃
22	茂木　昭治	〃			

＊ 現在移転

のそれだけでなく、もう一方、鎌倉街道や柳瀬川との関係が推定される中世以来のそれがあったということも考えられる。

現在では、図中にみるように、上組、中組、下組と三つに分かれており、鎮守の氷川神社の当番や農協、納税組合などはこの組分けによっている。

埋葬墓地は、図中にみるように、通称、三本木《さんぼんぎ》の墓地と岾上《はけうえ》の墓地との二ヵ所があり、この墓地の利用では、上組、中組、下組の三つの分け方ではなく、それとは別に上と下との二つに分ける方法がとられており、上の方が三本木の墓地を利用する三本木講中、下の方が岾上の墓地を利用する岾上の講中と呼ばれている。ただ岾上の墓地にはもと寮があったので寮の方の講中とも呼ばれている。両者の家ごとの区分は第9表に示すとおりである。

第19図　三本木の埋葬墓地の景観

二　墓地の状態

1　三本木の墓地

まず、墓地の現状からみると、墓域全体にそれぞれの埋葬地点を示す土盛りと自然の木の根づいたものとが広がっている。ここへ埋葬すると、その上に青竹を数本立てめぐらせて縄でぐるぐる巻きにする設えをなす。それには特別な呼称はなく、百ヵ日とか一年忌のころ、また盆の墓掃除のときなどに適宜かたづける。そして、その後、埋葬地点の目印として自然の生木をさし立てたり、植えつけたりすることが多く行われる。昭和五十六年二月がこの墓地への

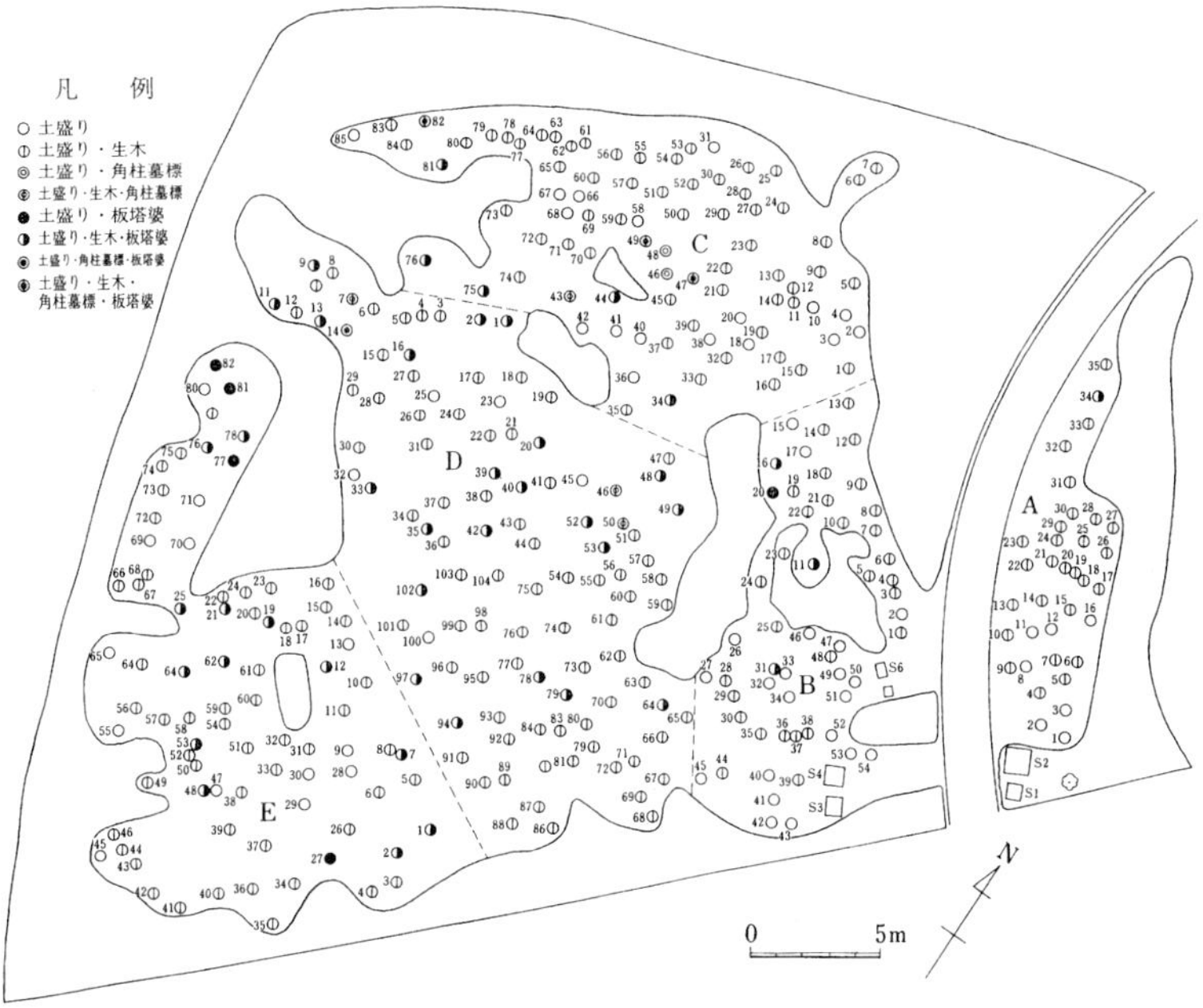

第20図　三本木墓地の埋葬地点

最後の土葬で、現在ではすべて火葬となって、火葬骨は普光明寺境内の石塔墓地の方へ納骨されることとなったため、この墓地への埋葬はもう行われていない。そこで、資料としての保存と確認のため、昭和五十八年八月に個々の埋葬地点をチェックする作業を行った[4]。

この墓地はナゲコミともいわれ、すべて講中の家々の共有で、次々と空いているところを掘り返しては新しい死者を埋葬してきており、家ごとの区画などはなく、どこでも掘れば古い骨が出てくる状態である。作業の便宜上、A〜Eの五つのブロックに分けたが、確認できた埋葬地点は総計三六〇であった。それぞれの位置と形状とは第20図に示すとおりで、図中の空白の部分は墓域であってもすでに草木が繁ったり、小高くなってしまっている部分である。

埋葬地点の形状には、土盛りだけになってしまったものから、自然の生木が根づいているもの、太い角柱状の木墓標が立てられているものなどがあり、それに墓参のおりの板塔婆があげられているものとそうでないものとがある。板塔婆があげられていたのは五三例で、最近、年忌供養などの墓参が行われたことを示している。しかし、人々の話によれば、盆の墓参などでは必ずしも板塔婆をあげるとは限らず、板塔婆のない埋葬地点でも、およそ自分の祖父母くらいまでは確実に記憶しており、盆や彼岸の墓参を欠かすことはないという。しかし、祖父母以前の先祖の埋葬地点となると、さすがにもうはっきりしないというのが実情で、目印の土盛りだけになってしまったようなものにはそうした誰のものだか不明のものが多い。なかには曾祖父母くらいまで記憶して墓参を続けているような例もなくはない。

墓地の掃除は、現在では毎年、盆と彼岸の前に一日、日を決めて講中の人たちで行っている。

さて、こうした墓地の現状に対して、その過去については不明な点が多い。まず、この墓地の設置の年代を示す史料はない。ただ、前述のように、この立地が、近世初頭以降における川越街道沿いの集落形成とは直接関係ないもので、むしろ大和田から清戸下宿へと向う道路沿いに立地しているという点が参考になる程度である。土地の人々の語り伝えている鎌倉街道というのは、普光明寺から川越街道へと交叉するあたりまでで、そのあとははっきりしないため、この三本木の墓地の前の道路をとくに鎌倉街道といっているわけではない。しかし、鎌倉街道というのはあくまでも大和田から清戸方面へと向うものとして伝えられているものであり、そうした観点からすれば、この三本木の墓地の立地は、大和田の集落からみて鎌倉街道に沿う方角の村はずれにあたるということになる。そうしたなかで、わずかに歴史史料といえるものは、図中にS1〜S6とそれぞれ位置を示しておいた石仏、石塔の類である。これらのうち、最古のものは正徳三年（一七一三）造立の地蔵丸彫立像であるが、その銘文から、大和田町の惣檀中によって地蔵講と念仏講を中心として造立されたもので、普光明寺の承玄という住僧が導師となり、江戸浅草の石屋五良兵

第10表　三本木墓地の石仏・石塔銘文

（地蔵丸彫立像）

武州新座郡大和田町
正徳三癸巳
地蔵講
念仏講
奉造立地蔵菩薩尊像一基
惣檀中
八月吉日
大和尚
供養導師普光明寺住承玄
敬白

作者　江戸あさくさ□□□
石屋　五良兵衛

（地蔵丸彫立像）

武州新倉郡大和田町結衆
享保十二丁未天　欽
奉造立地蔵尊念佛講供養
十月二十四日　白
発願　上宿　女念佛講三十人
中宿　念佛講二十人
本宿　念仏講八人
二親菩提　志　十四人
上宿　志　七人

（箱型観音浮彫　廻国供養塔）

須田武左衛門（他五名連記）
天下泰平　武刕新座郡大和田町
坂東
奉順禮西国一百箇所
秩父
国土安全　安永五丙申年二月
細沼孫四郎（他五名連記）

（船型地蔵浮彫）

常西持衣子菩提
天七月五日

（角柱　供養塔）

世話人
高橋吉五郎
（他十二名連記）

天下□□
普門品供養塔
日月□明

高橋五郎兵衛
（他十三名連記）

文化十一甲戌年三月　日
武蔵国新座郡大和田町
蓮経講中

（不動明王）

細沼姓三代　妙雲信女娘
行年
廿二歳滅
守尊俗名むら女
密行童女　天保九戌年
九月廿八日
帝臨童子　天保十四卯年
三月十六日
大和田町施主同姓萬屋

為無縁聖霊菩提也

盛花妙散信女　弘化三丙午利
四月廿有三日

六　ならくまて
字　むつのちまたの
手　ありとそや
音　みたのふたらく
行　たれかとふらん
右　細沼利満

第21図　岾上墓地の景観

衛の作になったものであることがわかる。これに次ぐのが、享保十二年（一七二七）十月造立の地蔵丸彫立像で、これも銘文から大和田町の上宿、中宿、本村の念仏講の人たちおよび有志の人たちによって造立された死者供養のためのものであることがわかる。これらの地蔵石像が他所から移転されたものでなく、当初よりこの墓地に造立されたものであったとすれば、この埋葬墓地では正徳、享保のころに念仏講を中心とした死者供養のための地蔵石像の造立が行われてきたという動向を知ることができる。ただし、前者の正徳三年の地蔵石像については、他所から移転したものであるとの言い伝えもある。気になるところであるが、他に徴証となるべきものは何もない。

また、この他にみられるのは安永五年（一七七六）の廻国供養塔、文化十一年（一八一四）の普門品供養塔であるが、これらは、この地域での観音信仰の高まりを示すものと思われる。蓮経講中とあるのは、戦時中まで、この大和田でさかんに行われていた観音講（蓮経講）のことをさすものと思われる。また、個人の墓塔も二基みられるが、いずれも夭死の例で親の悲嘆の心情がよく示されている特殊なものである。

2　岾上の墓地

この墓地でも、三本木の墓地と同様に、それぞれ埋葬地点は、小さな土盛りだけになってしまったもの、そこに植えられた自然の生木が根づいたもの、角柱状の木墓標がたてられているもの、などがあり、それぞれ墓参のおりの板

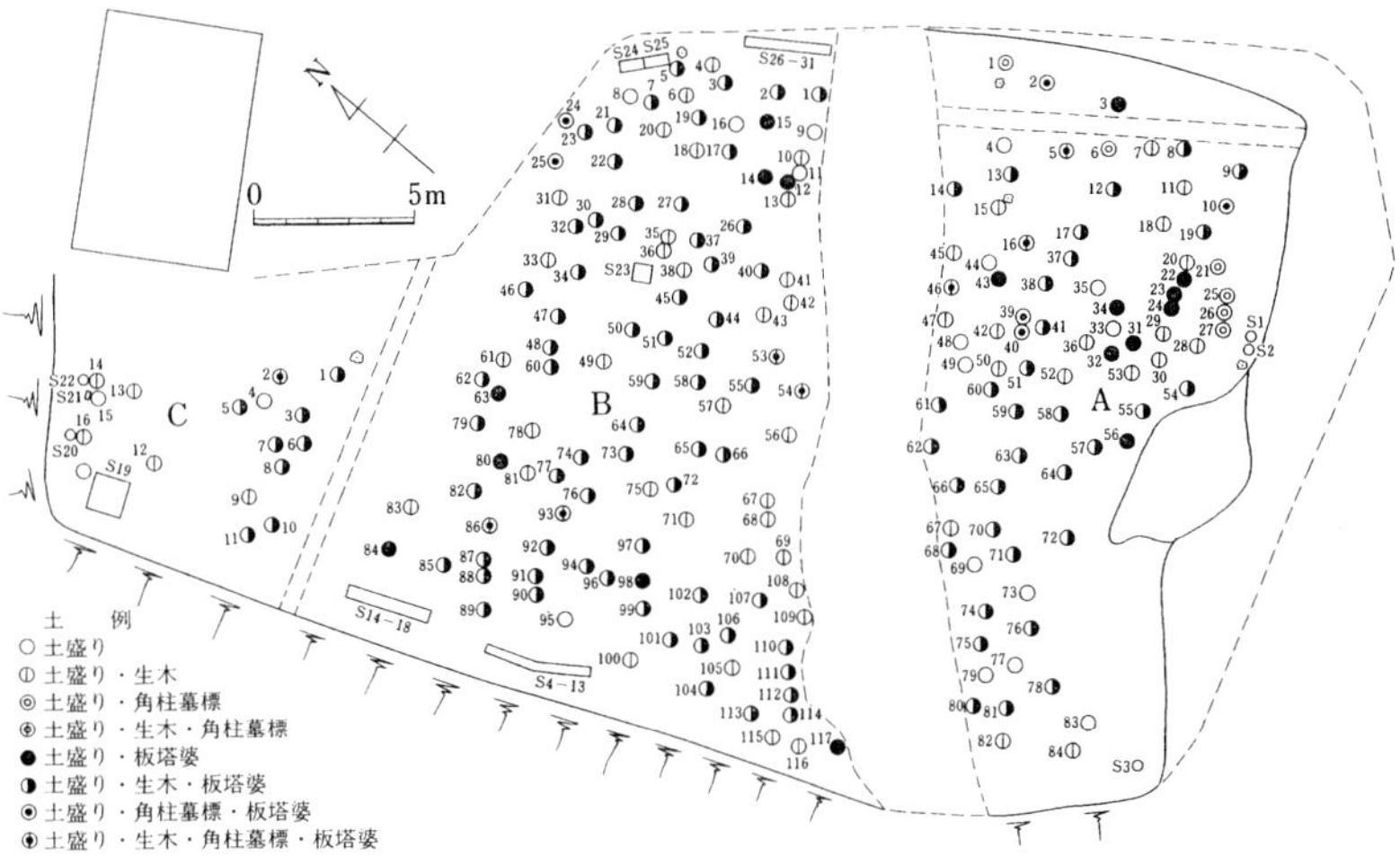

第22図　岾上墓地の埋葬地点

塔婆が立てられているものとそうでないものとがある。この岾上の墓地の方が三本木の墓地と比べると掃除が行きとどいてややきれいである。調査はここも昭和五十八年八月に行ったが(5)、その時に確認された埋葬地点は総計二一八であった。作業の便宜上A〜Cの三つのブロックにわけて把握したが、この墓地も岾上の講中全戸の完全な共有であり、家ごとの決まった区画はない。ただ、六地蔵の後方の一画は子供の死者が集中的に埋葬されているのが特筆される。Aの区画とBの区画との間には古くから踏み分け道が通っていたが昭和五十八年夏の下水道工事により一部が攪拌されて通路の部分が広がってしまった。Bの区画とCの区画との間にも細い踏み分け道が通っている。

　個々の埋葬地点については第22図に示すとおりで、三本木の墓地と比べるとこの岾上の墓地の方がやや板塔婆のあげられている埋葬地点が多いが、埋葬方法や墓参供養の方式にちがいはない。

　さて、こうした墓地の現状に対して、この墓地の設営の時期その他の歴史を語る史料はほとんどない。この場合もただ、その立地が川越街道沿いの間口五〜六間ずつの短冊型の屋敷割りのみられる区域のいちばんはずれにあたっているという点が注目される

第11表　岾上墓地の石仏銘文

岾上の墓地内
（石　燈　籠）

武州大和田町
燈籠壹基　念仏講中造立之
享保八癸卯天八月吉日

岾上の墓地への入口　道路傍
（地蔵丸彫立像）

武州新座郡大和田町
大願下宿念仏講中
当町地蔵講中
下宿女念仏中
中宿女念仏講中

享保十三戊申天
奉造立地蔵尊一基
十一月吉祥日

供養導師
福寿山普光明寺廿五世
法印　承雅和尚

岾上の墓地への入口　道路傍
（庚申塔　青面金剛）

武州新座郡大和田町　念仏講中
小宮妙光

天明二年
壬寅　十一月吉日

程度である。この短冊型の屋敷割りは昭和五十一年の地番図でもちょうどこの岾上の墓地の入口のところまでとなっており、この墓地は大和田の宿のはずれに立地していたものであることがわかる。(6) ただ現在では、そこから東南の方向にも川越街道に沿って家々が立ち並んでいるが、それらは昭和に入ってから分家や転入戸が増加してこのようになったもので、それ以前はずっと畑が広がっていたのであり、その当時を記憶している人もまだ少なくない。そうしてみると、この岾上の墓地の設置というのは、近世初頭の川越街道沿いの集落形成と密接な関係をもつものではないかと推定される。

一方、この墓地でも史料的に唯一参考となるのは石仏、石塔の類である。まず、第22図中にS23として示す地点に享保八年（一七二三）八月、最初にこの墓域内に大型の石灯籠が念仏講中によって建てられている。そして、これに次いで享保十三年（一七二八）十一月には、川越街道からこの岾上の墓地へと入る入口のところにやや大型の地蔵丸彫立像が建てられている。この享保十三年の地蔵石像は、その銘文からみて、大和田の下宿と中宿の念仏講、地蔵講の人々によって普光明寺二十五世の承雅という住僧を導師として造立されたものであることがわかる。そして、この地蔵石像は先にみた三本木の墓地の享保十二年の地蔵石像と比べて、三本木の墓地の方のには普光明寺の承雅和尚の名はみえないが、両者の間には年代、型式、銘文ともに相似点が多く、いずれも檀家寺である普光明寺の承雅という住僧の関与があったものと推定される。

この三本木の墓地と岾上の墓地とへの享保期の地蔵石像二基の造立によって、当時、この大和田では地蔵講、念仏講の活動を中心として、埋葬墓地に対する仏教式の供養の風の高まりがみられたことがわかる。

一方、第22図中にS1～S22とあるのは特定個人の石造墓塔で、笠付角柱一、無縫塔三、舟型観音一、舟型地蔵三、地蔵丸彫二、箱型地蔵一、箱型七、角柱四の計二二基である。年代的に最も早いのが享保二年（一七一七）の笠付角柱、ついで享保六年（一七二一）の無縫塔、そして享保八年（一七二三）の舟型観音、舟型地蔵、享保二十年（一七三五）の地蔵丸彫とつづき、以下箱型や角柱型のものが続いている。これらの墓塔は現在ではすべて無縁となってしまっているが、これらにより、この岾上の墓地では享保期以降ほんの一部ではあるが、ここに個人の石塔を建てる例がみられるようになっていたことがわかる。

3　普光明寺の石塔墓地

石塔墓地は、この大和田を中心として近隣一帯に檀家をもっている真言宗普光明寺[7]の境内にある。三三年目ごとの御開帳で知られる千体地蔵の地蔵堂[8]の裏手から本堂の横にかけて広い墓域があり、一面に石塔が林立している。最近ではさらに本堂の裏手にも拡張されつつある。

この墓地の石塔調査は、昭和五十七年十月から翌五十八年六月にかけて大勢の参加者を得て行った[9]。まず、便宜上A～Z、a～oのあわせて四一区画にわけ、それぞれの区画内にある石塔の一基ずつについて一枚ずつカードに

第23図　普光明寺の石塔墓地の景観

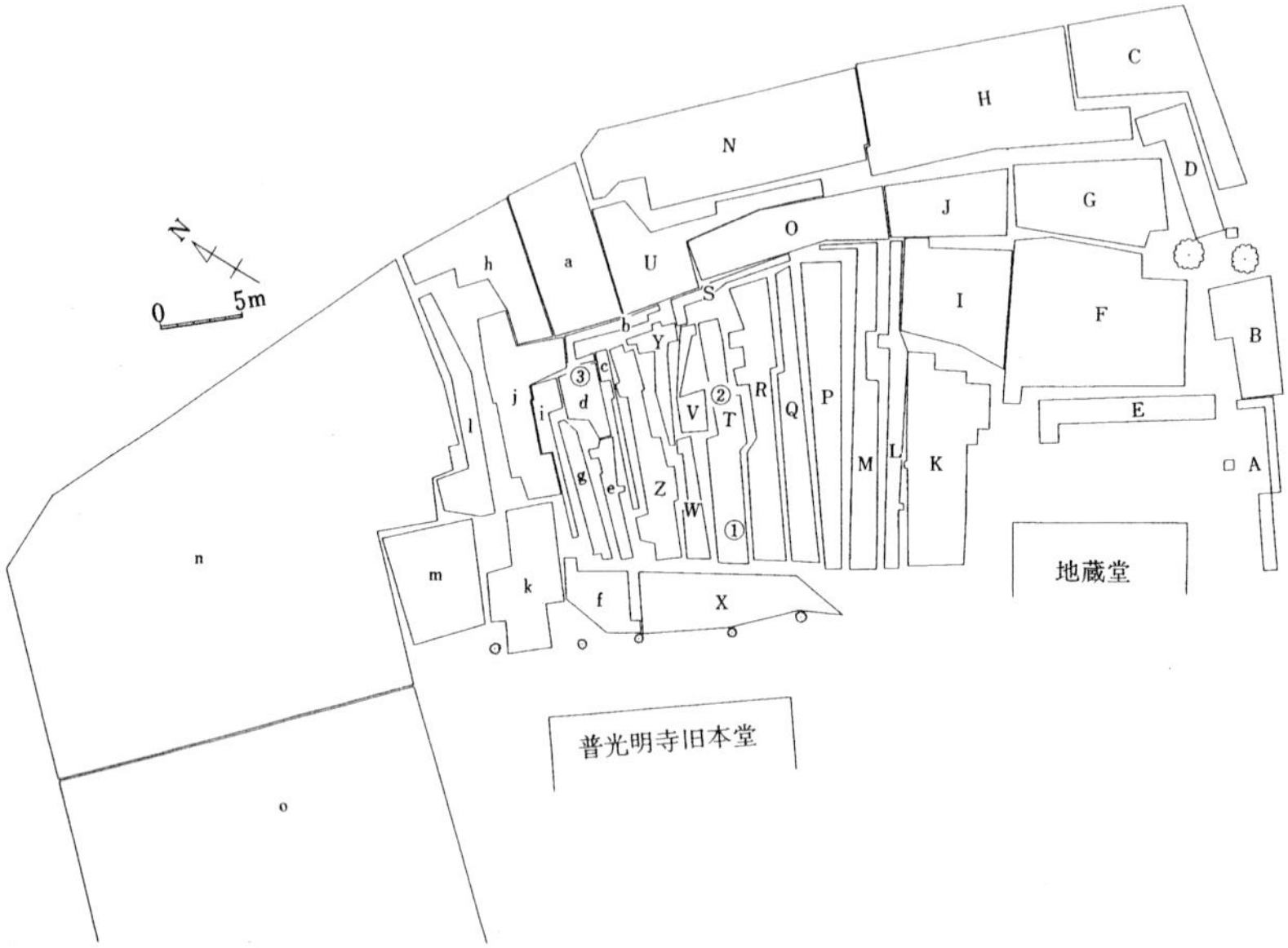

第24図　普光明寺石塔墓地における調査のための区画割り

とり写真撮影を行う方法をとった。ただし、今回の調査では最近新しく拡張されたn、oの二区画と戦後になって新たに整理されたC、H、Nの三区画については調査を見送った。したがって、それらを除いた計三六区画について確認したわけであるが、石塔の数は総計一五三四基であった。(10)

(1) 初現期の石造墓塔

第12表と第13表がこの墓地の石塔について年代別に整理してみたものである。(11)そして、その立地状況を追跡してみたの第25図である。

これにより、この墓地では、江戸初期の一六二一〜一六四〇年の寛永年間にまず一部で石塔の造立がはじまり、その次の一六四一〜一六六〇年の寛永〜万治のころにしだいに増加してきて、一六六一〜一六八〇年の寛文〜延宝期にはほぼ石塔造立の風が定着したことがわかる。そして、それら近世墓塔の初現時期のものについて整理してみたのが第14表である。これらにより、この墓地にお

第12表　石塔の型式と年代別整理

型式＼年代	五輪塔	宝篋印塔	無縫塔	舟型仏像碑					丸彫仏像碑	板碑型	駒型	箱型	笠付角柱	角柱	その他	墓誌	灯籠	合計
				地蔵	如意輪観音	観音	阿弥陀	その他										
元和7～寛永17（1621～1640）	5	1																6
寛永18～万治3（1641～1660）	2	2	1	2	1	1	1		1	5								16
寛文1～延宝8（1661～1680）	3	8		11	11	4	3	2		18		1		1				62
天和1～元禄13（1681～1700）			1	27	21	20	5	1	1	23		1	2					102
元禄14～享保5（1701～1720）	1		1	30	25	25	4	1	2	29	1	14	1	2				136
享保6～元文5（1721～1740）				22	18	6		1		29	2	33	5	9				125
寛保1～宝暦10（1741～1760）				13	15	5		1	1	8	5	61	3	6				117
宝暦11～安永9（1761～1780）			3	15	4	2	3			1	2	74	4	7				115
天明1～寛政12（1781～1800）			1	8	1							72	7	14				103
享和1～文政3（1801～1820）				2								57	4	17			2	82
文政4～天保11（1821～1840）			1	1					1			46	6	49			1	105
天保12～万延1（1841～1860）					1				1			19	2	44	2		2	71
文久1～明治13（1861～1880）									1			21		59	2			83
明治14～明治33（1881～1900）								1			1	5		56	5			68
明治34～大正9（1901～1920）								3				6		60	5			74
大正10～昭和15（1921～1940）								7			1	2		50	1	2		63
昭和16～昭和35（1941～1960）												3		46	6	5		60
昭和36～昭和55（1961～1980）	1													50	1	13		65
昭和56～（1981～）														5		2		7
不明		11		7	7	4	1	2	10		1	10	1	8	9	2		73
合計	12	22	8	138	104	67	17	19	18	112	13	425	35	483	31	24	5	1533

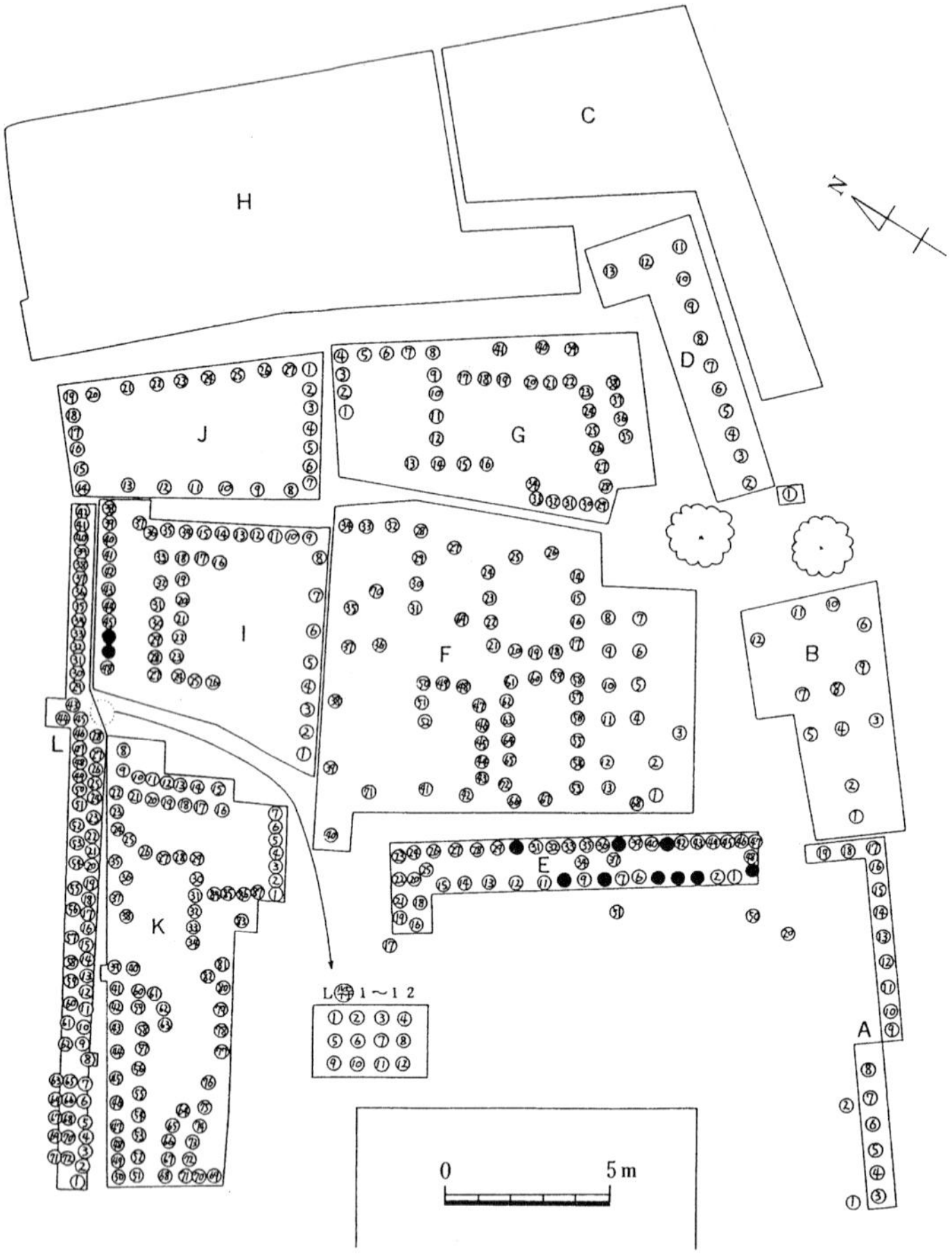

〈1621〉～万治3年〈1660〉)

第25図　造立年代図（元和7年

第13表　石塔造立数の変遷

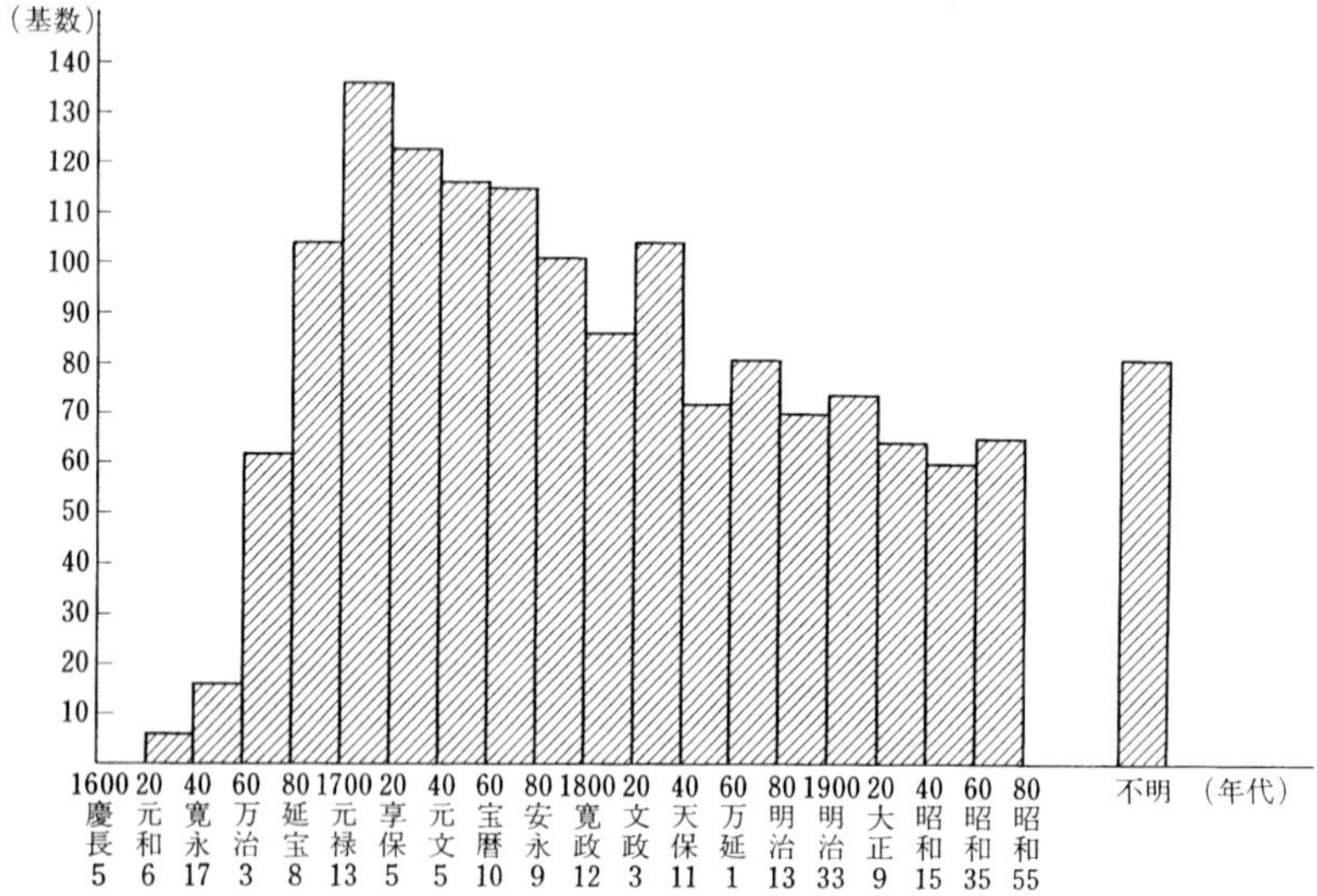

ける石塔造立の風が定着する初期の段階においては、まず石塔の型式の上では五輪塔が、被造立者としては寺僧が先行し、まもなく細沼姓、清野姓のものと推定される有力在家の石塔が続いて造立されるようになっていったという事情がわかる。そして、五輪塔とならんで宝篋印塔もみられたが、まもなく、細沼姓、高橋姓、新井姓などの有力在家の場合には、舟型光背に地蔵や如意輪観音を刻した仏像碑と、尖頭型で碑面に彫り込みを入れた板碑型の石塔とが建てられるようになっていったということもわかる。

なお、これら初期の石塔のうち、寛永十四年の宝篋印塔、承応三年の五輪塔、明暦元年の宝篋印塔の三基は、いずれもその法名に誉の字を含むことなどから江戸時代初頭この地の領主であった芝山氏の関係のものと推定される。そして、これらは現在、寺僧の石塔が集中しているEの区画にあるが、もともとはこの普光明寺とは別にあった芝山氏の菩提寺、向善寺からこの墓地へと移転された可能性が強い。向善寺というのは、この地に入部した芝山正員の開基になる寺で、その法名廻誉向善禅門にちなんで向善寺と称した

第14表　初現期の石塔

整理番号	没　　年	型　　式	被造立者および造立趣旨
E3	寛永 5(1628)	五輪塔	為法印□上菩提也　(僧)
E4	寛永 7(1630)	五輪塔	権大僧都法印承賢不生位　(僧)
I47	寛永10(1633)	五輪塔	道順禅定門　(細沼姓)
Z27	寛永13(1636)	五輪塔	意道真禅定門　頓証菩提無□者也　(清野姓)
E49	寛永14(1637)	宝篋印塔 (部分)	還去誓誉道本禅定門霊位　(不明)
E5	寛永15(1638)	五輪塔	大阿闍梨権大僧都法印導慶敬白　(僧)
E8	寛永18(1641)	宝篋印塔	(現状は宝篋印塔の一部に組みこまれているが，これは後の人の整理によるもので，この銘文のある部分は五輪塔の地部であったと推理される)　□権大僧都法印承□大□□　(僧)
i8	寛永20(1643)	舟型光背如意輪観音浮彫塔	為妙永禅定尼菩提　(高橋姓)
I46	正保 3(1646)	五輪塔	妙金禅定尼　(細沼姓)
V9	正保 4(1647)・寛永12(1635)	板碑型	為道林禅定門菩提也　為如清禅定尼菩提也　(細沼権左衛門)
V1	正保 4(1647)	舟型光背如意輪観音浮彫塔	妙散禅定尼　(新井佐左衛門)
Z69	正保 4(1647)・寛文 6(1666)	板碑型	梅林道宥信士　霜林妙意信女　(細沼八良右衛門)
V4	慶安 3(1650)・寛文 3(1663)	板碑型連碑	常慶禅定門　妙慶禅定門　(新井源左衛門)
E38	承応 2(1653)	無縫塔	示寂尊蓮社松誉和尚　(僧)
E41	承応 3(1654)	五輪塔	超勝院殿大誉□信□居士　(芝山氏か)
E10	承応 4(1655)	地蔵丸彫塔	法印権大僧都尊宥　(僧)
E30	明暦 1(1655)	宝篋印塔	本誉宗源信士　(不明)
Y7	明暦 1(1655)	舟型光背地蔵浮彫塔	浄心禅定門　(細沼市左衛門)
W11	明暦 1(1655)・元禄 3(1690)	板碑型	為清誉浄般信士菩提也　為宝与妙珠信女菩提也　(細沼伝右衛門)
Z44	明暦 3(1657)・元禄 2(1689)	板碑型連碑	為道鏡禅定門　為番雲禅定尼　(高橋与左衛門)
V11	万治 1(1658)	舟型光背観音浮彫塔	為妙隻禅定尼菩提也　(細沼□衛門)
e29	万治 2(1659)	舟型光背地蔵浮彫塔	為清春禅定門菩提也　(高橋七□)

ものであったが、明治の初めに廃寺となった寺である。その廃寺に際して石塔などは多く普光明寺の墓地へと移転したと言い伝えており、実際に移転されたことが確認できる石塔も一基ある。[12]

したがって、これら芝山氏関係の三基をひとまず除いて考えると、この墓地に、寛永〜万治のころに石塔を造立しはじめたのは寺僧と細沼、清野、高橋、新井などの有力在家で、[13]これに続く寛文〜延宝期にはこれらの家々に加えて皆川、荻島、森田、金子、小見野、石川などの姓を記した石塔や、石塔に直接その姓は記されてはいないが、立地の上からその家の先祖のものと推定される斎藤、内田、荻野などの家々のものがみられるようになり、[14]この段階で現在へとつながる石塔墓地の形態を整えるにいたったとみることができる。

つまり、石塔を指標としてみる限り、この地の両墓制の成立の時期は寛永〜万治のころであり、それに続く寛文〜延宝期にその方式がほぼ定着したとみることができる。そして、それは寺僧の石塔造立に導かれた有力在家による寺院境内への石塔造立からはじまったものであったということができる。

(2)　境内発見の板碑

ところで、この普光明寺の境内からは、他の関東一帯の多くの寺院の場合と同様に、中世の板碑が発見されている。最近の調査では、破片を含めて計三三基が確認され、[15]境内の千体地蔵堂内に保管されているが、今回のわれわれの石塔調査の過程でも新たに五基が確認された。それは第24図中の②と③の地点から一基ずつと、最近、志木市の星野石材店が墓石工事中にこの墓域内で発見して保管している三基とあわせて五基である。第24図中の①の地点のものはすでに確認ずみのもので弥陀三尊種子に「天文十五年丙午十月十五日　妙心禅尼」とある。②地点のものは破片であるが、「応仁元年　妙秀」の刻文があり、③地点のものは上半分のみで蓮座に弥陀種子が刻まれ、年号の部分ははじめの「元」の字だけが残され下半分は欠損している。星野石材店に保管されている三基のうち二基は弥陀種子の部分が確認できるだけの破片で、残る一基は弥陀種子に「延文六年五月卅日」の紀年銘がある。

これら普光明寺関係の計三八基の板碑のうち年号の確認できるもの七基について整理してみると第15表にみるとおりで、鎌倉後半のものを最初として戦国期のものにまで至っていることがわかる。

そこで、これら計三八基の板碑と両墓制との関係であるが、これらの板碑からただちにこの普光明寺の境内に鎌倉、室町を通じて石塔墓地が設営され両墓制が存在していたと考えるのにはやはり無理があるように思われる。というのも、板碑は発見されると寺や墓地へと移されることの多いいわゆる移動性の高いものであり、これら普光明寺境内から土中に埋納された状態で発見されたという板碑などの場合、他の場所から移転されてきた可能性もあり得るということ、それに、はじめからこの普光明寺の境内に建てられた板碑の場合でも、それは遺体が埋葬された上に建てられたものである可能性もあり得るということ、などからである。

たとえば、移転ということに関しては、この新座市域の例でいえば、大和田の須田武家の山林から発見されたという一〇基、昭和二十一年ごろ野火止八丁目六番付近の開墾に際して発見されたという約四〇基、畑中の東福寺という寺の後方で保谷・志木線の道路工事の際に発見されたという一三基、関越自動車道の工事に際して発見された九基など、その他一基、二基と少しずつ

第15表　境内発見の板碑

	西暦	紀年銘	被造立者	種子
1	一二九七	永仁五年閏十月　日		釈迦
2	一三六一	延文六年五月卅日		阿弥陀
3	一四五三	享徳二年十月　日	(逆修)裳内禅尼	
4	一四六七	応仁元年	妙秀	
5	一五四六	天文十五丙午年十月十五日	妙心禅尼	阿弥陀・観音・勢至(光明真言)
6	一五四七	天文十六丁未年二月七日	道是禅門	〃　(〃)
7	一五五四	天文廿三甲刁年九月十三日	妙圓禅尼・深入禅尼	阿弥陀・観音・勢至(見十方仏)

第26図　五　輪　塔

あちこちで発見されたものなどもあり、それらはいずれもまもなく近隣の寺や墓地に移転されている。[16] また一方、普光明寺境内への死体埋葬の可否という点についていえば、すでにいくつかこの境内墓地には死体を埋葬した例があり、この境内はとくに死体埋葬を徹底して拒否するというような領域ではない。たとえば、最近亡くなった先代の住職覚尊和尚はここに埋葬され、その上に五輪塔型式の石塔が建てられているが、その他にも第25図中のAブロックの3、4の寺僧の石塔修復を手がけた星野石材店によれば、檀家の世話人や現住の和尚の立ち会いのもとに先年その下を発掘した際、そこに端座した形で葬られていた遺体がそれぞれ確認されたという。もちろん、だからといって代々寺僧はこの墓地に埋葬されるきまりになっているわけではなく、ふつうには三本木の墓地に埋葬されるしきたりである。したがって、これらはあくまでも特別な例ではある。

さて、こうした事情を考慮した上で、さらに永仁五年（一二九七）から天文二十三年（一五五四）という二五〇年以上もの長い時代的な幅の中でその間にわずか四〇基に足りるか否かという数量を考慮し、また、何よりも天文年間までの板碑と寛永以降の近世墓塔との間には年代的にも型式的にも[17]完全な断絶があるということをもあわせて考慮するならば、やはり現在みるような普光明寺の石塔墓地と両墓制習俗とを中世の鎌倉期までさかのぼらせて考えることには無理があるように思われるのである。

(3) 石造墓塔の変遷・展開

第16表はこの普光明寺の石塔墓地の主要な型式の石塔についてその造立数や造立趣旨、被造立者などについて整理してみたものである。これにより、この石塔墓地における石造墓塔造立の変遷の実態がわかる。

まず型式の変化についてみてみると、この墓地で最初期に造立された五輪塔や宝篋印塔はほぼ寛文〜延宝期で姿を消す。そして、これらにかわって多数造立されてきたのは舟型光背に地蔵、観音、阿弥陀などの仏像を刻した仏像碑と、尖頭型で碑面に彫込みを施して整えた板碑型の石塔とである。この仏像碑と板碑型こそが、この墓地の成立期における石塔の中心的な型式であった。そして、これらは以後約一世紀の間さかんに造立されたが、それもまず板碑型が十八世紀半ばの宝暦期をもって姿を消し、仏像碑も十八世紀末の寛政期をもってその時代を終える。

そして、次にこれらにかわって中心的位置を占めたのは十八世紀前半、とくに享保期以降その数を急速に増加してきた箱型である。箱型は碑面に彫り込みを入れて整える点で板碑型の一つの特徴を継承したものとみられるが、頭部は円頭形となって

第27図　箱　　型

第28図　板　碑　型

第16表　石塔の各型式とその年代別建立状況

			元和7〜寛永17（一六二一〜一六四〇）	寛永18〜万治3（一六四一〜一六六〇）	寛文1〜延宝8（一六六一〜一六八〇）	天和1〜元禄13（一六八一〜一七〇〇）	元禄14〜享保5（一七〇一〜一七二〇）	享保6〜元文5（一七二一〜一七四〇）	寛保1〜宝暦10（一七四一〜一七六〇）	宝暦11〜安永9（一七六一〜一七八〇）	天明1〜寛政12（一七八一〜一八〇〇）	享和1〜文政3（一八〇一〜一八二〇）	文政4〜天保11（一八二一〜一八四〇）	天保12〜万延1（一八四一〜一八六〇）	文久1〜明治13（一八六一〜一八八〇）	明治14〜33（一八八一〜一九〇〇）	明治34〜大正9（一九〇一〜一九二〇）	大正10〜昭和15（一九二一〜一九四〇）	昭和16〜35（一九四一〜一九六〇）	昭和36〜55（一九六一〜一九八〇）	昭和56〜（一九八一〜）	不明	合計
五輪塔	基数		5	2	3		1													1			12
五輪塔	種子		5	2	3		1													1			12
五輪塔	趣旨	霊位																		1			1
五輪塔	趣旨	菩提	2		1																		3
五輪塔	趣旨	不生位	1																				1
五輪塔	法名	僧	3		1															1			5
五輪塔	法名	院殿居士		1																			1
五輪塔	法名	院殿大姉			1																		1
五輪塔	法名	禅定門	2																				2
五輪塔	法名	禅定尼		1	1																		2
五輪塔	法名	童子					2																2
五輪塔	人数/一基	単記	5	2	3															1			11
五輪塔	人数/一基	二名					1																1
宝篋印塔	基数		1	2	8																	11	22
宝篋印塔	種子			1	6																	8	15
宝篋印塔	趣旨	霊位	1																				1
宝篋印塔	趣旨	菩提			6																		6
宝篋印塔	趣旨	敬白			2																		2
宝篋印塔	趣旨	為……			1																		1
宝篋印塔	法名	禅定門	1		5																		6
宝篋印塔	法名	禅定尼			1																		1
宝篋印塔	法名	信士		1																			1
宝篋印塔	法名	信女			2																		2
宝篋印塔	人数/一基	単記	1	1	8																		10
	基数			2	11	27	30	22	13	15	8	2	1									7	138
	種子			1	2	13	15	14	9	9	7	1										4	75
		菩提		1	8	16	10	10	1	1		1										4	52

舟型地蔵	趣旨	霊位			2	4	3	3	5	7	4											2	30
		逆修			1																		1
		為……				1	1																2
		上連法身及六道																				1	1
	法名	禅定門		2	8	21	6	9	5	1	1											2	55
		禅定尼			1	2	1	3	2														9
		居士				1	1																2
		信士			3	2	4	2	1														12
		信女					2		1		1												4
		法子								1													1
		童子				1	13	4	4	10	2	1	1									3	39
		童女					9	3	1	7	4	2	1									3	30
		持衣子						3															3
		不明																				2	2
	人数／一基	単記		2	10	27	24	20	12	10	8	1										5	119
		二名			1		3	2	1	3		1	1										12
		三名以上					2			1												1	4
舟型如意輪観音	基数			1	11	21	25	18	15	4	1			1								7	104
	種子				9	14	18	12	13	4	1											3	74
	趣旨	菩提			8	13	12	10	2													2	47
		霊位			2	3	2		1	1													9
		逆修						1															1
		奉造立如意輪観音一尊			1																		1
		如意輪観音																				1	1
	法名	院信女				1	1		1														3
		僧								1													1
		禅定門						2	1														3
		禅定尼		1	9	13	17	11	11	1												1	64
		大姉					1																1
		信士						3															3
		信女			2	6	3	4	2	2	1											3	23
		童女				1	2		2														5
		持衣子												1									1
	人数／一基	単記		1	11	21	24	16	13	4	1			1								4	96
		二名						2	2														4

			元和7~寛永17(一六二一~一六四〇)	寛永18~万治3(一六四一~一六六〇)	寛文1~延宝8(一六六一~一六八〇)	天和1~元禄13(一六八一~一七〇〇)	元禄14~享保5(一七〇一~一七二〇)	享保6~元文5(一七二一~一七四〇)	寛保1~宝暦10(一七四一~一七六〇)	宝暦11~安永9(一七六一~一七八〇)	天明1~寛政12(一七八一~一八〇〇)	享和1~文政3(一八〇一~一八二〇)	文政4~天保11(一八二一~一八四〇)	天保12~万延1(一八四一~一八六〇)	文久1~明治13(一八六一~一八八〇)	明治14~33(一八八一~一九〇〇)	明治34~大正9(一九〇一~一九二〇)	大正10~昭和15(一九二一~一九四〇)	昭和16~35(一九四一~一九六〇)	昭和36~55(一九六一~一九八〇)	昭和56~(一九八一~)	不明	合計
舟型阿弥陀	基数			1	3	5	4			3												1	17
	種子			1	2	3	3			3													12
	趣旨	霊位				2				1													3
		菩提		1		3	3																7
		奉造立阿弥陀一尊			1																		1
	法名	院殿居士			1																		1
		禅定門			1	1	1																3
		禅定尼		1			1																2
		信士			1	2	2			1												1	7
		信女			1	2				1													4
		童子								1													1
	人数/一基	単記		1	2	5	4			3												1	16
		二名			1																		1
舟型観音	基数			1	4	20	25	6	5	2												4	67
	種子				3	12	15	4	3	1												4	42
	趣旨	菩提		1	2	14	17	5		1												2	42
		霊位			1	3	3		2	1													10
		敬白				1																	1
		為………修				1																	1
	法名	禅定門			3	5	5		1													1	15
		禅定尼		1	1	11	10		1	1												1	26
		居士						1															1
		大姉				1																	1
		信士				3	5	2	2													1	13
		信女				3	2	1	1	1												1	9
		法子						1															1
		不明					1																1
	人数/一基	単記		1	4	17	24	6	5	2												4	63
		二名				3	1																4

板碑型単碑（連碑）	基数			3 (2)	12 (6)	10 (13)	19 (10)	19 (10)	4 (4)	1													68 (45)
	種子			3 (1)	9 (4)	10 (12)	18 (8)	18 (10)	3 (4)	1													62 (39)
	家紋						(1)																(1)
	趣旨	菩提		2	4 (4)	2 (7)	7 (5)	10 (5)	(1)														25 (22)
		霊位			3 (1)	1 (2)	4 (2)	2 (2)	1 (1)														11 (8)
		為……		(1)		(2)																	(3)
		逆修			(2)	(1)																	(3)
		石塔一基奉造立			(1)																		(1)
	法名	僧			2																		2
		法士								1													1
		法尼						(1)															(1)
		禅定門		1 (2)	7 (5)	5 (10)	12 (8)	12 (11)	2 (1)														39 (37)
		禅定尼		1 (2)	6 (4)	7 (9)	11 (8)	13 (7)	5 (2)														43 (32)
		居士					1																1
		大姉					1																1
		信士		2	2 (1)	(2)	4 (2)	3 (1)	1 (3)	1													13 (9)
		信女		2	2 (2)	(5)	1 (2)	2	(2)	1													8 (11)
		童子				3	2		1														6
		童女				1	1																2
		持衣子						1															1
	人数／一基	単記			7	4	8	5															24
		二人		3 (2)	4 (6)	6 (13)	9 (10)	14 (10)	3 (4)														39 (45)
		三人以上			1		2		1	1													5
駒	基数						1	2	5	2						1		1					12
	種子						1	2	5	1						1							10
	趣旨	霊位					1	2	2	1													6
		菩提							1														1
		南無阿弥陀仏								1													1
	法	禅定尼					1	2	1														4
		信士						1	1	1													3
		信女							1	1													2

			元和7~寛永17(一六二一~一六四〇)	寛永18~万治3(一六四一~一六六〇)	寛文1~延宝8(一六六一~一六八〇)	天和1~元禄13(一六八一~一七〇〇)	元禄14~享保5(一七〇一~一七二〇)	享保6~元文5(一七二一~一七四〇)	寛保1~宝暦10(一七四一~一七六〇)	宝暦11~安永9(一七六一~一七八〇)	天明1~寛政12(一七八一~一八〇〇)	享和1~文政3(一八〇一~一八二〇)	文政4~天保11(一八二一~一八四〇)	天保12~万延1(一八四一~一八六〇)	文久1~明治13(一八六一~一八八〇)	明治14~33(一八八一~一九〇〇)	明治34~大正9(一九〇一~一九二〇)	大正10~昭和15(一九二一~一九四〇)	昭和16~35(一九四一~一九六〇)	昭和36~55(一九六一~一九八〇)	昭和56~(一九八一~　)	不明	合計
型	名	童子							2							1		1					4
		童女							4							1		1					6
		持衣子																					
	人数/一基	単記					1	1	1														3
		二名							4	1						1		1					7
		三名以上						1															1
笠付角柱	基数					2	1	5	3	4	7	4	6	2								1	35
	種子					2	1	5	3	3	7	4	5									1	31
	家紋					1		1		1	3	2	5	2									15
	趣旨	霊位				1			2	2	2	3	3	2								1	16
		不生位						1															1
		同会								1													1
		菩提				1		2	1														4
		霊魂									1												1
	法名	僧				1		1															2
		院居士							1														1
		院大姉							1														1
		院信士					1																1
		院信女					1																1
		禅定門							1														1
		禅定尼							1	1													2
		居士				1		1			1	2	2	2								1	10
		大姉						2			2	3	3	2								2	14
		信士						1	1	3	5	2	3	2									17
		信女						3	1	3	7	2	5	1									22
		禅童女											1										1
	人数/一基	単記				2		2		1	1		1										7
		二名					1	3	3	3	4	3	2										19
		三名以上									2	1	3	2								1	9

箱型		基数			1	1	14	33	61	74	72	57	46	19	21	5	6	2	3			10	425
		種子			1	1	13	31	61	74	67	48	38	18	11	4	3	2	1			9	382
		家紋						1			1	4	4		4	1	3		1			1	20
		□家															2						2
	趣旨	霊位				1	9	20	41	51	40	31	28	14	11	1	3	2				7	259
		菩提						6	3														9
		不生(正)位						1							1								2
		同会								2													2
		無縁法界								1													1
		先祖法界倶会									1												1
		辞世の歌													1								1
	法名	僧							3	3					2								8
		尼						1	2				2										5
		禅定門					11	15	35	40	45	32	16	6	3							4	207
		禅定尼				1	10	16	34	35	45	29	15	9	5	1							200
		院居士									1												1
		院大姉								1	1												2
		居士					1	1		2	1	2				3							10
		大姉					1	1		2	1	2				5							12
		信士				1	1	12	11	22	25	24	30	10	11	4	3	1	3			3	161
		信女				1	1	13	13	21	23	20	21	10	11	2	4	1	2			3	146
		童子					1	2	21	8	6	7	13	5	7	3	5		10				88
		童女					2	4	12	9	8	11	3	5	6	2	3	1	10			1	77
		孩子 持衣子			1		1		1	3		1	1						1				9
		孩女									1								2			3	6
		その他						2		1	1			1	1								6
	人数／一基	単記			1		2	4	10	19	19	14	15	7	5	1	1	1				2	101
		二名					10	27	41	44	37	26	15	5	9	1		1	1			8	225
		三名以上				1	2	2	10	11	16	17	16	12	5	3	5	2					102
		基数			1		2	9	6	7	14	17	49	44	59	56	60	50	46	50	5	8	483
		種子			1		2	9	6	7	10	11	17	15	13	5	5	3	1	1		2	108
		家紋									4	4	20	26	38	48	52	42	44	43	5	1	327
		霊位					1	6	4	3	10	7	35	29	40	20	8	5	4	2	1	3	178
		菩提			1			2	1														4
		有縁無縁菩提											1					1					2

			元和7～寛永17(一六二一～一六四〇)	寛永18～万治3(一六四一～一六六〇)	寛文1～延宝8(一六六一～一六八〇)	天和1～元禄13(一六八一～一七〇〇)	元禄14～享保5(一七〇一～一七二〇)	享保6～元文5(一七二一～一七四〇)	寛保1～宝暦10(一七四一～一七六〇)	宝暦11～安永9(一七六一～一七八〇)	天明1～寛政12(一七八一～一八〇〇)	享和1～文政3(一八〇一～一八二〇)	文政4～天保11(一八二一～一八四〇)	天保12～万延1(一八四一～一八六〇)	文久1～明治13(一八六一～一八八〇)	明治14～33(一八八一～一九〇〇)	明治34～大正9(一九〇一～一九二〇)	大正10～昭和15(一九二一～一九四〇)	昭和16～35(一九四一～一九六〇)	昭和36～55(一九六一～一九八〇)	昭和56～(一九八一～　)	不明	合計
角柱	趣旨	精霊										1	1					1	1				4
		有縁無縁精霊																		2			2
		無縁一切之精霊															2	1	3				6
		先祖代々一切之精霊												1				1	1	1			4
		先祖累代																1					1
		辞世の歌										1		1		1							3
		その他											1				1						2
	法名	僧										1	2	2		2	1						8
		尼																1	1				2
		院信士																	1				1
		院信女													1				1				2
		院居士											2		1	1	4	2	6	5			21
		院大姉											2		2	2	6	2	3	3			20
		禅定門			1		2	3	2	12	10	8	17	11	11	9	3	1	4			1	95
		禅定尼					1	4	3	8	12	8	12	14	6	7	2	4	7				88
		居士						3					4	6	10	18	19	16	11	6			93
		大姉						4					5	8	11	16	21	18	13	8			104
		信士					1	4	4	2	10	10	26	30	44	48	46	42	46	52	2	2	369
		信女					1	5	3	3	12	10	23	26	38	40	47	43	48	49		1	349
		禅童子												1									1
		禅童女														3							3
		童子			1			3	2	5	1	1	11	7	16	14	16	14	15	19		1	126
		童女						3	2	2	1		10	5	8	10	13	17	19	17			107
		孩子																1		1			2
		孩女															1	1	1	1			4
		持衣子										2		1	1			1					5
		禅嬰児															1						1
		嬰児															2						2
		不明										1			1	1	1			1			5

俗名															1				1			2
人数	単記								1	1	1	10	9	7	11	12	2	2			2	58
	二名			1		1	4	4	2	7	12	22	13	25	18	17	18	11	3		2	160
	三名以上					1	5	2	4	7	3	16	21	24	24	27	12	12	4			162
一基	□家												1		4	3	15	23	43	5		94

いる。これに対し板碑型の尖頭形を継承したとみられるのは駒型であるが、駒型では碑面に彫込みがない。この墓地では圧倒的に箱型の方が多かった。

しかし、十八世紀後半から十九世紀初めにかけて大流行をみせたこの箱型もその後まもなくその数を減じ、これにかわって主流を占めたのは角柱型である。角柱型は四面に刻銘が可能である点を一つの特徴とするが、箱型にやや遅れて登場し、はじめはあまり造立数は伸びなかったが、十九世紀前半の文政〜天保期にいたって箱型をぬき、その後、明治、大正、昭和と現代にいたるまで石造墓塔の主流を占め続けてきている。この角柱型にはその頭部の形態から尖頭型、円頭型、平頭型があるが、さらに独特な展開例として笠付角柱型もある。[18] 笠付角柱型については別に整理しておいた。

さて、こうしてみると、この墓地では、石塔初現期の寛永〜寛文〜延宝期には五輪塔や宝篋印塔が先行し、それに続く石塔定着期の寛文〜延宝〜元禄期からそれ以降、およそ宝暦期までは仏像碑と板碑型が主流を占め、さらにその宝暦期をさかいとして次は箱型が、そして文政〜天保期をさかいにこんどは角柱型が、それぞれ主流を占めてきたことがわかる。そして、こうした石塔の型式の変化は、その造立趣旨の変化、つまり、人々の石塔造立に対する考え方の上でも一定の変化がみられたことを考えさせる。そこで、石塔の碑面に刻まれた造立趣旨や被造立者について注目してみる。とくに注目されるのは、碑面に刻まれた種子の有無、そして死者の菩提のためか霊位としての石塔かという造立趣旨、それに被造立者が一人か二人かまた三人以上かというその人数および性別、の三点である。

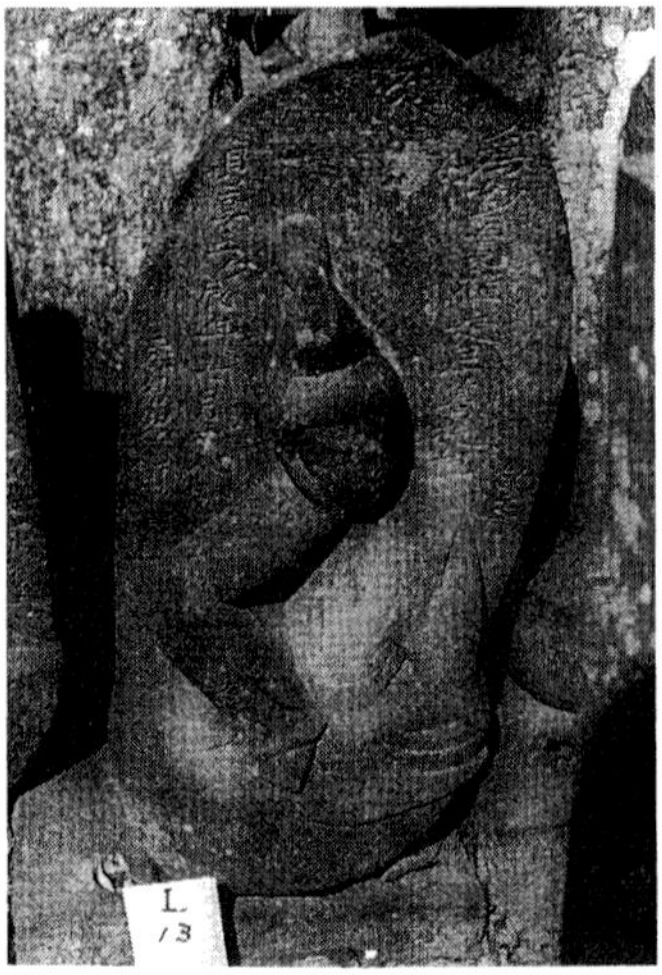
第29図　如意輪観音像

まず、寛永〜寛文〜延宝期の五輪塔や宝篋印塔ではほとんどが、種子あり、菩提のため、一人、というかたちになっている。これに対し、次の寛文〜延宝〜元禄期以降の仏像碑や板碑型ではそれぞれ特徴的な展開をみせている。

仏像碑では地蔵と如意輪観音が圧倒的に多い。そして、地蔵の場合、はじめは大人のものが主であったが、享保期以降は子供のものが主となっており、大人のものでは男性のものが多いが子供のものになると男女の差はみとめられない。如意輪観音の場合、終始一貫して圧倒的に女性の墓塔となっている。そして、これらは仏像碑でありながらさらに種子を刻むかたちをとるものが多く、地蔵では約五割、如意輪観音では約七割が種子を刻んでいる。また、被造立者についてみると、いずれも単記で一人の例が多い。造立趣旨については少し差があり、地蔵の場合には、菩提のためとするのと霊位であるとするのとがほぼ五対三の割合となっているのに対し、如意輪観音では圧倒的に菩提のためとするものが多くなっている。

一方、板碑型の場合についてみると、男女の差はまったくなく、むしろその特徴は、ほとんどが碑面に種子を刻むということと、被造立者が多く二名連記で夫婦と推定されるということにある。造立趣旨は菩提のためとするのと霊位であるとするのとがおよそ五対二の比率になっており、やはり菩提の方が多い。

さて、こうした近世墓塔の定着化の初期の段階で中心的な位置を占めた仏像碑と板碑型とにみられた、以上の点は、この墓地における石塔定着化過程におけるいくつかの重要な事実を知らせてくれる。

まず第一に、死者の墓塔として仏菩薩そのものを直接刻んだ仏像碑であるとか、あるいはそのかわりに象徴的に仏菩薩を表示する種子を刻んだ板碑型の石塔を建てているということは、死者の来世への不安と、仏菩薩への結縁と救済を願う願い、とが人々の心情の中に強く存在したことをうかがわせる。そして、それは何よりもそれらの墓塔が多く死者の菩提のためのものである、つまり死者往生のための供養のための塔である、とされているという点にもよくあらわれている。

第二に、被造立者が多く個人であるということ、そしてまもなく夫婦二名連記のものも一般化するということからみて、これらの造立意図というのは、家とか先祖代々をとくに意識したものではなく、造立者にとって最も身近な親族たる死者個人の菩提をとむらうためのものであったということがわかる。そして、男女個人単記の碑文や、夫婦二名連記のもの、それに夭死した幼児の名もあわせて三名連記としてあるものなど、それらの一つひとつについて観察していくと、それらの墓塔造立への実際上の希望者、つまり主たる発願者はその死者にとってその次の世代の子供夫婦である場合よりもむしろ老夫婦の一方が亡くなった場合ののこりの一方、つまり死者のつれあいであった場合の方がより多かったのではないかと推測されてくる。そうしてみると、これら近世墓塔の定着の背後には、父系中心の家継承の観念というよりもむしろ夫婦間の愛情や心遣い、そして相互の来世往生への願いがあったということになるのではなかろうか。

さて、享保期あたりからしだいに増加してきて宝暦期以降は完全に主流となる箱型であるが、この段階でもあいかわらず碑面には種子が刻まれ、被造立者は夫婦二名連記のものが主であるが、一名単記のものも、また子供の名も入れた三名以上連記のものもかなり多い状態となっている。しかし、この箱型でとくに注目されるのは、それまで大多数を占めていた、菩提のため、というのがほとんど姿を消し、それにかわってすべては、死者の霊位、としての石塔

第17表　石塔の型式および造立趣旨の主流の変遷

時期	型式	造立趣旨		
寛永期	五輪塔・宝篋印塔 ↓	菩提 ↓	種子 ↓	単記 ↓
元禄期	仏像碑・板碑型 ↓			二名連記 ↓
宝暦期	箱　型 ↓	霊位 ↓		
天保期	角柱型 ↓		家紋 ↓	
明治30年代	↓	↓	↓	先祖代々 ↓

であると刻むようになってきたという点である。この菩提のためというのが消え霊位としてというのにかわるのはおよそ宝暦期あたりのことであるが、これは注目すべき一つの大きな変化である。菩提というのが死者の極楽往生のための石塔造立であるのに対し、霊位というのは死者の霊魂の依代としての石塔の造立であることを示す。石塔が死者の菩提のための供養塔であるとする考え方から死者の霊魂の依代であるとする考え方へと大きく変化してきたことがここによくうかがえる。

次いで、文政〜天保期以降、主流を占める角柱型であるが、この段階における最も注目すべき変化は、石塔の碑面に長く刻まれてきた種子がしだいに姿を消し、それにかわって家紋が刻まれるようになるということであり、この文政〜天保期において両者の割合いが逆転したという点である。死者の墓塔に仏菩薩を象徴的に表わす五輪塔[19]を建てたり直接仏像を刻んだ仏像碑や仏を文字で表わす種子を刻んだ各種型式の石塔を建てて仏への結縁と救済を願った方式から、家を表わす家紋を刻んで先祖代々、死後も同じ家族として来世もともに寄り添いながら現世の家を見守るという方式へと変化してきたのである。そして、それは被造立者が夫婦から親子へ、そして代々へと、いわばヨコからタテの方向へと広がる動きをみせていることとも呼応しているものとみることができる。そして、やがて明治中期以降になると、□□家先祖代々之墓というかたちの家ごとに一基、大型のものを建てる、という方式が一般化してくるのである。

さて、以上の検討の結果、明らかになったこの墓地での石造墓塔の建立をめぐる変遷の過程を整理してみるとおよそ第17表のようになるであろう。

(4)　大和田以外の普光明寺檀家の石塔

ところで、この普光明寺の石塔墓地へ石塔を造立してきた家々には、この大和田の家々のほかに、近隣の中野の細沼喜一、細沼政雄、細沼政四、細沼佑治、森田岱二の五戸と野火止の小見野喜一、小見野孝之助の二戸との計七戸がある。いずれも普光明寺の有力な檀家である。ここで、それら大和田以外の普光明寺檀家の例について確認しておこう。

まず、中野であるが、中野はあちこちから清水が湧き、柳瀬川に沿っていることなどから、「徳川様が関東へ来るよりも古い」とか、「新座では一番古い」などといわれる集落で、もともと明治のころまでは四二戸程度の戸数があったところだといっている。そうした在来戸はすべて大和田の普光明寺の檀家である。現在では、薬師堂の周囲に共同の埋葬墓地があり、そこに石塔も建てられており、一見したところではふつうの単墓制のかたちとなっている。しかし、これは大正末期にそのころこの中野にあった竜泉寺という寺の境内からそこへ石塔を移したためにそうなったのだといい、それ以前は、薬師堂のところが埋葬墓地で、そこには石塔は建てず、石塔は別に竜泉寺の境内に建てていたという。竜泉寺というのはもと中野にあった寺で、普光明寺の末寺で大正期にはもう住職もおらず無住の寺となっていたという。場所は現在の英橋インターチェンジの中にあたるところにあったが、昭和四十年の所沢〜浦和間のバイパス道路の開通とそれにともなう英橋インターチェンジの建設によってとりこわされた。つまり、この中野では大正期まではいわゆる両墓制のかたちをとっていたのが、石塔の移転によって単墓制のかたちとなったということである。

ところで、こうした中野の一般的なかたちに対して、先にもあげた五戸だけは、石塔はすべて大和田の普光明寺の方へ建て、中野の薬師堂の埋葬墓地には埋葬するだけでまったく石塔を建てていない。現在、薬師堂の埋葬墓地では家ごとの区画がおよそ決められており、他の家の区画にはすでに石塔が林立しているのに、これらの家の区画をみると今も石塔はない。

これら五戸のうちでは、細沼喜一家とその古い分家である細沼政雄家、それに森田岱二家が古くからの家といわれ、細沼政四、佑治の二家は細沼政雄家の比較的新しい分家である。そこで、細沼喜一家と政雄家の場合を例にとってその石塔を年代別に整理してみると、第18表のとおりで、細沼喜一家では寛永期から現在までずっと普光明寺に石塔を建ててきており、その分家細沼政雄家では少し遅れて寛延年間あたりから建てられはじめていることがわかる。これらの家では石塔の造立において、終始一貫してその檀家寺である普光明寺の方へ密着してきたということになるであろう。

一方、野火止の二戸の場合はどうか、次にそれについて確認しておこう。野火止は中野とは異なり、川越街道の開通にともない、それに沿って形成された集落で、道路に沿って屋敷が並び、それぞれの屋敷の後方にその家の耕地がのびる、いわゆる短冊型の地割りがみられる。そして、この野火止の場合は、それぞれの家の檀家寺はさまざまで、小見野喜一、孝之助の二家の場合は古くから普光明寺の檀家となっている。墓地は、この野火止では、一般にウチボチなどと呼んでそれぞれ自分の家の屋敷の裏手の畑の中などに一戸ずつ墓地を設けており、村の共同墓地というのはない。たとえば、小見野喜一家の場合には屋敷の後方の畑の中に墓地があり、古くからそこに埋葬してきている。そして、そこに石塔も建ててきている。したがって、これは一見したところでは、一般の単墓制のかたちをとっていることになる。しかし、よく注意してみると、その屋敷の裏手の自分の家の墓地とは別に、大和田の普光明寺の石塔墓地の方にも自分の家の古い石塔が建てられている。そこで、この家の両方の墓地にある石塔について、整理してみたのが第18表である。これによると、この家では、享保期を境として、それ以前は普光明寺の石塔墓地の方へもっぱら

第18表　家ごとの石塔の年代別造立状況

細沼喜一家（中野）

整理番号	石塔墓地（普光明寺） 没年	型式	埋葬墓地（薬師堂）
I 47	寛永10(1633)	五輪塔	
46	正保3(1646)	五輪塔	
44	寛文12(1672)	五輪塔	
45	延宝4(1676)	舟型阿弥陀像	
41	元禄16(1703)	舟型観音像	
39	宝永6(1709)	舟型地蔵像	
42	享保7(1722)	舟型如意輪観音像	
28	正徳6(1716)・享保6(1721)・9(1724)・13(1728)	角柱型	
38	享保20(1735)	舟型地蔵像	
43	元文3(1738)	舟型如意輪観音像	
40	元文5(1740)	舟型観音像	
27	宝暦5(1755)	舟型如意輪観音像	
31	享和2(1802)・文化14(1817)	角柱型	
32	文政2(1819)・天保13(1842)	角柱型	
30	寛政11(1799)・12(1800)・明治3(1870)・5(1872)・20(1887)・34(1901)	角柱型	
29	明治37(1904)・44(1911)・大正14(1925)・昭和3(1928)〔昭和3(1928)建立〕	角柱型	
48	昭和10(1935)・20(1945)・40(1965)・42(1967)〔昭和35(1960)建立〕	角柱型	

細沼政雄家（中野）

整理番号	石塔墓地（普光明寺） 没年	型式	埋葬墓地（薬師堂）
I 8	寛保3(1743)・宝暦2(1752)	笠付角柱型	
10	寛延2(1749)	舟型如意輪観音像	
12	寛延3(1750)	舟型	
9	宝暦9(1759)	舟型如意輪観音像	
11	明和3(1766)	舟型阿弥陀像	
7	宝永8(1779)・天明4(1784)	箱型	

6	文化9(1812)・文政5(1822)〔文化7(1810)建立〕	角柱型	
5	天保3(1832)・文久1(1861)・2(1862)・明治6(1873)	角柱型	
25	文久2(1862)・明治6(1873)	角柱型	
15	明治10(1877)	地蔵丸彫型	
26	明治11(1878)	角柱型	
14	明治13(1880)	箱型	
3	明治26(1893)	角柱型	
4	文久1(1861)・明治44(1911)	角柱型	
2	大正10(1921)	箱型	
1	昭和5(1930)	角柱型	
13	(不明)	舟型如意輪観音像	

小　見　野　喜　一　家(野火止)

石塔墓地(普光明寺)			埋葬墓地(屋敷裏)
整理番号	没年	型式	没年
K34	寛文11(1671)	舟型如意輪観音像	
30	延宝2(1674)	舟型地蔵像	
33	延宝3(1075)	舟型観音像	
31	正徳4(1714)	舟型観音像	
32	享保3(1718)	板碑型	
			享保13(1728)
			享保21(1736)
			寛保3(1743)・寛延1(1748)・宝暦13(1763)
			安永2(1773)・寛政4(1792)
			寛政7(1795)
			寛政10(1798)・天保9(1838)
			文政2(1819)・嘉永2(1849)
			天保15(1844)・弘化2(1845)
			嘉永6(1853)
			文政12(1829)・明治11(1878)
			文久3(1863)・明治37(1904)
			元治1(1864)・明治19(1886)
			明治10(1877)
			明治33(1900)・40(1907)
			明治43(1910)・大正10(1921)
			大正7(1918)・14(1925)
			昭和33(1958)

石塔を造立していたのが、それ以後になるとすべて屋敷の裏手の埋葬墓地の方へと石塔を造立するように変ってきているのがわかる。両墓制から単墓制への移行、つまり石塔を造立すべき地点として檀家寺の境内よりも埋葬墓地の方を重視する考え方が、この家の場合には享保期を境として高まってきたことがわかる。これは、先にみた、大和田における三本木の墓地と岾上の墓地に対してみられたそれぞれ享保十二年と享保十三年の地蔵石像の造立供養の動きともあわせて考えるべき現象であろう。

なお、小見野孝之助家の場合も、かつては小見野喜一家と同様に、普光明寺の方の墓地に古い石塔があり、一方、家の裏手の墓地にそれに続く石塔があるというかたちとなっていたのであるが、最近になって所沢に新たに造成され売りに出された聖地霊園というのに自分の家の区画を購入して、それまで家の裏にあった墓地は廃してそちらの方へ移してしまったところである。

さて、このように中野の五戸は一貫して檀家寺の普光明寺の方へ石塔を建て続け、野火止の二戸は途中から家ごとの埋葬墓地の方へと石塔を建てるように変ったことが知られたわけであるが、そこから指摘できるのは、およそ以下のような事柄であろう。

まず、細沼喜一家も小見野喜一家もいずれも普光明寺へ寛永もしくは寛文、延宝のころから石塔を建てはじめた有力檀家であり、石塔を造立しての死者供養を埋葬墓地とは関係なくその檀家寺で行おうとした姿勢がそこにはうかがえる。しかし、享保期を中心として、この大和田の一帯では地蔵講や念仏講を結成した人々を中心として、普光明寺の住職も加わって地蔵石像が埋葬墓地へと造立されるなど埋葬墓地の方でもいわゆる仏教式の死者供養が望ましいとする考え方がおこってきたようである。そこで、野火止の小見野喜一家や孝之助家ではそれ以後のいわば仏教式供養石塔の造立は自分の家の近くの埋葬墓地の方へと行われることとなった。しかし、中野の細沼喜一家、政雄家、森田岱二家ではそのまま従来通り檀家寺である普光明寺の方に石塔を建て続けた。そこで、埋葬墓地にあらためて石塔を建てはじめた野火止の二戸と、埋葬墓地にあいかわらず石塔を建てなかった中野の古くからの三戸、そしてまた地元の大和田の家々との相違は何か、ということになるが、その点については、それぞれ埋葬墓地が家ごとの所有か、集落の共有の墓地であるかという差異にあったのではないかと思われる。中野は今でこそ家ごとの区画がほぼ決められているが以前は必ずしもはっきりしなかったものだといい、大和田の三本木や岾上と同様にながく共有のかたちであった。したがって、埋葬墓地に対しても仏教式の死者供養が望ましいとする動きがおこったとしても、それが大和田の家々や中野の三戸の場合にはただちに個々の埋葬地点への石塔造立というかたちへとはなかなかなり得なかったのではないかと推定されるのである。

ただ、一般に享保期以降、この地域では埋葬墓地への仏教式の石塔造立を望む動きが存在したということ自体は、それ以後三本木や岾上の墓地に例外的ながらも一部に個人の石塔が建てられてくるということからも推定されるところであろう。しかし、その享保期より以前においては、この地域では、普光明寺を檀家寺とする寺檀関係が整備されていった段階においても、埋葬墓地に対する檀家寺の住職による関与はほとんどなかったのではないかと考えられる。(20)それは現在の葬送供養の諸儀礼においてさえ、埋葬墓地に対して寺僧の関与する部分がほとんどないといってよいような状態であるということからも推定されるところである。

三　葬送・供養・魂祭

では次に、この大和田での具体的な葬送儀礼と先祖供養、先祖祭りの実際についてみてみよう。

1　葬送儀礼

〔末期の水〕　臨終の直前には末期の水といって脱脂綿などに水をふくませて死者のくちびるをぬらしてやる。

〔北枕〕　いよいよ亡くなると、枕を北にして寝かせる。坐棺から寝棺へと変ったのは大正期以降のことだというが、かつての坐棺のころには死後硬直しないうちにあぐらをかかせておいてから横にしたという。そうしないと坐棺に納められないからである。寝かせて布団をかけた上には魔除けのためといって刀などの刃物をのせる。枕元には一本ローソク、一本線香、それに茶碗かコップに入れた水、枕飯、枕団子などを供えておく、部屋は奥の間などが多く使われた。

〔枕飯〕　枕飯は死後すぐに炊いて御飯を高盛りにして箸二本をつき立てておく。これは死者の枕元に供えておき、納棺の後は祭壇に供え、埋葬のときには墓地までもっていく。

〔ブクヨケ（服除け）〕　家に死者が出ると、ブクヨケといって仏壇を閉め、座敷の大神宮様《だいじんぐうさま》の神棚や勝手《かって》の恵比須・大黒など家の中の神々の前に白紙を貼る。四十九日までそうしておく。死の穢れをブクといい、身内の者が死んでブクがかかっている間は神参りはできない。

〔枕団子〕　枕団子は米の粉で作る。死亡当日まず六個つくり、埋葬の日まで毎朝六個ずつ作って死者へ供える。そして最後にはそれら全部を埋葬のとき墓地へもっていき墓前に供えておく。これを土産団子《みやげだんご》ともいう。家によってさまざまで、枕団子は四九個作るという家もあれば、五、六個ぐらいだという家もある。

〔クミへの連絡〕　死者の出た家ではただちにクミへ連絡する。するとクミの人たちがすぐにかけつける。クミは家並みにしたがって五戸程度ずつでできている。そしてクミとは別にそれぞれの家にとって道路をはさんでのムコウサンゲンリョウドナリ（向う三軒両隣）というつきあいもあり、それらの家からもかけつける。クミとムコウサンゲンリョウドナリとがその家にとって重なる場合も重ならない場合も当然あるが、これらの家からは夫婦二人ずつで来てくれる。すぐにイイツギ（言い継ぎ）で講中の家々に連絡がまわる。

〔諸役分担〕　クミの人たちが中心となり、葬儀のための諸役の分担や手順が話し合われる。諸役には、帳場、死に使い、寺や役場への連絡、葬具作り、穴掘り、台所仕事などがある。帳場の受付けや、死に使い、それに寺や役場への連絡は、クミの中から選ばれた人がこれにあたる。葬具作りは、講中の人たち全員でやり、穴掘りは床取りともいってタイヤク（大役）で、五人ずつ講中の家々で順番が決まっていて、それにしたがってつとめる。台所仕事はクミやムコウサンゲンリョウドナリにあたっている家の婦人がこれにあたる。

〔死に使い〕　親戚の家への死亡通知は、死に使いといってクミの人が必ず二人で行く。自転車で行くこともあったが、以前はみんな歩いた。知らせをうけた家では、お清めとして、冷酒と豆腐を出す。だから、ふだんは「大人が二人でから手ぶらで歩くものではない」などという。

〔埋葬許可証〕　クミの者が医者から死亡診断書をもらい、市役所へ死亡届を出して埋葬許可証をもらってくる。

〔葬具作り〕　昭和四十年代以降、火葬化が進み、それとともに葬儀屋に依頼するようになってきたが、以前はすべて葬具は講中の人々で用意した。

天蓋《てんがい》は、木の枠が保管してありそれに紙を貼って使うが、これと膳椀は講中の持ち回り品である。天蓋の木の枠は三本木講中では普光明寺へ、岾上の講中では寮にそれぞれ納めてある。

四本幡は、竹を切ってきてそれに寺の住職に文字を書いてもらった色紙をつけて作る。

花は、椿の花のように色紙で作る。

また、焼香棒というのも作る。これは竹を割って作った約一五センチほどの棒で、それに寺の住職が半分くらいのところまで半紙を巻いて作る。葬式の読経のとき座席にすわる身内の者だけがこれをもつ。そして、これはあとで埋葬するとき墓穴に投げ込む。

松明《たいまつ》は、藁を太さ六〜七センチくらいに束ねて一対作る。これは葬列の先頭で焚かれるものである。

葬列に参加する者は以前はみんな藁草履をはいたもので、その藁草履もあらかじめ作る。簡略化された今でも施主や棺かつぎの人は必ずはく。これはうっていない荒い藁で作る。

また、棺まきなどに使う縄を綯《な》うのも大仕事で、長さ一尋《ヒロ》が約五〜六尺で、二〇尋を一ボというが、葬具としては二ボほど綯う。一ボは棺をまき、一ボは棺を墓穴に降ろすのに使う。ふだんの縄は藁をよくうって柔らかくして綯うが、この縄はうたないままの荒い藁で綯う。

〔葬儀の日取り〕　日取りは家族と親戚とが集まって決める。死亡の日の次の日かその次の日のことが多く、友引の日は避ける。

〔シッセニ（出銭・死銭）〕　講中のうち、一番最近に葬式を出した家の者がシッセニといってお金を集め、葬式の朝、喪家にもってきて仏前に供える。シッセニは棺代だといい、むかしは一〇銭ずつであったが今は一〇〇円ずつになっている。

〔香奠〕　香奠は早物代だともいわれる。喪家と深いつきあいのあった家から思い思いにお金や米でおくられる。また、クミではこれらとは別に話し合っていくらかのお金をおくる。

〔湯灌〕　湯灌に使う湯は、ふつうのかまどは使わずに、庭に三本の木を交差させて円錐状に立て、その頂点から針金で鍋を吊るして薪を燃やして沸かす。そして、逆さ水といってあらかじめ盥《たらい》に水を入れておいてそれにあとから湯を入れてうめる。死者の寝かせてある部屋の床をあげて死者を裸にして家族と親戚の血の濃い者とで身体を洗う。むかしはふんどし一本になって盥を逆さにした上に死者を坐らせて上からおさえて洗ったものだという。最近では簡略化されて布で身体をふいてやるだけになってきている。湯灌の湯は部屋の床の下などに捨てる。使った手桶や柄杓は柳瀬川の淵などに捨てた。

〔死装束〕　湯灌がすむと、経帷子《きょうかたびら》の白装束の旅姿に着替えさせる。白装束は白の晒で近親の女性が手分けをして引っぱりあいながら縫う。そのとき糸の結び目は作らない。だからふだんは女の人が着物を手分けして縫うと縁起が悪いという。頭には三角の白い布を巻き、手甲、脚半をつけ、足袋に草鞋をはかせる。最近では浴衣を着せるだけの例も多い。

〔納棺〕　湯灌がすみ死者に白装束を着せると近親者が納棺する。死出の旅路の杖として、手でもつ部分に麻縄を巻いた桑の木の杖を入れてやる。また、生前に愛好した持ち物などを入れ、中で身体が動かぬように着物や袢纏《はんてん》などをつめる。また「死ねば六文」といって晒で頭陀袋を作って六文銭を入れた。穴掘りのときにはそうした銅銭がよく土の中から出てくる。

〔通夜〕　葬儀の前の晩に通夜をする。寺の住職が来てお経をあげてくれる。参集した人々には冷酒と豆腐が出される。血の濃い親子兄弟は交代で夜が明けるまで寝ずに死者のそばにいる。線香やローソクなどの火はずっと絶やさない。

〔葬儀〕　座敷に祭壇が作られて棺が安置され、僧の読経や人々の焼香が行われる。

〔出棺〕　棺はタイヤク（大役）の人、つまり穴掘り役の人がかつぐ。穴掘り役は五人ずつであるが、穴掘りがすむと一人だけ穴番として残り、あとの四人が帰ってきて棺をかつぐ。棺を縄でかたく縛って縁側からかつぎ出す。この時の藁のごみなどもあるが、出棺後はとにかくすぐにその部屋を箒で掃き出す。昭和になってからはかつぐのではなく二輪の車で運ぶようになった。

〔庭どむらい〕ていねいな場合には、庭でも僧に読経をしてもらい、このとき棺をかついで庭に立てた幡のまわりを三回まわった。むかしは裕福なお大尽《だいじん》の家では出棺のときに子供や乞食などにおまんじゅうを配ってやったりもした。

〔床取り〕穴掘りのことを床取《とこと》りともいい、これはタイヤク（大役）であるという。講中の家々がその家並みの順に五戸ずつ決まっている。その家に妊婦がいる場合にはとばして次回にまわす。つとめるのはふつう男で、葬式当日の朝、墓地へ行って穴を掘る。六尺掘るのがふつうだという。焚火をしながら掘る。昼食には台所仕事の婦人が持ってきてくれる重箱のものや酒を飲み食いするが、そのときの食べ物にはいつも豆腐がついている。穴掘りが終わると、穴には木をさしわたして鎌などをぶらさげて魔除けとし、前述のように一人が穴番として残って、あとの四人は棺かつぎのために喪家へもどる。埋葬のとき、最後まで土をかけそこを整えておくのもこの床取りの役目である。

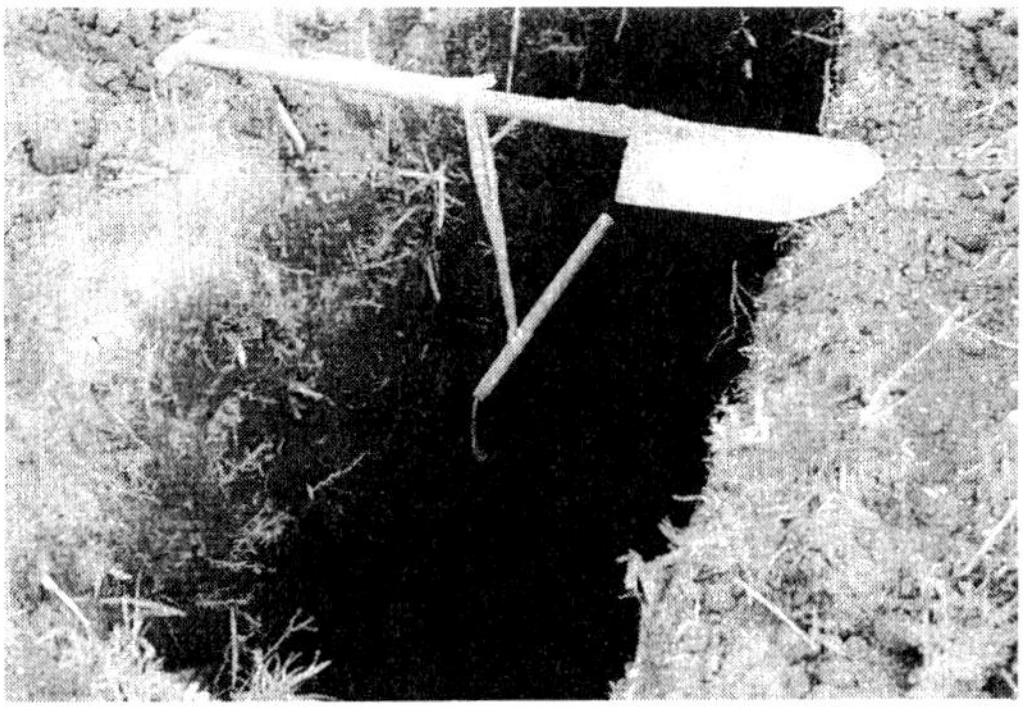
第30図　床取り（掘った穴には魔除けのために鎌を吊り下げておく。三本木墓地）

〔服装〕葬儀に際しては、家族や親戚は黒い紋付の、男は羽織に袴、女は着物で、クミや講中の人たちはふだん着である。家族や親戚など身内の者は以前は黒でなく白い着物を着たという。とくに女性は白一式で、着物、帯、帯しめなどすべて白いものを着た。むかしは、嫁入りのときみんなモ

第31図　葬列（膳と位牌が続く。三本木講中）

ヨウといって着物の下に白の着物を着てきたものだが、そのときの白い着物を着たという。棺をかつぐタイヤク（大役）の人は寺に保管してある背中に白く卍字を染めぬいた黒い印袢纏《しるしばんてん》を着る。葬列に参加する人は以前はみんな藁草履をはいた。とくに喪主は今でも藁草履をはいていき、下駄持ちの人にもってきてもらった下駄にはきかえて帰ってくる。

〔葬列〕　葬列の順序はおよそ次のとおりである。

松明《たいまつ》（藁を束ねて作ったもの一対、講中の人が持つ）→花（茶の木の枝に赤い紙と白い半紙で花を作ってつけたもの二本、それに金銀の蓮の花の例もある。最近は生花の例もあるが生花はむかしはなかった。講中の人が持つ）→膳（枕飯・枕団子・お茶など、喪主の妻が持つ）→写真（これは最近みられるようになったもので膳の前につくことも多い）→位牌（跡取り、つまり喪主が持つ）→幡（四本幡のうち、二本ずつ棺の前後につく。講中の人が持つ）→棺（タイヤクの四人がかつぐ）→親戚→講中。

〔出棺後〕　葬列が出ても、クミの人たちやムコウサンゲンリョウドナリの人たちはそれに参列せずに喪家に残って下働きをする。僧も墓地へは行かず、喪家に残って十三仏の掛軸に向って読経する。十三仏の掛軸の前には机をおき、お茶の花と呼ばれる講中の人たちが作った紅白の造花を立てておく。そのあとで、ショウバン（相伴）の者が下座につき、僧を中心として四～五人で会食をする。それが終わると僧は帰る。

〔埋葬〕　墓地へ着くと埋葬であるが、長寿であった人の棺を巻いた晒や位牌にかぶせた布などはみんな欲しがる。

晒の布を手拭いにするなどいろいろ使ったり位牌の布で財布を作ったりすると縁起がよいという。晒はふつう床取りの人に均等に分ける。

埋葬は、まず喪主をはじめ身内の者が最初に少しずつ土をかけ、焼香棒を投げ入れる。喪主のはいてきた藁草履や、天蓋に貼ってあった紙や四本幡の紙なども一緒に埋める。埋める作業は床取りの人たちが最後までやってくれる。土をかぶせ終わると、その上に四本幡で持ってきた青竹四本を円錐形になるようにさし立て、まわりを縄でぐるぐる巻きにしばる。縄は時計と逆回りに巻く。この縄は棺をしばっていた縄を用いる。そして、埋めた死者の頭の上あたりに七本仏を立てる。七本仏というのは、寺からくれるもので、僧が死者の戒名とひと七日ふた七日と四十九日のなな七日までを書いた小型の板塔婆状のもの七枚が一緒になったものである。これを四十九日まで七日ごとに墓参のおりに家族がはがして土中にさし立てていくのである。膳はそこに供えたまま放置しておくが、土産団子その他の食べ物はまもなくみんな鳥などが食べてしまうという。

第32図　埋葬（作業は床取りの人たちがやってくれる。埋葬した上には四本幡の竹をさし立てて藁縄でぐるぐる巻きにしばる。三本木墓地）

〔野がえり〕　野辺おくりがすむと、講中の人たちは解散してそれぞれ帰宅する。身内の者はみんな再び喪家へ帰る。喪家では家の前に木臼が口を北に向けて横にしてあり、その上に塩がおいてある。帰ってきた人はみんなこの塩を身体にかけて清める。床取りの人たちはさらに風呂に入るなどして清め、そのあとで座敷で上座にすわり身内の者たちとともに一同で会食をする。まず、清めといって冷酒を飲む。これに続いて、

第33図　死者の着物（家の裏にかけ，四十九日まで毎日水をかける。新座市片山地区で撮影）

本膳では熱燗の酒がつき、御飯に、おかずはきんぴら、野菜のてんぷら、里芋・ちくわ・さつまあげ・こんにゃくの煮物などである。これは、野辺の膳ともいって、御飯と味噌汁の位置がふだんとは逆になっている。最後にはうどんが出ておひらきとなるが、本膳だから引物がつく。引物は大きな葬式まんじゅうに布団の布地とか晒一反などである。むかしから「おとむらいの日は泊まるもんじゃない」といって、夕方にはだいたいおひらきとなってみんな帰る。

〔台所仕事と食事〕　台所の賄い方はすべてクミの婦人たちの手で行われる。買物帳による買出しから料理一切である。

葬式当日の昼食をシノギという。こんにゃく・里芋・さつまあげなどの煮物に、野菜のてんぷらなどに御飯で、家族や親戚など身内の者とクミの人たち、それに僧もみんな同じものを食べる。以前は講中の者も同じものを食べていたが、今では講中の人たちはおむすびだけになっている。シノギには酒はつかない。

〔講中念仏・勝手念仏〕　葬式の終わった夕方から晩にかけて、親戚などが帰ったあとで、講中の人たちとクミの人たちとそれぞれで念仏をあげてくれる風が昭和のはじめころまであった。まず、講中の人たちがやってきて鉦を叩きながら念仏を唱え、次いでお勝手で働いたクミの人たちが念仏を唱えていた。南無阿弥陀仏を四九回とそれに般若心経なども唱えたが、昭和の初めに話し合いでやめたという。

〔新仏の仏壇〕　新仏は座敷に特別に仏壇を設け、白木の位牌を置き、御飯、お茶、水などを供え、線香、ローソクをあげておく。四十九日までは新仏は先祖と一緒になれないという。

〔死者の着物〕　死者が生前に着ていた寝巻や浴衣などいずれか一着を家の裏の暗いあまり人目につかないようなところに表裏を逆さにして北向きにかけ、それに毎日水をかける。とにかく乾かないようにと朝夕何度もかける。死者はのどがかわくから着物にしみた水を飲みに来るのだといって四十九日までそうする。

〔ハカヒキ（墓ひき）〕　葬式の翌日、喪主と僧とで埋葬墓地へ行き、埋めたところの土を一握りほど半紙に包んで普光明寺の石塔墓地の方の古い石塔の下か、もしくはこれから石塔を建てる予定のところへおく。これをハカヒキ（墓引き）という。これはむしろ僧の主導のもとに行われるもので僧は両方の墓で読経をする。両方の墓に同じように線香と花を供える。これで、死者の魂が埋葬墓地から石塔墓地の方へと移るのだという。また、なかにはこの日に土をとってきて家の中の新仏の仏壇のところへあげておき、三十五日とか四十九日の忌明《きあ》けに寺の石塔墓地の方へ移すという人もある。

〔墓参〕　埋葬後、ひと七日までは毎日家族の者のうちの誰かが必ず埋葬墓地へまいる。オサンゴ（お散供）といって洗米や水を供え線香を立ててまいってくる。

〔ひと七日〕　家族全員と親戚の者たち、それにクミとムコウサンゲンリョウドナリの人たちで埋葬墓地と石塔墓地の両方へまいる。供物は両方ともオサンゴ（お散供）、花、線香などで、埋葬墓地では七本仏を枠から一本取って土中にさし立てる。この七本仏は前述のように七日めごとにそうしてさし立てるので四十九日にはすべて枠からなくなって土中に立てられることになる。これで忌みが明けるのだという。ひと七日にはぼた餅やまんじゅうを作り、新仏の仏壇にも供え、おまいりにきてくれた人や僧にも食べてもらう。僧は墓地へはまいらず、新仏の仏壇にだけ読経してくれる。最後にはみんなうどんなどで食事をする。酒も出る。

〔四十九日〕　忌明けはふつう四十九日である。月末に亡くなったような場合、三月がけをきらって三十五日にする例もある。四十九日の間は死者の魂は家を離れずに家を見まもっているともいう。この日には、ひと七日と同じように、親戚やクミ、ムコウサンゲンリョウドナリの人たちが集まる。一同でまず埋葬墓地の方へまいり、家へ帰って新仏の仏壇を拝む。このとき僧が家に来てくれて読経がある。僧は埋葬墓地へは行かない。これで新仏の位牌もそれまでの白木の位牌から黒塗りの位牌となり、仏壇へ納められる。そして、みんなで寺の石塔墓地の方へまいる。なかには、このときハカヒキのためにとってきておいた埋葬墓地の土を石塔墓地の方へ移す例もある。最近、火葬になってからはこの日に火葬骨を石塔墓地の方へ納骨するという例も多い。そして喪家に帰って一同で飲食する。

〔四十九の餅〕　四十九日には、四十九の餅というのをむかしは搗《つ》いていたという。四九個の小さい餅をつくり、その餅を背負って埋葬墓地へ行き、そこでいくつかを墓に供え、残りをクミや講中の人たちに分けて、もらってもらう風があった。長寿であったような人のだともらい手も多かったが、若い人のだともらい手もあまりなく、そんなときには墓地に置いておいたものだという。現在では、四十九の餅代だといっていくらかのお金を寺に納めている。

〔百ヵ日〕　百ヵ日には死者の子供が集まって墓参りをする程度で、省略することも多い。

〔墓上装置の処理〕　埋葬地点に設《しつら》えておかれた円錐形の竹の装置は、朽廃したころに適宜とりはらう。期日にはとくに決まりはなく、一年目か二年目の盆の墓掃除のときなどのことが多い。そのとき、埋葬地点の目印にと自然の生木をそこに植える例が多く、埋葬墓地にはそれらが根付いたものがたくさんみられる。

2　死者供養・先祖祭り

〔年忌〕　特定個人の死者の年忌には、年を追って供養が行われる。年忌は一年、三年、七年、一三年、一七年、三三年と行うのが一般的である。なかには、早く亡くなった親の場合など五十年忌を行うという例もあるにはある。ただ、「年忌に催促なし」という言葉もあり、一周忌とか三年忌くらいまではみんなやるが、それ以後は三十三年忌が一応最後なのでやる程度で、その他はごく簡単にすませるか省略することも多い。一周忌には、親戚やクミ、ムコウサンゲンリョウドナリの人たちが集まって埋葬墓地へまいる。その死者の石塔がもう建ててあれば石塔墓地の方へもまいる。石塔を建てるのはそれぞれの家の都合しだいで時期などに決まりはない。僧も家へ来てくれて、一同で仏壇をおがみ、そのあとで飲食する。三十三年忌を一応最終年忌というが、そのときとくに弔上《とむらいあ》げというような儀礼はない。

〔盆〕　特定個人の死者の供養というのではなく、先祖諸霊の魂祭りともいうべきものとして、毎年、盆の行事が行われている。現在では月おくれの八月に行われる。

八月十三日が先祖さまのお迎えで、この日は朝から座敷へ盆棚を作って準備する。仏壇から仏具や位牌などすべて出して盆棚には掛軸をかけめぐらせ、新しい花茣蓙《はなござ》を敷いてその上に位牌を並べる。

位牌は、くり位牌といって薄い板片に死者の法名と俗名、それに没年月日を記したものを数枚から十数枚ばかり一つの容器に納めたかたちのものと、一枚ずつ黒塗りの独立したかたちのものとがある。概して、年代的にはくり位牌に記されているものが古いが、それも江戸中期以降の死者の場合がほとんどである。たとえば、観音堂の本尊である木造聖観音菩薩像の胎内に納められていた経木位牌の類[21]などそれらと同種のものである。また、調査に協力していただいた時田耕作家の例などでみると、かつて先祖の五十年祭を寺に依頼して行ったときそれら古くからのくり位牌を持参してそれ以後行方不明となってしまったといい、現在仏壇にまつられているのは、次のような記事のみられる二枚だけである。

（表）

芙林道林信士
容盛妙香信女
　位
寛秋妙円信女
高岳浄栄信女

（裏）

明治四十二年七月廿一日　俗名亀次郎
明治十四年一月七日　妻せん
明治十四年九月廿一日　仝　多き
大正六年十一月八日　仝　可ね
施主　時田喜三郎

（表）

昭和五年五月二十日
亮徳道喜信士
順徳妙誓信女
昭和十六年十月十三日

（裏）

俗名　喜三郎
妻　とり
施主　時田耕作

供え物としては、野菜の初物や果物などをあげ、棚の上部に張りわたした茅萱《ちがや》の細い綱にもさつまいもやとうもろこし、ホウズキなどを吊るしておく。

先祖さまのお迎えは夕方で、家族みんなで行く。迎えに行く場所は家によってさまざまである。本来は埋葬墓地と石塔墓地の両方へ行くものだというが、概して岾上講中の方では埋葬墓地へは必ず行くが石塔墓地の方へはその道の途中までで帰ってくるといい、逆に三本木講中の方では石塔墓地の方へは必ず行くが、埋葬墓地へは行く人もなかにはいるもののその道の途中までで省略する人が多いという。いずれも近い方の墓地へは行くが遠い方へはつい省略してしまうのだといっている。もちろん、これは、盆の十三日の先祖迎えと十五日の送りのときだけで、ふだんの墓参りは両方の墓地へ同じようにまいっている。お迎えは、提灯をもって行き、「お迎えに来ました」などと声をかけて、そこで提灯に火をともして帰宅する。帰るときなど、子供たちに「ご先祖さんが一緒に来たから体が重くなっただろう」などといったりする。家につくと、その火を盆棚の灯明としてローソクにつける。このとき水向けといって盆棚においてあるどんぶりの水をみそはぎを束ねたもので周囲にふりかけ、そばに敷いてある大きな里芋の葉へもかける。先祖さまへのお供えの膳は、家族が食べるのと同じものである。また、盆棚の下には無縁仏へといって小さな台をおいて少しのお供えをしておく。十四日を中心として、盆には親戚同士でさかんに行き来してごちそうを食べる。

十五日が先祖さまを送る日であるが、この日にはなすやきゅうりで馬を作り、ショイナワ（背負い縄）といってやや太めの平たいうどんを作ってその馬の背にかけ、また盆棚に張りわたしてある茅萱《ちがや》にもかけておく。また、土産団子《みやげだんご》といって白いふかしただけの団子も作って供える。この十五日の夜おそく、およそ十時ごろに、迎えたときと同じように家族みんなで送って行く。提灯に火をともして、「この明かりとともに、足元に気をつけて」などと声をかけ、迎えに行った所まで送って行き、「お粗末でした。また来年もどうぞ」などといって、そこで提灯の火を消して帰る。

十六日は、地獄の釜のふたもゆるむ日だとか地獄の子供まで遊ぶ日だといって仕事を休む。ツギ盆とかサイニチ（斎日）などといい、またヤブイリ（藪入り）ともいって奉公人などは実家へ帰るなどした。この日は朝のうちに盆棚をかたづけ必ず埋葬墓地と石塔墓地の両方へまいる。

二十四日をうら盆といい、とくに、この日は盆の間におまいりできなかった人が墓参をしたり、家の仏壇におまいりにくる。ぼた餅やうどんなど変り物を作って仏壇に供える。この日はもともと寺で施餓鬼がある日であったが、最近では施餓鬼は十四日に行われている。

なお、初盆の場合には、来客も多くとくにていねいで、八月六日か七日ころから早目に軒下に灯籠を出しておき、毎晩火をともしてこの二十四日にかたづけるという例が多い。

〔正月〕　一年間のうち、とくに墓参をすることになっている日というのが、盆の他にもある。それが正月十六日である。「正月十六日にまいると一年分まいることになる」などといっている。線香や水などをもって両方の墓地へ同じようにまいる。とくに決まったお供え物というのはない。なお、この正月十六日はちょうど盆の十六日と対応するように両方に共通した行事が多く、地獄の釜のふたのあく日とか、ヤブイリで奉公人も実家へ帰る日という。

〔彼岸〕　春と秋の彼岸には両方の墓地へ同じようにまいる。オサンゴ（お散供）に花、水、線香などをあげてまいる。家ではぼた餅やうどんを作って仏壇に供え、家族も食べる。

3　死の穢れと忌み――血縁・地縁・無縁――

では、以上のような大和田に伝えられてきた葬送造墓と死者供養、先祖祭りの諸儀礼について、少し整理してみよう。

まず、葬送の作業への人々の関与と分担という点から注意してみると、およそ第19表にみるように、同じ死に対処するとしても、その死者との関係によってそれぞれ人々の関与すべき作業分担がはっきりと区別されているというこ

第19表　人々の葬送儀礼への関与と作業分担

血　縁	地　縁		（社　縁）	無　縁
家族・親族	クミ・ムコウサンゲンリョウドナリ	講　中	友人・仕事仲間その他	僧
末期の水 北枕 枕飯・枕団子	 諸役手配 帳場・死に使いなど	 葬具作り		
（親戚からは香奠）	クミからのお金	シッセニ	香奠	
湯灌 納棺	台所仕事			
通夜（夜トギ）	通夜（下働き）		通夜	通夜(読経)
葬式 野辺送り（白装束）	葬式 勝手念仏	葬式 野辺送り（ふだん着） 床取り 講中念仏	葬式 野辺送り（喪服）	葬式 十三仏供養
ひと七日 四十九日 一周忌 三十三回忌	ひと七日 四十九日 一周忌			ひと七日 四十九日 一周忌 三十三回忌

とがわかる。死者と血縁的関係にある家族や親族は終始一貫して死者・死体と密着しており、直接的に死体を取り扱う作業を分担する。これに対し、地縁的な関係にあるクミや講中などは死者・死体からは一定の距離を保ちつつ、葬送の作業の実際的な下働きの部分を担当する。ただ、棺かつぎと穴掘り、そして埋葬、という死者・死体に接触せざるを得ない作業のうちの一つは、講中の家々の間でのまわりもちの当番制となっている。これは死と葬送という作業があくまでも社会的な認定を不可欠とする公的な儀礼行為であり、したがって、具体的な死体処理の作業は単に身内だけでは決して完了し得ないものとする人々の考え方を示すものと推定される。一方、学校や会社などの類を通じて成立した人間関係をここで仮に社縁的立場の人々と考えておくと[22]、彼らはただ香奠を持参して通夜か葬式に参列するだけである。これらに対して、檀家寺の住職その他の僧侶たちは死者にとっていわば無縁的立場の人々と規定できよう[23]が、彼らは死者・死体に接近して読経など特殊な呪的作業を分担している。

こうして、人々の立場上の差異は作業分担の差異ともなっているわけであるが、それは同時に死のブクのかかり方、つまり死の穢れとそれに対して要求される忌みの度合いの差異としてもあらわされている。たとえば、血縁的立場の人々、とくに死者の家族は少なくとも四十九日の忌明けまでは重いブクがかかっているとされ神社参りなどはできないし、その後もおよそ一年間は祭礼、正月、盆などの諸行事でやはり一定の死のブクの影響下におかれている。これに対し、地縁的な立場の人々は直接死体に接触することはなく、ブクのかかる度合いも少なくて、葬儀の前後の日常生活の中で特別な忌みや慎しみは要求されてはいない。ただその中でも床取り役だけは、直接死体に接触する作業にたずさわるため特別な清めの手続きを必要としているが、その場合でもその清めの手続きさえふめば、日常生活にとくに影響をうけてはいない。一方、無縁的立場の僧侶というのは、直接、死体に接近して読経など特殊な作業を行うが、彼らはとくにそのブクがかかった人物としてその前後の日常生活の中で忌みを要求されることはない。あくまでも特殊職能者と見なされており、死の穢れからも自由な存在となっている。そして、こうしたそれぞれの立場の相違は、葬式と野辺送りに際しての服装の上での差異としてもよく表わされている。血縁的立場の人々が白装束をつけるのは、同じ白装束を身にまとった死者とともに、その死出の旅路へ、生死の境界的時空へ、と一歩わけ入っているということを象徴的に表現しているものとみることができる。また、地縁的な立場の人々は、日常的なふだん着のままでいることによって死への直接的な接触を避け、生死の境界的儀礼に関わることを忌避しているものとみることができよう。ただ、棺かつぎ役の場合だけは仏の力を象徴する卍字の染めぬかれた黒色の印袢纏を身につけることによって死穢や死霊からの防御をはかっているものとみることができる。そして、僧侶はその無縁的立場を象徴すべく僧衣を着して参加しているのである。

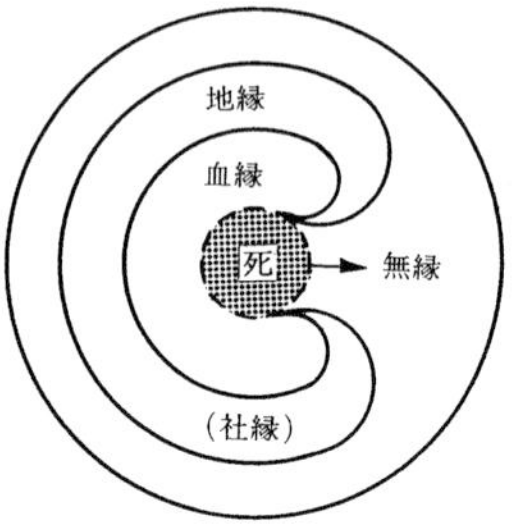

第34図　死をめぐる「縁」の模式図

そこで、こうした死と死の穢れをめぐる人々の関係の模式図をえがいてみると、第34図にみるようなものとなろう。血縁的立場の人々にとってはその内部に死者を出したわけであり、血縁という生存の上での密着関係が同時に死への密着関係とも観念されて死の穢れに染まる存在と見なされている。これを遠巻きにしながら地縁的な立場の人たちはその死と死の穢れとをなるべく早く安全裡に送り出し祓おうとする。しかし、彼らは直接死者に接触しようとはしない。むしろ、自分たちに死の穢れが波及するのを防ぐために、死の穢れに染まりながらも自分たちと社会的関係において接触せざるを得ない血縁的立場の人たちに対して相応の忌みを要求しているのである。そして、そこに関与してきて、死と死の穢れをよく処理してくれるのが無縁的存在で特殊職能者とみとめられている僧侶たち、というかたちになっているのである。彼ら僧侶たち、無縁的立場の人々は、もともと血縁的立場の人々と地縁的立場の人々とが処理すべき、彼らにとっての関係者の死というやっかいな問題を、その無縁性のゆえに愛情や畏怖という私的な感情や、また穢れと忌みという社会的な特殊意識を超越して処理してくれる非常に便利な存在となっている。ただし、ここで注意されるのは、この一連の葬送儀礼にあって、こうした僧侶たちの関与する部分が非常に少ないという点でもある。また、そうしたなかで、唯一、僧侶が深く関与しているのがハカヒキ（墓引き）の儀礼であるが、それも一連の埋葬儀礼への関与というのではなくむしろ、石塔に対するいわば機能強化のための処置とみることができよう。

4　葬送と供養の諸段階

では、次に死亡から埋葬、そして墓参供養という時間的経過と儀礼の展開についてみてみよう。

第20表が葬送供養の諸段階における供物や装置などについて整理してみたものである。ここでは、死者とその葬送ということについて人々がどのように考えてきているのか、その基本的なあり方についてさぐる上で、まずは、人と人とを象徴的につなぐものとしての食物や火、それに死者の霊魂の容れ物とか依代としての象徴性をもつ着物や位牌などの取扱いが注目される。

食物の場合、死亡後ただちに炊かねばならないとされている枕飯は、常に死者のそばへと供えられて箸を立てておかれるように、死者のための食物であり、死んで間もない不安定な死者の霊魂を安定させておくための機能を期待されてのもののように思われる。死亡当日から埋葬まで毎日作っては供えられる枕団子も同様のものと思われる。それに対し、四十九餅の方は死者だけでなく家族や親族、それにクミや講中の人たちにまで食べてもらうものとされていることからみてもわかるように死者との別れを強調するための食い別れのための機能が期待されているものと思われる。(24)

火の場合も、死者のそばではローソクの火や線香の火が絶えずたかれ続けて、決して絶やしてはいけないといわれ、重要なものとされている。こうした死者にとっての固有の火への固執は、野辺送りの葬列の松明《たいまつ》の先導というかたち

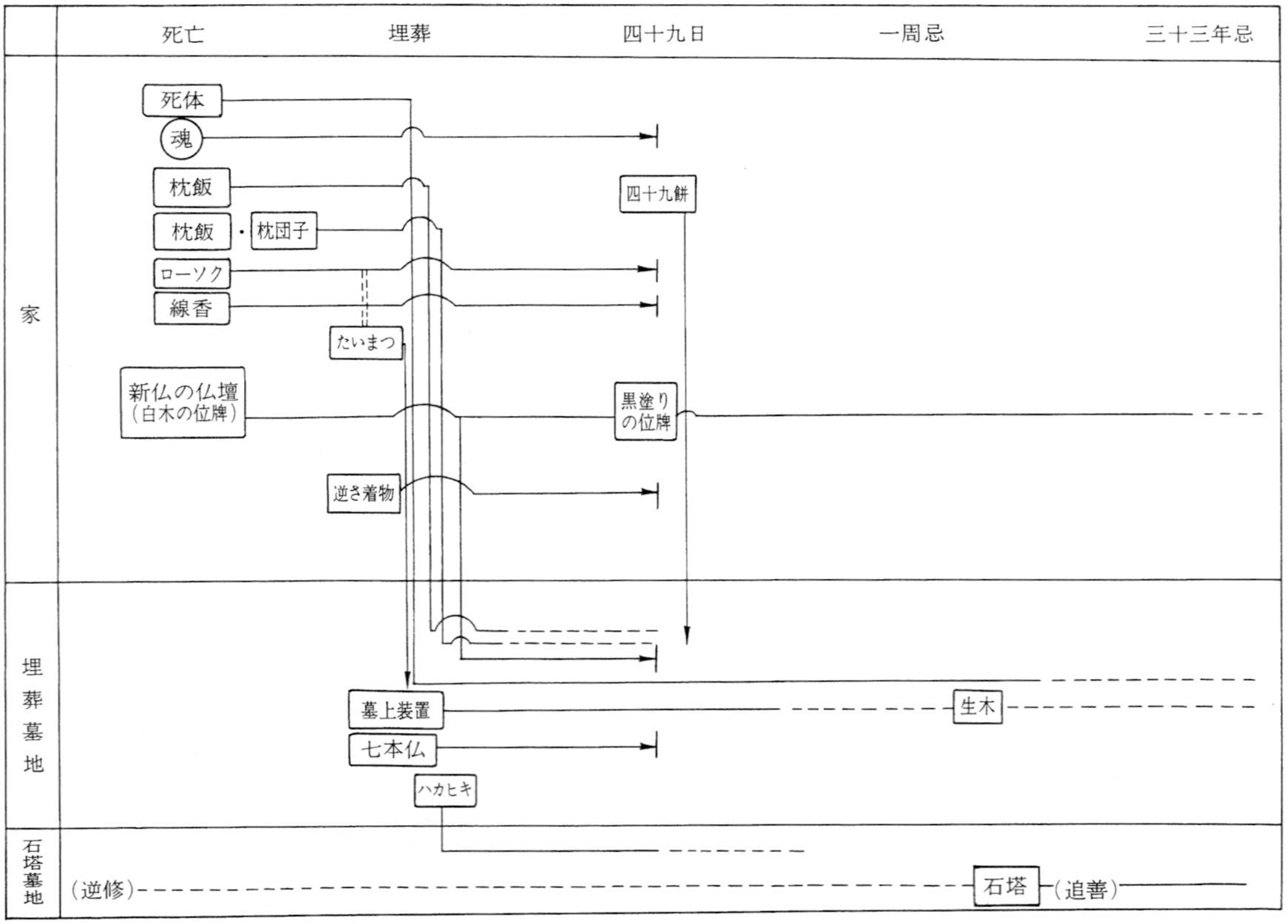

第20表　葬送供養の諸段階における死体・供物・装置などの移動

でも儀礼的に表現されており、また、その後も四十九日までの近親者による墓参のおりには線香やローソクの火は欠かさないというところにもよくあらわれている。

一方、着物や位牌の取扱いではやや矛盾ともいうべき状況もみられる。着物は家の裏へ掛けられ水を手向けられ、それとともに死者の魂はまだ四十九日の間は家の中にとどまっているといわれるのに、肝心の死体はもうすでに埋葬墓地へと移動し、そこに枕飯などの食物も松明の火も移され七本仏の板塔婆も立てられるようになっている。白木の位牌も野辺送りで死体とともに埋葬墓地へと移動しているのに、その一方ではもう一つ白木の位牌が用意されて家の中で新仏の祭壇が設えられてそこにまつられ供物をささげ火もともし続けられる。一体、埋葬から四十九日までの期間というのは、死者の霊魂はどこにいると考えられているのか、この点が非常に曖昧である。この曖昧さの背景としてあるのは、死体そのものに固執しながらも霊魂はまたそれとは別に浮遊するものであるとする人々の考え方であろう。そして、そうした考え方のもとで死者の霊魂の所在について厳密に追求したり、固定的に決定しようとはしない、いわば柔軟な態度がそこにある。矛盾ではあるが、それがこのような事例の特徴であるともいえよう。

さて、こうして死体の取扱いから、食物、火、着物、位牌の取扱いについてみてみると、この事例における葬送儀礼の最も中心的な画期は、埋葬の時点よりも四十九日の忌明けの時点となっているということがわかる。埋葬はいわば死体の移動にすぎず、死者とその霊魂に対する葬送の諸儀礼はずっと四十九日まで変らず継続しており、それらは四十九日をもってはじめて完了するとされているのである。したがって、この期間の七日ごとの墓参というのも、盆や正月の場合のような季節を限っての訪問というかたちの墓参とは性質を異にし、むしろ死亡直後から通夜の夜トギなど死者のそばに必ず近親者が付添い続けてきたそれまでの状態の継続という意味をもつものとみるべきで、そうした死者のそばへの近親者の付添いの完了が四十九日の四十九餅の食い別れによって儀礼的に表現されているものとみることができる。

そして、それ以後は、家の中の仏壇に位牌がまつられ、埋葬墓地には目印の生木が植えられ、また石塔墓地には石塔が建てられたりハカヒキによって魂移しがはかられて、それぞれ死者の霊魂の目印の装置として機能しているのである。そして、一人の死者に対してこの三つの装置がそれぞれで機能しながら一周忌、三年忌と年忌の供養をうけていき三十三年忌の供養をもって一応完了して死者の個性は失われ、大勢の先祖諸霊の中へと吸収され融合していくかたちとなっている。

この、一人の死者に対してそれぞれ性質の異なった三つの装置が同時併存的に設置され、それで矛盾が生じていないというところがこのような事例の特徴ということでもあるわけであるが、それは、先にみた埋葬から四十九日までの期間にみられた死者の霊魂の厳密な所在について曖昧なままにしておく人々の考え方にも通じるところがある。

5　先祖祭りと他界観

さて、三十三年忌もしくは長くて五十年忌をもって最終年忌とし、それ以後は個性を失うとされる先祖諸霊に対しては、人々はどのように対処しているのであろうか。そこで、次に注目されるのが彼岸や盆、正月の墓参りや先祖祭りの行事である。春秋の彼岸と盆、正月の墓参りは人々の記憶の中にある特定個人の死者のためでもあると同時に、それ以上にそれぞれの家の先祖全体に対するものとされており、埋葬墓地へも石塔墓地へも同じようにまいっている。

そして、これらのうちでとくに注意されるのはやはり盆であろう。

盆の行事というのは、単なる墓参りにとどまらず、ことさらに先祖を家の中へと迎えてきてもてなすという点に特徴がある。この期間には親戚の者たちもさかんに往き来して、それぞれの家の先祖が迎えられ、まつられる座敷の盆棚の前で酒食をともにする。先祖はその送り迎えから食事の接待まで、目には見えぬものの、人々はまさにそこに彼らがいるがごとくに声をかけてはもてなしている。そうして、先祖たちはそれぞれの個性は失いながらも年に一度はその子や孫たちの家を訪れてくるものと考えられているのである。

では、そうした先祖たちはどこから、どこへと迎えられているのか、という、その関係を図式化してみたのが第35図である。埋葬墓地および石塔墓地から目に見えぬ先祖たちを迎えてくる。それは家の座敷へ作られた盆棚へとまつられる。その盆棚にはふだん仏壇の中に納めてある位牌や仏具の類がすべて出して並べられ仏画の掛軸などがかけめぐらされている。この関係は、ふだんは並立している、埋葬墓地と石塔墓地と仏壇、という三つの死者をめぐる装置が、とくにその期間だけは特別に新たに設営される盆棚という装置を中心として結びつくということを示すものである。三つの装置が並立、併存し、非常に曖昧で矛盾したようなふだんの状態がこのときばかりは盆棚に先祖諸霊の祭祀装置が集約されて、そこで完結しているのである。

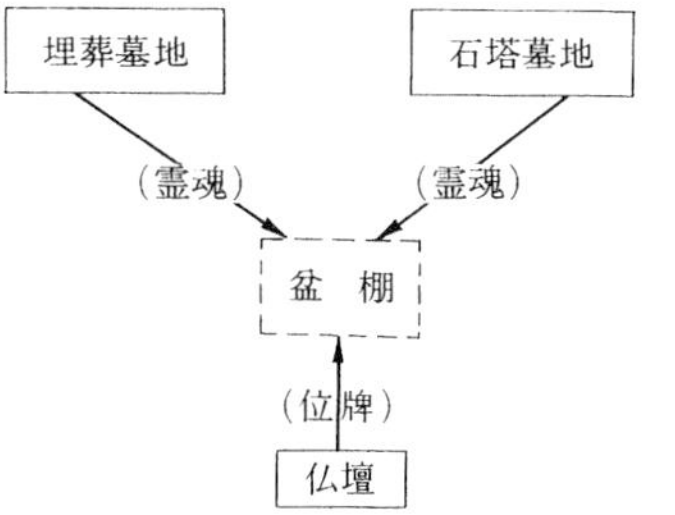

第35図　盆の期間中における先祖の霊魂の移動についての人々の感覚

そうしてみると、この事例では、盆の行事というのは、すでにこの世にない先祖たちとその子孫たちとの一年に一度ずつの交流でもあると同時に、ふだんは並立している死者をめぐる三つの装置の年に一度の集約と完結の作業ともなっているということになる。そして、そこで迎えられた先祖が盆棚に並べられた位牌にまつられるということからすると、逆に位牌というのは、この事例の場合、常にそこに先祖の霊魂が宿っている強力な装置というのではなく、むしろ、こうした定期的な先祖迎えの儀礼の繰り返しによってその機能の再活生化がはかられている、いや、むしろそうした作業を常に必要としている装置であるということにもなるであろう。

それは、位牌が家の仏壇に納められていながらも、直接、死体と関係があるものでもなく、かといって僧侶によってとくに魂移しの儀礼が行われているわけのものでもないということによるのであろうか。ともかく、この事例では、先祖の迎えや送りに際しては墓地が重視され、それも、すでにハカヒキ（墓引き）で魂移しが行われているはずの石塔墓地の方だけでなく、むしろ遺骸の存在する埋葬墓地の方がより重視されているという点が注意される。人々は、先祖の霊魂の宿っている場所として、ひとつには石塔墓地を考えているのであるが、その一方で、どうしても埋葬墓地の方をも強く意識せざるを得ないという状況にある。

では、そうした先祖諸霊の存在がどうしても意識されてしまう埋葬墓地について、ここで少し注意してみよう。すると、そこが、死体の直接埋められている場所であるという点の他に、先にものべたように、三本木の墓地にしても岾上の墓地にしてもいずれも集落のはずれの畑の中や林の中であることが注意される。そして、それも単なる野原や林や河原というのではなく、この事例ではいずれも清戸下宿とか野火止とか他の集落へと通じる道路沿いに立地しているという点が見逃せない。これは偶然の立地ではないのではないか。というのは、この大和田では、そうした街道沿いの集落のはずれに対する人々の特別な境界的感覚ともいうべきものが、とくに岾上の墓地の立地と対応するかのように、川越街道沿いの、名馬鬼鹿毛《おにかげ》の伝説としても語り伝えられてきているからである。

この鬼鹿毛の伝説というのは、ちょうど岾上墓地への入口近くの川越街道沿いの町はずれに建てられている三面六臂の馬頭観音にまつわる伝説で、およそ次のようなものである。

むかし、秩父の庄に小栗某という人がいた。江戸に急用があり愛馬鬼鹿毛に乗って道を急いだ。川越、大井、竹間沢を過ぎて大和田の宿へとかかったころ、名馬といわれた鬼鹿毛もさすがに疲れの色をみせ、ちょうど大和田宿のはずれにかかるとき、街道に出ていた松の根っこにつまづいて、主人もろともそこに倒れてしまった。しかし、さすがは名馬、ただちに起き上り、主人を江戸の目的地へと無事送りとどけたという。しかし、所用を終えた主人が愛馬のところにもどってみるとその姿が見えない。不思議に思った主人はしかたなく愛馬の姿をもとめながら家路を急いだ。やがて大和田の宿に入ろうとするとき、さきほど馬が倒れた場所に、むなしく息の絶えた愛馬鬼鹿毛の亡骸を見つけた。名馬鬼鹿毛は主人の急用を知り、倒れたあとも亡霊となって走りつづけ、主人を無事江戸まで送りとどけたのであった。これを知った小栗某は愛馬の霊をとむらうため、ここに馬頭観音を建てたという。

これは、現在聞かれるところの言い伝えである。もちろんこれがそのまま史実ではない。この馬頭観音の石像はその銘文にも、

（台座正面）

細沼伝ヱ門　武芻新倉郡大和田村
元禄九丙子天　施主
奉造立馬頭観音為日待成就
十二月吉日　敬白
新井利兵衛

（台座右側面）

暘梅貞光（他一二名）

（台座裏面）

竹内□□（他二五名）

（台座左側面）
竹内作兵□（他一二名）

とあるように、元禄九年（一六九六）に、地元の有力者を中心としておそらく馬を使う仕事に関わる人たちが、その供養のためのお日待ちの成就を記念して造立したもので小栗某の造立になるものではない。小栗某という武士への付会は、『新編武蔵風土記稿』もすでに「すべて古へ馬術に長ぜし人といへば、小栗がことに及ぶは世の人しる処なれば、かれに取、是によりてかゝる説も出来しらん」とのべているように、『鎌倉大草紙』[26]の伝える小栗小次郎助重に由来するものであろう[25]。それよりも、『新編武蔵風土記稿』の記すところによれば、次の記事が注目される。

鬼鹿毛松
町の東耕地の内にあり、文化六年の暴風に折れて今は其根のみ路傍に残れり、植つきし松樹は堤の上にあり。その側に小堂を作りて馬頭観音の石像を建つ。長さ三尺五寸、台石に元禄九年丙子十二月造立せる由を刻す。此松の名の馬によりしとて、かく観音の小堂を立しなるべし。其まさしきことをきかず。或はいふ。古松枝をおほひし時、月明き夜はその影の地にうつりしさまおそろしきゆへ鬼影とも云しと。

つまり、この町はずれの場所には古くから松の大木があり、それが鬼影の松と呼ばれていたことがわかる。とすると、この鬼鹿毛の伝説には、もともとは街道沿いの町はずれに立っていた松の大木をめぐる人々の想像力がその基底に横たわっているということがわかる。そして、その立地や話の内容からみる限り、この伝説は川越街道の開通という歴史的背景のもとに語りはじめられたものではないかと推定される。

街道沿いの集落のはずれに立つ一本の松の大木に対し、人馬の往来もようやくさかんとなってきたであろう元禄のころ、人々はその根元に馬頭観音を建てた。そこで、人々のいわば民話的想像力は、馬頭観音の馬ということからたちまちに馬乗りの名人小栗某の話となり、また眼前の川越街道の主要な機能とも関わる江戸への急用の話となり、そして死んでも主人のために走る名馬鬼鹿毛の美談へとみごとな展開をみせているのである。(27)

こうした伝説の内容の構成やその展開にはそれなりに注目すべき点も多いが、ここでとくに注意したいのは、この鬼鹿毛の松や名馬の伝説の基底に横たわっている、人々の街道沿いの町はずれの地点に対する特別な感覚であり、そこに鬼とか愛馬の亡霊などを想像する特別な境界的感覚である。

三本木の墓地はその立地からしても成立の古いことが推定されながらもその間の経緯については不明であるが、岾上の墓地の方は先にものべたように江戸初期の川越街道の開通とそれにともなう新たな集落形成と密接な関係をもつものと推定される。そして、鬼鹿毛の伝説もほぼ同様に江戸初期の川越街道の開通にともなう成立と推定される。とすると、街道沿いの集落のはずれに埋葬墓地を設営し、そこから毎年盆には死者の霊魂を迎えまた送るとしてきたこの大和田の人々の他界への連想は、一方では、街道沿いの集落のはずれの松の大木に特別な境界的感覚をいだき鬼鹿毛の伝説を生み発展させてきた想像力ともたがいに相通じあうものであるといってよいのではなかろうか。

そして、このような街道沿いの集落のはずれの一定地点をもって他界への出入口とみる想像力は道路というもののもつ他の村や町との交通という機能に由来するものであり、この大和田のような街道沿いの宿場町の場合、とくに眼前の道路の人馬の往来の中に他の村や町など世間への広がりを見聞するという生活を展開させてきた中で形成されてきたものではないかと推定される。抽象的な人々の他界観というようなものも、やはりそれぞれの地域社会における具体的な経済生活や社会生活のあり方と密接不可分のものとみるべきであり、とくにこうした街道沿いの宿場としての集落形成がみられたようなところでは、町はずれの道路脇の一定地点に対してこのような特別な境界観念にもとづく各種の信仰的装置が設けられることが多いのではないかということをここでは指摘しておくことにしたい。

ま　と　め

さて、本稿で指摘した事柄は多岐にわたっているが、両墓制の成立と展開という点にのみ限って論点をまとめておくならば、およそ以下のとおりである。

i　この事例における両墓制の成立は、寛永〜万治のころで、それに続く寛文〜延宝期にそのかたちがほぼ定着した。それは、普光明寺の僧による寺院境内への死者菩提のための石塔造立に導かれた有力檀家のその菩提寺境内への石塔造立からはじまったものである。

普光明寺の僧は、当初、檀家の家々の葬送習俗に関与しながらも、旧来の埋葬墓地における諸儀礼にはあまり関与していかなかったらしい。

ii　この事例では、石塔造立の風が定着し、その造立数もピークに達した享保期を境に地元の地蔵講や念仏講などの活動を通じて旧来の埋葬墓地においても仏教式供養を望む動きがおこり、そこに地蔵石像の造立などが行われた。そこでは女性たちの活動もさかんであった。

しかし、この動きは、直接、埋葬墓地への石塔造立へとは展開しなかった。その理由としては、すでに菩提寺境内への石塔造立の慣行が成立していたことと、もう一方では埋葬墓地が講中全戸の共同使用であり、個人の占有を認めない規制力が働いていたことなどが推定される。

一方、ちょうどこのころ以降、石塔の造立趣旨が死者の菩提のためとするものから死者の霊位であるとするものへとその大勢が逆転していき、菩提寺境内に建てられる石塔は死者の霊魂の依る標識と考えられるようになっていった。

なお、付言するならば埋葬墓地の土を一握り石塔墓地へと移すハカヒキ（墓引き）が行われるようになったのも、その時期は特定できないが、少なくとも、これより以後のことではないかと推定される。

iii　この事例では、死者の供養や先祖の祭りのための装置として、埋葬墓地、石塔墓地、仏壇の位牌、という性格の異なった三種類の装置が併存している。そして、それらは、年に一度ずつの盆棚への先祖迎えと魂祭りによって結合しあうかたちとなっている。その際、先祖は墓地から迎えられる存在とみなされているが、その両墓に対してはいずれも先祖の眠る場所と考えられ、理念的には石塔墓地が、感情的には埋葬墓地が、それぞれ意識されており、矛盾の中にも均衡が保たれている。

注

（1）民俗学研究所『民俗学辞典』（東京堂出版、昭和二十六年）、大間知篤三「両墓制について」（『宗教研究』一二七、昭和二十六年）。

（2）竹田聴洲「両墓制村落における詣墓の年輪㈠・㈡」（『仏教大学研究紀要』四九・五二、昭和四十一・四十二年）。

（3）『大和田の民俗（新座市史調査報告書9）』（新座市教育委員会、市史編纂室、昭和六十年）。

（4）（5）炎天下の作業であったが、内藤良夫氏（共立女子第二高校教諭）の協力を得ることができ、平板測量の方法を用いて行った。

（6）『大和田の民俗（新座市史調査報告書9）』（前掲）参照のこと。

（7）この普光明寺について若干の説明を行っておくと、以下のとおりである。

普光明寺　山号福寿山　新義真言宗智山派

この普光明寺は地元の大和田を中心として近隣の中野や野火止の一部に多くの檀家を有する檀家寺として近世以降存続してきた寺であるが、それ以前からこの地にあった古寺であることも知られている。境内からは中世の板碑が三十数基発見されているが、その他にも、『観経玄義分見聞集』巻中にみられる次のような奥書によって、鎌倉期以来の古い由緒の寺であることが知られる。

『観経玄義分見聞集』巻中、奥書
于時正安三年五月廿二日未尅
於武蔵国新倉郡大和田郷普光明寺　令書写了
沙門湛睿　通夏六才　俗年卅一

つまり、浄土三部経のうちの一つである『観無量寿経』の疏である善導の『観経疏』四巻の中で第一巻を「玄義分」と称するが、その『観経疏玄義分』の講釈の書が『観経玄義分見聞集』というもので、これの書写を湛睿（一二七一〜一三四六）という僧が、正安三年（一三〇一）にこの大和田郷の普光明寺において行ったということを、これは記したものである。この湛睿という僧は東大寺の凝然（一二四〇〜一三二一）に師事し、東大寺戒壇院の学頭をつとめ、その後東下して武蔵国称名寺に入りその第三代長老となった僧で、金沢文庫には彼の書写した典籍が多数現存している。それらによると、彼はこの前年の正安二年（一三〇〇）には鎌倉幕府第六代執権北条長時の開創になる浄光明寺で『観経定善義見聞集』上・下巻および『諸行本願義』を書写しており、さらに、この普光明寺での『観経玄義分見聞集』の書写の翌年の正安四年（一三〇二）には、北条長時の父重時の開創になる鎌倉の極楽寺で印可を受けていることが知られるので、その間、鎌倉とこの大和田とを往来して、この『観経玄義分見聞集』の書写をとくに普光明寺に滞在して完成させたことがわかる。したがって、鎌倉時代後期において、この普光明寺はそれらの典籍を所蔵する寺であったことが知られるのである。

こうして、鎌倉時代以来の古刹であったこの普光明寺であるが、その檀越関係については史料を欠き、詳細は不明である。その後、江戸時代になると、地元の大和田をはじめ、近隣の中野、野火止の一部に檀家を有する檀家寺として機能する状態となったものと推定されるが、その間の史料というのも伝えられていない。ただ、普光明寺に所蔵されている正保二年卯月十四日付けの「指上申手形之事」という文書（『新座市史』第二巻近世資料編所収）によると、正保二年（一六四五）、近隣の富士見市の西光院のほか志木市の長正院、観音院、専光寺の計四ヵ寺が、

我等四ヶ寺之儀は前代ゟ普光明寺門徒歴然ニ御座候処ニ

とのべ、一時の不出仕を悔い改めて、以後は普光明寺門徒として出仕する旨を申出ており、それによると、やはり江戸初期

にあっても前代以来の古刹としての権威を近隣に誇示していたものと思われる。また、幕末から明治にかけてこの普光明寺の住僧であった覚印の記しておいた「領主御祈禱日記」というのによると、

> 寛政十戊午十二月御領主松平右京亮殿大坂御城代之砌、当院へ御祈禱被仰付、一七ヶ日本尊護摩供修行仕、其砌御祈願所ト相成り、其節ノ御札巻誦等ノ認メ様ハ別ニ有、先師覚円代

とあり、この普光明寺が、単なる檀家寺としてだけでなく、寛政期以降は領主高崎藩松平家の祈願所ともなっていたことがわかる。

なお、『新編武蔵風土記稿』はこの普光明寺について次のように記している。

> 普光明寺、境内一町四方、街道の北にあたれり、田間にあり、福寿山と号す、新義真言宗、醍醐報恩院の末にて江戸愛宕真福寺の配下なり、寺伝に大同元年律宗比丘開山すと云、按に大同元年は弘法大師未だ高野山を開かざる前なり、真言宗開基を問へば、大同・弘仁の間を以て云ことかの僧徒の常にして、兎角論ずべきものなし、されば当寺の開山も其年歴しるべからず、ただし歴《（ママ）》応年間の古仏像を此寺にをさむといへば、いづれにも古き世に開けし寺なることはしらるれど、大同元年に開山すとて律宗比丘を今も寺僧の奉ずるは一笑すべし、中興開山法印権大僧都承慶和尚元禄七年九月廿一日示寂す、

つまり、寺伝のいう大同元年、律宗比丘の開創というのはもとより信じがたいが、いずれにしても古寺であることはまちがいないとし、また中興開山とされたのが承慶和尚という人物で、彼は元禄七年に没したという。

（8）　この普光明寺は、今も続けられている三三年目ごとの御開帳で知られる千体地蔵の寺としても近郷によく知られた寺である。千体地蔵は境内の地蔵堂に安置されており、厨子の内部にはその中央に高さ約一五センチばかりの地蔵菩薩坐像一体が安置され、その周囲におびただしい数の高さ約五センチほどの木造の地蔵菩薩立像が並んでいる。

これについては『新編武蔵風土記稿』は次のように記している。

> 千体地蔵　三間四面、本堂の前南の方にあり、此地蔵は古仏にて近き頃修造せしとてとりくづせしに、暦応元年戊寅開眼の由を記しありと云、昔六郷某武蔵野合戦にうち負け落人となりて、此地蔵堂の内にまどろみしに、はからず霊夢を蒙りしかば、それより引返して勝利を得たり、此事「太平記」にものせたり、今も其時帯たる太刀を地蔵丸と名づけて、其家に蔵せるよし寺僧の語り伝へなり、然るに「太平記」に載する所武蔵野合戦の条には此事を記さず、恐くは誤り伝

しならん

これに対し、最近の調査になる『新座古寺の彫刻（新座市史調査報告書2）』によると、享和元年（一八〇一）の地蔵堂再興時の棟札には、

中台地蔵尊　行基菩薩真作　点眼供養共　千体地蔵尊　運慶製作　頼家御奉納

（中略）

正治二年　頼家公有御願御奉納　是迄者中台地蔵尊秘仏也　頼家公因命　三十三季開扉合　庶民結縁者也

当山草創大同元歳　当辛酉迄一千七年成　千体地蔵尊正治二年ヨリ六百三年成ル

とあるという。この、中台地蔵尊が行基の製作で千体地蔵尊が運慶の製作、頼家の奉納というのは当時の伝承であって史実とは認めがたい。しかし、この中台地蔵尊の調査にあたった三山進氏によると、その両袖と裳裾とを台座上に垂らすいわゆる衣文垂下像は、鎌倉後期から室町へかけて東国で流行した宋元風彫刻の一形式で、類例は埼玉県飯能市の法光寺にある至徳三年（一三八六）の若狭法眼・絵所宅間浄宏作の木像地蔵菩薩坐像をはじめ少なくないとされ、その法光寺像よりも、衣文が複雑で写実性を保ち、面部の理智的な張りや小像ながら量感に富む体軀、丁寧に皺を刻出した背面の状態などからみて、より古様を示すと鑑定されている。したがって、胎内銘は未確認であるが、その作風からして中台地蔵尊つまり中央の約一五センチほどの地蔵菩薩坐像については、『新編武蔵風土記稿』で寺僧が語ったという暦応元年（一三三八）ころの造立とみて大過ないであろうとされている。

（9）　この調査は『新座市史』民俗篇の編纂事業（編纂委員福田アジオ、編纂室長小林英郷）の一環としての民俗調査として実施されたものである。調査に参加したのは筆者の他は以下の方々であった。
青木俊也、伊藤さつき、上条陽子、金丸良子、黒川紀子、小島周克、佐藤栄一、須田妙子、関道子、関口佐千子、高井直人、高久謙司、田中佐恵子、内藤良夫、辻真美、藤井孝文、武士田忠、友野千鶴子、西村恵理子、広崎郁子、森本優子、山口泉、山本良邦、横田由佳、渡政和。

（10）　第12表中の総計一五三三基に、注(12)でのべる元亀年号の芝山氏関係の箱型の石塔一基を加えて総計一五三四基。

（11）　石塔の年代別整理といってもその実際の作業では困難な問題が多い。本稿における基準を説明しておくと以下のとおりである。

石塔の碑面に記された年号については、それが没年であるか造立年であるか明確でないものもある。一般的傾向としては、江戸時代を通じて碑面に記された年号は被造立者の没年月日であると思われるものが多く、造立年月日を記したものと思われるものは少ない。造立年月日を明確に記すようになるのは明治中期以降の傾向である。

ここでは、造立年月日を重視する意図はもちながらも、江戸時代の記銘のあり方の一般的傾向の制約のもとで、没年月日を基準として整理せざるを得なかった。ただ、この場合でも没年月日と造立年月日とはそれほど年代的に大きな隔たりはないものと推定される。なお、江戸時代の石塔で、一基につき複数の被造立者が連記されているような場合には次のような方法をとった。男女二名連記の場合は男性の没年、同性二名の場合は新しい方の没年、男女三名以上の場合は男性のうちの新しい方の没年、大人と子供の場合には大人の方の没年、をそれぞれ採用して整理した。その理由は、なるべく建立年に近いものを採用しようとしたからである。男女二名連記の場合、男性の方の没年のみ記されており、女性の方のは追刻の予定であったが、それがそのまま空欄として残されてしまったような例も多いし、また明治以降の確実な造立年月日の記されているような例では、それは男性の没年と近い例が多いというのなどもその理由の一つである。

なお、この石塔の年代別整理の作業と立地状況の追跡の作業とは、黒川紀子氏の協力に負うところが大である。

(12)　向善寺という寺は、『武蔵国新座郡村誌』にも、「明治の初、廃して今は民有の林藪となる」とあるように、現在では廃寺となって、その跡地は大竹正男家など四戸の所有にわかれているが、もと近世初頭この地の領主であった芝山小兵衛正員の開基になる寺であった。

『新編武蔵風土記稿』には次のように記している。

向善寺　街道の北側にて横町の間にあり、浄土宗、川越蓮馨寺の末なり、慶長の頃、高蓮社松誉上人開闢す、開基はもとの地頭柴山小兵衛正員なり、後柴山家所替ありてより、この寺も自らおとろへゆきて廃寺の如くなりしを、近き頃百姓某力を尽して客殿を再造し、終に本尊以下仏具等を安ず、

芝山小兵衛正員墓　客殿の前にあり、碑面に廻誉向善禅門とありて、慶長十年五月二十八日八十八歳にて卒せし由を刻す、前にもいへる如く此人開基せしによりて、寺号も法号の字を取り用ひしと見へたり、

芝山彦十郎政勝墓　政勝は正員が父なり、元亀元年六月廿八日姉川御陣に供奉して討死す、この墓石は子孫に至りて、菩提の為に造立せしものにて、いとあたらしきものなり、

この『新編武蔵風土記稿』が「いとあたらしきものなり」と記し芝山政勝の墓であるとしている石塔は、現在普光明寺の石塔墓地のE区画に移転されている、

元亀元庚午天
廻誉向善禅定門霊
六月廿八日
芝山彦十郎源政勝

と刻んだ箱型石塔のことと思われる。ただ、ここで少し気になるのは、このE区画に現存する箱型石塔に記されている法名は『新編武蔵風土記稿』のいうところによれば、芝山政勝のものではなくその子正員のものとなっている点である。この石塔はその型式からみても江戸時代中期の造立と思われるものであるが、その造立者の錯誤によるものかとも思われる。『新編武蔵風土記稿』の記す芝山小兵衛正員の墓塔は現在では行方不明である。

なお、その向善寺という寺はすでに廃寺となっているが、それに付属していた観音堂は今も川越街道に面して集落のほぼ中央部にあり、人々の信仰生活、社会生活に大きな役割をはたしてきたようである。たとえば、戦時中までこの大和田では上、中、下の全体で一つにまとまって蓮経講とか観音講と呼ばれる講が結成されており、それは毎月、順番に宿を決めてその家に集まり観音経三三巻をあげて供養し、また講員の間の親睦をはかるものであった。講への加入は任意のものであったが、ほとんどすべての家が加入していたという。毎月の集まりは月読みといって講員の家をだいたい家並み順にまわるものであったが、毎年最初の正月だけはこの観音堂で行う決まりになっていた。

一方、この観音堂の前にある鰐口には、

于時元禄十四辛巳暦八月十八日　大和田町向善寺観音堂　為両親幷一家一門二世安楽　施主　飯塚氏いわ　粉河丹後守作

と記されており、この観音堂に対して両親ならびに一家一門の二世安楽を願う例もあったことがわかる。また、この観音堂の本尊仏として現在安置されている木造聖観音菩薩像には、その頭部内側に、

丁　宝永四年
亥　二月十八日
竹内霊位

京大仏師□□
□　丸　法

という墨書銘があり、宝永四年（一七〇七）に造立されたものであることがわかるが、その胎内に納められた文書および遺品には興味深いものがある。『新座古寺の彫刻（新座市史調査報告書2）』によれば、それらは次のようなものである。一通は慶応元年にこの観音像を修理したときのものである。

于時慶応元乙丑年十一月
正観世音菩薩（ママ）再建
　大和田町上組　世話人性名写（ママ）
長谷部卯平治
高　橋　留　五　郎
小　沢　粂　五　郎
新　井　安　右　衛　門
新　井　八　郎　右　衛　門
新　井　源　左　衛　門
新　井　忠　兵　衛
三　橋　助　蔵
高　橋　仲　次　郎
向善寺

そしてもう一通は折紙で、死亡した家族や先祖の供養を願ったものである。

先祖代々一切精霊
施主　高　橋　文　五　郎
文久二壬戌年八月廿六日
智賢禅童子

嘉永六癸丑年四月十六日
観秀禅定門
施主　長　谷　部　五　郎

文久二壬戌八月十七日
桂運禅定門
施主 高橋鉄五郎
〃 かつ
安政五戊午年八月廿五日
清光栄珠信士
天保九戌年
勇猛童女
八月二十三日施主 金子峯五郎
慶応元乙丑年十月廿一日
知光童子
施主 高橋惣五郎
天保十三年八月十六日
一宝道躰信士
天保十五年八月廿九日
真如妙相信女
施主 高橋助七

文久三年二月十九日
安室知光信士
施主 新井安五郎
きよ
文化十一戌正月三日
拼塵道悟居士
安政三 十一月廿八日
理法妙厳大姉
安政五戌十二月二日
寒竟童子
施主 荻島与次右衛門
先祖代々一切精霊
施主 新井源左衛門

そして、これらの他に遺品として、右の折紙に列挙されている人たちの名前のものも含めてその他あわせて計一八枚の経木位牌の類が納められている。これは家々の仏壇に納められている繰り位牌の中の板状の位牌と同様のものである。つまり、これらはこの観音堂の本尊である聖観音菩薩立像の胎内へと納められることによって人々の死者供養への願いをこめたものといってよいであろう。そうしてみると、この観音堂は、人々にとって観音講の中心施設でもあったと同時に、一方、先祖供養の機能をはたすものでもあったことが知られる。

(13) 細沼は中野の細沼喜一家のことで、高橋、新井も大和田の有力な家である。高橋家は代々大和田の名主をつとめてきたといわれるが、その本家は現在では没落してもうすでになく分家がのこっている。清野については不明。

(14) 森田は中野の森田岱二家、小見野は野火止の小見野喜一家で、その他はいずれも大和田の有力な家である。
(15) 『新座の金石文（新座市史調査報告書4）』（昭和五十七年）では、一八ページで計三一基としているが、二七ページの須田家所蔵としている天文十五年銘の板碑は実際には、この普光明寺の石塔墓地の第24図の①の地点にあるもので、それを加えて計三三基となる。
(16) 『新座の金石文（新座市史調査報告書4）』（昭和五十七年、新座市史編纂室）。
(17) 中世の板碑と近世墓塔との間の決定的な差異の一つは、板碑が直接土中にさし立てられるものであるのに対し、近世墓塔はいずれも台石を置いた上にさらに銘文を刻むなどした別の石を積むというかたちになっているという点であろう。石を積み重ねる発想は賽の河原の石積みや五輪塔などの系譜と共通するもののように思われる。
(18) 石塔の型式の呼称については、まだ必ずしも統一的なものがない。したがって、ここでは筆者の仮の呼称を用いておいた。なお、笠付角柱型はまた位牌型と呼ばれることもある。
(19) 五輪塔は万物の構成要素である地、水、火、風、空の五大を形どったもので、真言密教では大日如来の三昧耶形を表わすものとされている。
(20) この普光明寺を中心とする寺檀関係の成立については、注(7)でものべたように詳細な史料を欠いている。そうした中で、むしろ、第一の史料ともいうべきなのがここで検討を試みた江戸初期の石造墓塔自体であるともいえよう。
(21) 注(12)参照。
(22) 米山俊直『集団の生態』（日本放送出版協会、昭和四十一年）参照。
(23) 無縁とは、本来、有縁に対応する語で、仏・菩薩に因縁を結んだことのないことを意味する仏教用語であるが、ここでは、血縁、地縁という語と対比して、とくにそのような社会的関係にない立場のものをあらわす語として用いる。
(24) 拙稿「墓と祖先祭祀」（『日本民俗学概論』吉川弘文館、昭和五十八年）参照。
(25) 『新編武蔵風土記稿』第七巻（〈大日本地誌大系〉雄山閣出版、昭和四十七年）八六〜八七ページ。
(26) 『新編武蔵風土記稿』第七巻（前掲）六一〜六二ページ。
(27) 『新座市史』第四巻民俗編（昭和六十一年）参照。

第三章　両墓制と葬送墓参

第一節　埋葬墓地と石塔

はじめに

両墓制とは、埋葬墓地と石塔墓地とが別々に設けられる墓制である、ということはすでにのべた。[1] では、どうして埋葬墓地に石塔が建てられなかったのか、その点については、まず第一に、石塔の立地に際してはそこに作用する多様な力が存在するのだということを指摘した。[2] そこで、次に石塔という要素をその区画内に受容しなかった埋葬墓地とはどのようなものなのか、その実態について確認してみる必要があろう。また、石塔という要素についてもその系譜や特質などについて追跡しておく必要があろう。

ここでは、概括的にではあるが、その二点についての作業を行っておくことにしたい。

一　埋葬墓地と墓上装置

各地の埋葬墓地における墓上装置を整理してみると、

- 塚（モリッコとかドマンジュウなどと呼ばれる土盛りや、ツカなどと呼ばれる石積みの類）
- 目印（ハカジルシとかマクライシなどと呼ばれる自然石や、埋葬地点にさし立てておかれる生木や木墓標、また上にのせておかれる芝などの類）
- 設え《しつら》（イヌハジキ、サギッチョ、イガキ、シズクヤ、タマヤなどと呼ばれる竹囲いや家型などの類）
- 呪的付属物（魔除けの鎌や、その他、枕、帽子、草履、杖、傘、模型の鍬などの類）
- 供物（花、膳、水、線香、ローソク、灯籠などの類）

という五つの要素から構成されているということはすでにのべた。(3)

これらはいずれも人々の埋葬地点に対する考え方を表現しているものと考えられるのであるが、(4)ここでは、そのうちとくに、設えというのに注目し、その形態と機能について考えてみることにしたい。

まず典型的な事例をあげてみる。

(1)　埼玉県入間郡日高町高麗台（昭和四十六年十月調査）

埋葬後、盛土をなしその中央に目印の自然石を置く。そして木墓標を立て周囲に雌竹数本を弓なりにさし立ててめぐらす。正面に野位牌を据え、生前使用の膳に水、洗米などを供える。そして、盛土は一面色鮮やかな供花で覆われる。この設えは狼除け、魔除けであるといい、やはり自然の朽廃に任せられる。

(2)　福井県大飯郡高浜町高野（昭和五十年八月調査）

埋葬後、まず穴掘りのとき出てきた石を埋葬地点の上に四角に敷き並べる。そして、四幡に使用した竹を割り、周囲にぐるりとさし立てて上を束ね円錐形になす。さらに縄で三、四巡編むが、この割竹は死者が男の場合だと、割った竹の表側が円錐形の外側にくるように、また女だと、竹の内側が外に向くように立てる決まりになっている。そして、この円錐形の頂点にあたる束ねた部分から縄で鎌を逆さに吊るす。これも魔除けのためといい特別な呼称はない。内部にはホカイ膳、七本塔婆、四花、鍬型などがみられる。やはり、これも自然の朽廃に任せられ、だいだい三年忌を過ぎるころに取り片付けられる。

第36図　埼玉県入間郡日高町高麗台

第37図　福井県大飯郡高浜町高野

(3)　香川県三豊郡仁尾町北草木（昭和四十六年七月調査）

埋葬後、盛土をなし、その中央に

第38図　香川県三豊郡仁尾町北草木

第39図　京都府綴喜郡田辺町打田

目印の自然石を置く。そして、周囲を四角にぐるりと先を尖らせた割竹で囲む。坐棺の場合は正方形、寝棺の場合は長方形になる。四隅および左右両辺の中ほどに計六本、やや太目の花立て用の竹を立て季節の草花を飾る。そして、さらに青竹を上から対角線上にもわたす。正面には白木の野位牌が据えられ、供膳には茶、洗米が供えられ、内部には草鞋一足が竹にさして立てられる。この墓地にはこのようにただ割竹で周囲をとり囲む形のものの他に、写真にもみえるように、これに板屋根をかぶせる形のものもみられ、また比較的簡単にすませる家では青竹数本を周囲にぐるりとさし立てて上で束ねる円錐形の設えになしており、これら三者が混在している状態である。これらはいずれもイガキと呼ばれ、やはり特定の撤収の期日はなく、古くなった順に次の新しい死者の埋葬のために取り払われ、掘り返される。

(4)　京都府綴喜郡田辺町打田（昭和四十八年五月調査）

埋葬後、中央に木墓標を立て周囲に割竹をめぐらす。これもイガキと呼ぶが、内側にはさらに割竹を網目状に組んだものを上からかぶせる。撤収の期日は不定。

(5)　奈良市興ヶ原（昭和四十八年五月調査）

これは割竹でなく四九本の板塔婆で囲む設えでラントウと呼ばれる。めでたく天寿を全うした老人などの場合につくられ、若死に、もしくは神道の家などでは写真右向うにみえるマガリと呼ぶ設えにする。正面に野位牌、供膳、内部に供花、鍬型、杖などがみられる。ここでは墓標のうしろに古い五輪石塔が建てられるが、この五輪石塔は、墓域内に散乱している古いその各部分を適宜拾い集め、組み合わせては使用しているものである。撤収の期日は不定。

第40図　奈良市興ヶ原

第41図　香川県仲多度郡多度津町高見島浦

(6)　香川県仲多度郡多度津町高見島浦（昭和四十七年五月調査）

これは周囲を四九本の板塔婆でめぐらした上に、さらに板屋根をかぶ

第42図　兵庫県城崎郡竹野町須谷

第43図　静岡県磐田郡佐久間町福沢

せたもので四十九屋《シズクヤ》と呼ばれる設えである。これは四十九日に喪主が据えるが、内部には目印の自然石、野位牌、六角塔婆、四花、竹にさした草鞋、杖などがみられる。撤収の期日は不定。

(7)　兵庫県城崎郡竹野町須谷（昭和五十年八月調査）

埋葬後、まず大きな目印の自然石を中央に置く。これには特別な呼称はない。そして上から茅で大きく屋根のように覆う設えをなす。これも特別な呼称はなく、ただ雨を避けるためという。目印の自然石には笠がかぶせられるが、この笠は葬列で膳持ちの女性がかぶってきたものである。その他、位牌、塔婆、杖などもみられ、前面には野机に膳が供えられ線香がたかれる。傍には灯籠、供花が立てられる。この設えも撤収の期日は不定で、三、四年も過ぎたころ、次の新しい死者のための穴掘りの人が焼いてしまう。

(8)　静岡県磐田郡佐久間町福沢（昭和四十八年二月調査）

これも屋根がけの一つであるが、ごく簡単な小さい板屋根である。埋葬後、平らな大きい石を中央に置き、まわりにも数個敷く。そして位牌を据えこの板屋根をかぶせ、うしろに木墓標を立てる。灯籠や笠と杖が立てられ一連の供物がなされる。手前の割木は正月の墓参りに供えられたニュウギである。

第44図　香川県三豊郡詫間町志々島本浦

(9)　香川県三豊郡詫間町志々島本浦（昭和四十七年五月調査）

埋葬後、まず供膳、供花など一連の供物をなし、六角塔婆、棒にさした草鞋などを立てる。そして竹を三本、上で交叉させて立て、その上から長さ半間ばかりの菰をかぶせる。翌日、この三叉の竹と菰を取り払い、そのあとにこんどは四本柱を立て、前面を開けてまた菰で覆う。写真中央がそれで、前面には簾がかけられる。簾は例年盆前にかけ替えられる。この菰の設えはその後四十九日までの間にすべて板製の丈夫な家型にたて替えられる。特別な呼称はない。この家型の中には、白木の位牌、膳、六角塔婆、草鞋、供花などが納められているが、この家型はとても大切にされ、三六年もしくはそれ以上も永く墓参供養の対象とされる。長期保存のため、ペンキもしくはコールタール塗装が施されている。

第45図　鳥取県岩美郡岩美町山ノ神

第46図　鳥取県西伯郡名和町峯小竹

⑽　鳥取県岩美郡岩美町山ノ神（昭和五十年八月調査）

ここでは坐棺であるが、埋葬後、まず川原から数人がかりで拾ってきた大きな石を中央に載せる。これが目印で、ザイシと呼ぶ。そして、その上にこの小さな位牌堂を据える。これはユハイと呼んでおり、中には野位牌が納められている。左右に供花、前面には野机に供膳がなされ、送り団子などの他に死者の好物が供えられる。以後、七日間毎晩身内の人たちがここで藁火を焚く。それは死人が帰らないためとも山犬が掘るのを防ぐためであるとも言っている。このユハイはだいたい初盆には焼却してしまう決まりになっており、以後にザイシが墓参の対象とされる。

⑾　鳥取県西伯郡名和町峯小竹（昭和四十八年八月調査）

これは大きな家型の中に、さらに小さな位牌堂を納め、その中に位牌をまつっている形である。この家型は葬列において棺を納めてきたソトガンであるが、神道の家では、このようなお堂の形ではなく社の形にしてあり、内部には位牌堂ではなく御幣が立てられている。特別な呼称はなく、朽廃したころ、適宜取り払い、写真横にみられるようなメアテ石と呼ぶ丸い自然石をそのあとに置いて以後墓参のための目印とする。

⑿　栃木県今市市芹沼（昭和四十八年五月調査）

これはオサヤと呼ぶ家型で、これを据えた後、さらに弓なりのハジキダケがめぐらされている。このオサヤも葬列で棺を覆ってきたいわゆるソトガンである。ハジキダケは一本竹を必ず八ツ割りにしたもので、オサヤの周囲にまず八ツ切りにした芝を並べ、その一つひとつの芝を竹の根元でつきさすようにして弓なりに立ててめぐらす。オサヤを据えるのは雨にぬれないためといい、ハジキダケは狼、野犬などが掘るのを防ぐためという。雑草の生い茂る中で自然の朽廃に任せられる。

第47図　栃木県今市市芹沼

第48図　三重県阿山郡大山田村平田

⒀　三重県阿山郡大山田村平田（昭和四十七年九月調査）

これは、以上みてきた各事例とまったく異なり、いわゆる埋葬地点の装置の類が欠落しているものである。埋葬後、土を盛り周囲を長方形に石で囲む。そして中央に木墓標を立て、その前に芝を切ってきて積む。正面には野位牌を据え、膳石の上に供膳をなす。紅白の造花や履物もみられる。写真はちょうど逮夜のおまいりである。

以上、このように各地の埋葬地点の装置の類をみてくると、実にさまざまな問題が出てくる。

まず第一に、これら事例ごとのさまざまな形式上の差異は何に由来するのか、つまり、これらの差異はいわゆる地域差として生じたものなのか、それとも一方の形式から別の形式へと変化した過程がそこに残されているのか、という形態的な問題である。第二には、これらさまざまな装置はいったい何のために設けられるのか、これらの装置は人の埋葬地点に対するどのような考え方を反映しているのか、という機能的な問題である。

そこで、まず形態上の問題であるが、最も示唆的な事例からみていくならば、事例(3)・(4)・(5)の三つの事例が注目されよう。先を尖らせた青竹を周囲にさし立てて囲む形式が、板塔婆を立てめぐらす形式へと展開しうるということを、この三つの事例はよく示すのではないか。また、これらに加えて、事例(2)を事例(3)との比較において検討することも可能であろう。つまり、事例(3)においても、比較的簡単にすませるような場合には事例(2)にみるような竹を円錐形に束ねる形式をとっているのであり、(5)これは竹を円錐形に束ねる形式から周囲に立てめぐらす形式へと同一の墓地で展開しうるということを示している。また、事例(7)・(8)のように屋根をかぶせる形式もそれ自体簡単なものから丁寧なものまでさまざま伝えられてきているが、これもやはり事例(3)にみるような同一墓地内の変化形を参考にすれば、竹を周囲に立てめぐらす形式と接合し、一種の家型の装置へと展開しうるということがわかる。つまり事例(6)のような形式が成立してくるのである。

こうしてみると、モンドリとかサギッチョなどと呼ばれる円錐形の装置とイガキなどと呼ばれる竹囲いの装置、それにシズクヤなどと呼ばれる家型の装置との間には、一方から一方へという展開の可能性が認められるということになる。事例(9)のように、同一埋葬地点でありながら埋葬当日、およびその翌日さらに四十九日、などというある特定期日を限って、いくつかの形状の異なった装置をつくりかえるという事例(6)もこうした脈絡のもとにとらえることができるであろう。この事例(9)のような類は、その墓地における墓上装置の変遷の過程を、死者あるたびに今も繰り返しているめずらしい例といえるのではないか。

次に機能の問題であるが、こうした装置は何のために作られるのか。各地の事例をあらためて形態的に分類し整理しながら検討してみよう。

〔菰覆《こもおお》い―類型1〕　埋葬後、ただちにその上に菰などをかぶせておくというもので、事例(9)でもみられたが、その他にも東北地方から九州地方まで各地に点々とみられる(7)。それらの諸事例を通して指摘できるのは、いずれも埋葬当日、作ってすぐにとか、三日目までとか四十九日までとか、その時期はさまざまであるが、一定の期間をすぎると取り除いてしまうという点である。なお、九州地方の諸事例では多くタマヤとかスズメドウなどと呼ばれる家型の装置と重複しているが、タマヤやスズメドウはずっと据えて置かれるのに対して、この菰の類はやはり四十九日とか百カ日には取り除かれるのがふつうである。そして、この設えは何のためにするのかという点に関しては、ヒオソイなどといっているように、太陽の直射をさけるためだとする意識が強く伝えられている。

〔屋根がけ―類型2〕　板や藁を束ねたもので埋葬地点に屋根がけをするというもの。事例(7)・(8)などその形にはさまざまなものがある。これも東北地方から四国地方まで各地にみられる(8)。ノビオオイとかヒガサなどといって太陽の直射や雨を防ぐためのものだといっている。

〔ハジキ竹―類型3〕　竹を弓なりに曲げて両端を土中にさし、触れるとはじくようにしたもの。概して近畿地方から北陸、北関東・東北と東日本に多くみられる。(9) 事例(1)や事例(12)のように周囲をぐるりとめぐらす形と、二本の竹で十文字に交叉させたり、それより多く数本の竹を用いてかぶせるような形にしたものなどさまざまある。二本の竹で十文字に交叉させて立てる例では、多くその交叉させた部分から縄などで石を吊り下げておくが、なかには縄がくってその石が落ちると成仏したなどというような例もある。(10) イヌハジキとかメハジキなどと呼ばれ、獣除けとか魔除けのためのものだといっている。

〔サギッチョ・モンガリ―類型4〕　周囲に竹をさし立ててその上部を縄などで束ねて円錐形にするもので、東北地方から中国、四国地方まで各地にみられる。(11)

形式の上では、事例(2)のように円錐型の頂点から石や鎌などを吊るす形と、何も吊るさず周囲を縄で幾重にもぐるぐる巻きにする形とがある。前者のかたちは福島、新潟、長野から福井まで東日本に多く、サギッチョなどと呼ばれ、後者の形は近畿地方から瀬戸内方面に多く、近畿地方ではモンガリとかモンドリなどと呼ばれている。また、事例(3)でもみられたように、同じ墓地でも、経済力のない家とか簡単にすませる家、また子供の死者や死産などの場合に限ってこの装置を設えるといっているような事例も少なくなく、それらにおいては、それぞれの墓地における、より古い形式の残存例としてとらえることができる。何のための装置かという点については、獣除けとか魔除けのためだとする例が多く、他に太陽へのおそれとしてとか死者の霊がふたたび出て来ないためといっている例も一部にはある。

〔イガキ―類型5〕　先を尖らせた数十本の割竹などで埋葬地点を囲うように立てめぐらすもの。事例(3)・(4)・(5)などがそれで、竹の立て方にはまっすぐに立てる形と×字型に交叉させて立てる形とがある。東北地方から瀬戸内地方まで広くみられる。[12] これも獣除けとか魔除けのためだといっている例が多い。

〔家型—類型6〕　文字通り埋葬地点に家の形のものを据えるものであるが、これには大別して、四つの形がある。一つは、事例(3)や事例(6)にみるように、イガキと屋根がけとが接合したような形、もう一つは事例(9)のような完全な家型、そして事例(11)・(12)のような葬儀で棺を覆っていたソトガンをそのまま据えて置くというもの、そして、もう一つは事例(10)のような位牌箱としての小型のものである。この岡山から鳥取などでみられる野位牌を納める小型のものは別として、その他の大型のものは、スヤとかサヤ、シズクヤ、タマヤなどと呼ばれ、いずれも埋葬地点を覆っておくものとされている。東北地方南部から九州地方にいたるまで全国的にみられ、[13] 据えて置く期間は四十九日までとか、ムカワリまでなどという例も一部にはあるが、多くはだいたい石塔を建てるまでとか自然に朽廃したところに適宜かたづけるなどといっている。事例(9)のように長く保存するのはめずらしい例である。

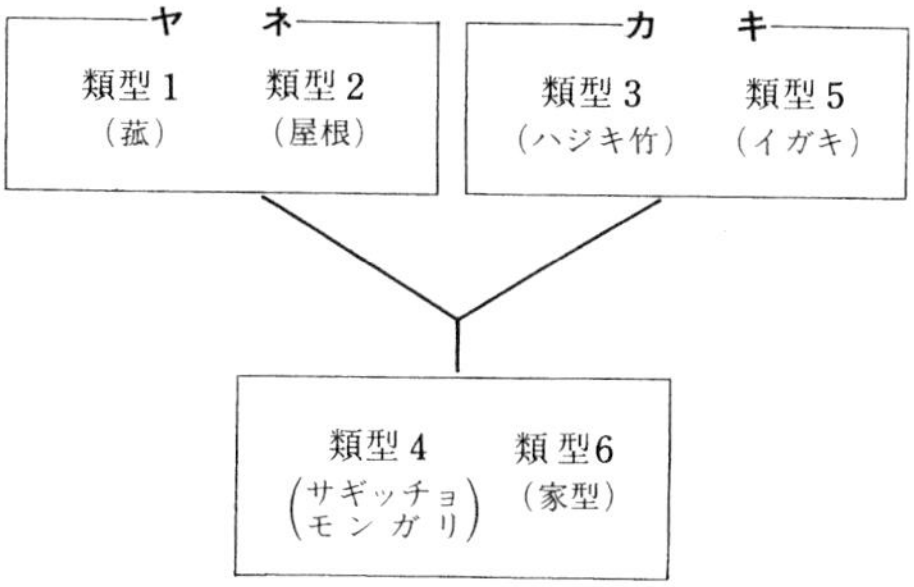

第49図　ヤネとカキ

さて、これらの各類型を通じてみて、埋葬地点に設えられる装置を構成している要素として抽出することができるのは何か。それは、第49図にみるようにヤネ（屋根）とカキ（垣）という二つの要素ではあるまいか。つまり、類型4のモンガリと類型6の家型とは、いずれもヤネとカキの組み合わせによるものと考えられるのである。では、ヤネとは、カキとは、それぞれどのような機能をもつ装置としてつくられているのであろうか。まず、ヤネについて、類型1、類型2の諸事例にふたたび注目してみよう。

ヤネの類についての伝承で注意されるのは、オコンニチサマに申しわけないからだなどといったり、ノビオオイ(野日覆い)とかヒオソイ(日覆い)などと呼ぶなどして、死体とその死穢とは太陽の直射にあててはいけないとし、ヤネはそのための装置であるとしている伝承であろう。つまり、ヤネとは、別火《べっか》の状態を強調している装置ということになる。

一方、カキとは何か。これも類型3、類型5の諸事例に注目してみるならば、それらがいずれもイヌハジキとかオオカミオドシなどと呼ばれて獣物除けのためであるとか、魔除けのためであるなどといわれている点が注目される。実際に野犬の掘った足跡のある新墓を志摩半島などで目撃している筆者にとってみれば、このイヌハジキとかオオカミオドシという呼称が各地で伝えられている背後には、たしかに実際上の野犬などの被害があったものとも推定される。しかし、このカキが具体的に内と外との遮断という機能をもつものであればこそ、人々の意識の上では、埋葬された死体をとくに外部から遮断して、外から獣物だけでなく目に見えぬ魔物や悪霊の類が侵入しないようにというための装置であるとともに、同時にまた内側からも死者のまだ新しく荒々しい霊魂が遊離して出ないようにと囲っておこうとした意味のある装置でもあると推定される。

こうして、ヤネとカキという二つの主要な要素に着目するならば、これら二つの組み合わせによって構成されている埋葬地点の装置の類というのは、死者が埋葬されたのち、この世の存在からあの世の存在へと転換していくまでの不安定な状態にある一定の期間、人々が必要とした死者のいわば忌み籠りのための装置であるということがわかる。事例によっては、神社や寺堂のような形にしている例もみられるが、それはのちの展開であって、これらはいずれも本来は死後の一定期間、不安定な死体とその霊魂とを忌み籠りの状態においておこうとした装置とみることができるのであり、死者に対するその後の継続的な祭祀や供養のための装置というのではなかったのである。

二　石塔の系譜

では次に、石塔、石造墓塔の系譜について少し整理しておこう。

1　小塔供養の流行

塔というのは、もともとインドの言葉のスツーパからきたもので、釈迦の遺骨である仏舎利を安置した上に土石を積みあげて造った墳墓を意味し、それが中国語に音訳されて、数斗婆、卒塔婆などとなり、さらに塔婆、塔となって、一般に使用されているのだといわれる。(14) 日本における文献上の初見は、『日本書紀』敏達天皇十四年（五八五）二月条の「蘇我大臣馬子宿禰、塔を大野丘の北に起てて、大会の設斎す。即ち達等らが前に獲たる舎利を以て、塔の柱頭に蔵む」という記事とされ、現存の木造五重塔としては、法隆寺のそれが最も有名である。また、石造三重塔として著名なのが、近江の石塔寺の巨大な三重石塔で、これは七世紀後半のものと推定され、百済系の渡来人集団との関係なども考えられている。(15) のち、奈良時代の聖武天皇の発願による各国の国分寺の塔には、金光明最勝王経が納められ、孝謙上皇の百万塔にはその露盤の下に、根本、自心、相輪、六度の各種の陀羅尼が納められたが、これは釈迦の遺骨である仏舎利にかえて、釈迦の金言、経典をいわゆる法舎利として安置したものであった。(16)

また、のちには平安末期から鎌倉以降、稲の籾一粒ずつ、ちょうど俗語の白い炊きたての御飯のことを銀シャリというのと対応して興味深いが、そうした籾を舎利として納めた小型のいわゆる籾塔の類や、さらには一般の人間の火葬骨を納めた塔などもみられるようになる。(17)

ところで、平安中期以降、浄土教や末法思想の流行とともに、塔建立の風もいっそうのひろまりをみせるようになるが、そうした中にもおよそ二つの潮流があったように思われる。その一つは、いわゆる小塔供養であり、もう一つは、墓地への卒塔婆の建立である。小塔供養というのは、仏教にいう三つの主要な善根功徳である造塔、造仏、写経のうちの一つ、造塔の功徳を、簡便な小塔をたくさん造立することによってつもうとするもので、古くは先の孝謙上皇の百万塔供養もそうしたものであった。しかし、のち中国五代の後周の顕徳二年（九五五）、呉越王の銭弘俶がインドの阿育王の故事にならって八万四〇〇〇基の金塗塔の造立供養を行い、その一部がまもなく十世紀後半日本にも伝えられると、平安貴族の間にそうした小塔供養の風がますますさかんになったようである。日本に伝えられた呉越王銭弘俶の八万四〇〇〇基塔の一部で、現存するものとしては、京都府相楽郡金胎寺蔵、福岡市大泉坊蔵、河内長野市金剛寺蔵、那智山経塚発掘で東京国立博物館蔵のものなど四基が知られている。(18)

ちょうどそのころ、『日本紀略』康保四年（九六七）五月二十日条には、「五畿内幷伊賀、伊勢国等廿六箇国、可立率（マヽ）都婆六千基之由　被下宣旨　高七尺径八寸　依天皇御悩也」と、村上天皇の病気平癒を祈って各国に率（マヽ）都婆六〇〇〇基の造立を命じており、同じく正暦五年（九九四）五月二十六日条には、「依宣旨　諸司諸社起石塔　依救疾疫也」とある。また『小右記』長和二年（一〇一三）二月二十八日条には、「今日称聖者　於北野　供養画仏　同画塔千基拝見者不可計尽」と、北野において聖《ひじり》が画像の仏と画像の塔一〇〇〇基とを供養し、大勢の見物人が集まったという記事がみられる。なお『小右記』にはまた、藤原実資が毎月の一日、石塔という行事をさかんに行っていたことが記されているが、これは源為憲が永観二年（九八四）冷泉天皇皇女尊子内親王に献じたといわれる『三宝絵詞』に「石塔はよろづの人の春のつつしみなり、（中略）日を択びて川原に出でて石を重ねて塔の形になす。心経を書き集め、導師を呼び据ゑて年の中のまつりごとのかみをかざり、家の中の諸の人を祈る。道心は勧むるに発《おこ》りければ、翁童はみな靡《なび》く。功徳は作るより楽しかりければ、飯酒多くあつまり、その中に信《つっし》み深き者は息災とたのむ」とのべているような内容の行事であったらしい。とすると、これは先の銭弘俶の八万四〇〇〇基塔供養とはやや趣を異にしており、すでに当時の日本では春の川原での川あそびや石積みの習俗[19]があって、それと仏教式の小塔供養の信仰とが習合した形のものとして、無病息災を願ってのこの石塔という行事がさかんに行われていたもののようである。

ともかく、銭弘俶の八万四〇〇〇基塔の造立供養は、一つの大きな刺激となったらしく、その後、『中右記』や『山槐記』などに、数万基数千基の小塔造立供養の記事が散見されるようになる。それらの塔の素材や型式にはさまざまなものがあったようで、塔の型を料紙に印刷しただけの簡便な印塔から、土を固めてつくった泥塔（土塔）、それに瓦塔、木工塔、石塔、水晶塔、金属塔など、現存するものは多くは鎌倉時代のものであるが、それらが現在各地にたくさん伝えられている[20]。『続本朝文粋』第一一の白河法皇八幡一切経供養願文にみえる保安三年（一一二二）の小塔造立は二六万三〇〇〇基で、その後も厖大な造塔を行い、毎年泥塔一〇万基を造立したというような記事もみられる。また後白河法皇の発願による文治元年（一一八五）八月の造塔供養では八万四〇〇〇基の五輪塔が勧進されたといい、また『吾妻鏡』建仁三年（一二〇三）八月二十九日条にも将軍頼家の病悩に際して、鶴岡において八万四〇〇〇基の泥塔供養が行われた記事がみられる。

2　石造墓塔の造立

しかし、これらはいずれも造塔の善行功徳を信じ、無病息災とか延齢もしくは病悩平癒を願って行われた厖大な数量の小塔造立供養であり、直接、墓地とは関係なく展開したものであった。それに対し、もう一方では死者の埋葬地点や、ときには火葬地点にも石卒塔婆の建立が行われるようになっていた。早い例としては、すでに九世紀半ばの仁明天皇の深草山陵に建てられた窣都婆（ママ）が知られているが、[21]その後、叡山の良源がその「慈恵大僧正御遺告」[22]（九七二）の中で葬送のことについてこまごまと指示しているうち、とくに石窣都婆（ママ）を建てるようにと指示しているのが注目される。それによると、臨終までには石窣都婆を用意しておくこと、もし間にあわなければ、仮窣都婆を立ててその下三、四尺ばかり掘りあけて、その穴に火葬した遺骨を置き土を覆せておいて、四十九日の内に石窣都婆を造ってそれと立て替えること、これは遺弟らが自分のためにときどき来礼するための標示である、窣都婆の中には、随求・大仏頂・尊勝・光明・五字・阿弥陀などの真言を安置すること、これらは生前に自分が書いておくつもりであるが、もしその前に死亡したら、遺弟の良照らが書くこと、といっている。つまり石卒塔婆に真言が納められると同時に、それが遺弟らの来礼のための標識とされているわけである。これは、どうやら良源がこうしてとくに遺言として石卒塔婆の建立のことを指示し、それも遺弟らの来礼の標示であると、あらためて指摘しているところに、逆にこうした方法は当時はまだ一般的なものとはなっておらず、良源自身がそうした墓地への石卒塔婆造立のいわば先駆的な人物の一人であったということを示しているのではないかと思われる。なお、その良源の弟子源信も先にみたように[23]一二ヵ条起請の中で墓所には卒塔婆を建てるようにと指示している。

その後、平安中期以降になると、『栄花物語』や貴族の日記類、それに『今昔物語集』などにしばしばみられるように、墓地への卒塔婆の造立の風はある程度一般化し、そうした卒塔婆と、釘貫と呼ばれる墓柵の類の林立した景観が、当時の少なくとも畿内一帯の墓地の一般的なすがたとなってきていたようである。

では、そうした墓地の石卒塔婆というのは叡山の良源が期待したように遺弟や遺族たちの来礼、墓参のための標識ということだけで一般化してきたのかというと、実は必ずしもそうではなさそうである。というのも、そのころの石卒塔婆にはその中に陀羅尼を納めるという記事がほとんどであり、陀羅尼というのは、先の小塔供養の場合にも、その塔の中に多く蔵されたものであるが、その経典によれば、福徳・延命・病気平癒・滅罪・浄土往生などあらゆる功徳があらわれる万能の金言とされているものである。そして、こうした陀羅尼を蔵する石卒塔婆はただ遺骨を埋葬した場所にだけ建てられたのではなく、たとえば、後一条天皇の場合(24)のように、火葬所の上に建てられた例も、他に堀河天皇の場合など、それこそ少なからず見出せるのである。つまり遺骨を運び去った後の火葬地点にも建てられたということは、やはり、それが礼拝供養のためだけではなく、むしろ死者を送る緊張の中での一種の鎮めの意味があったのではないかと思わせる。あるいはかつての殯という特別な死者の見送りの儀礼とその一定の期間(25)とが廃されていったその後の不安定な状況の中で、その殯儀礼にかわる死者の魂の鎮送の方法として、先に源信たちの葬法にもみられたような真言密教の光明真言や土砂加持などが採用されるとともに、こうした陀羅尼を蔵する石卒塔婆が火葬地点や埋葬地点に造立されていったのではないかと思われる。つまり当時の石卒塔婆造立の背景には、礼拝供養の意図とともに、それ以上に死者の魂や死霊の鎮撫とか鎮送という呪術的機能への期待があったように思われるのである。

ところで、平安末期から鎌倉初期のころの墓地の景観をよく示すものに餓鬼草紙があるが、それはうごめく餓鬼の様子を強調して刺激的に描いているものなので、ある程度の誇張もあるであろうが、そこに五輪塔の造立がすでにみられるというのは注目されよう。

五輪塔というのは、仏教で説く万物の構成要素である地、水、火、風、空の五大を五輪にかたどったもので、これを大日如来の三昧耶形であると説く真言密教の中から生まれたものとされている。この五輪塔は墓塔として古代・中世を通じて最も一般的な塔型となったのであるが、それは、人間も死ねば森羅万象、大日如来と同じ地水火風空の五大に帰一されるべきものとする考え方によるといわれ、朝鮮、中国などにみられない日本独特の塔型として注目されるものである。(26)文献の上では、『兵範記』仁安二年（一一六七）七月二十七日条の藤原基実の遺骨を木幡の墓地へ埋めて「其上立五輪石塔　又　構釘貫　其辺立六万本小卒土婆被書法華経六部也」というのが早い例とされ、現存する平安時代の在銘石造五輪塔としては、平泉中尊寺釈尊院墓地の仁安四年（一一六九）塔、豊後臼杵中尾の嘉応二年（一一七〇）塔、承安二年（一一七二）塔、それに磐城泉の五輪坊墓地の治承五年（一一八一）塔の四基が知られている。なお、五輪石塔の初見はこれまでのところ、千々和実氏の指摘された(27)「東寺新造仏具等注進状」（『教王護国寺文書』三〇）にみえる康和五年（一一〇三）のものとされている。

また、五輪塔とならんで古代・中世を通じて墓塔としてさかんに造立されたのが宝篋印塔である。宝篋印塔というのは、内に宝篋印陀羅尼を納める塔ということで、その独特な型式については、先の銭弘俶の八万四〇〇〇基の金塗塔にもその一つの原型をみることができる。この宝篋印塔はもともと陀羅尼を納めるものということで小塔供養の流行のもとではさかんに造立されたようで、鎌倉時代の遺品はかなり多く、宝篋印陀羅尼と籾を納めた大和室生寺や大和大御輪寺の木造の小型の籾塔などがよく知られている。しかし、のちには石造の墓塔として普及するようになり、早いものとしては、京都市栂尾町高山寺のもの、これは『高山寺縁起』にいう暦仁二年（一二三九）に明恵上人の髪爪を納めたものとも推定されているが、その他、奈良県生駒町往生院の正元元年（一二五九）塔、また京都市奥殿町為因庵の文永二年（一二六五）塔などがある。

また、鎌倉時代になって、それこそ急激に大量発生し、以後、鎌倉・室町時代を通じてさかんに造立され、戦国時代末期になぜか急に消滅してしまったのが板碑である。板碑といえば、あの秩父産の緑泥片岩を用いた武蔵系の板碑がよく知られているが、板碑そのものの分布は全国的であり、興味深い中世資料として注目されている。(28)まず、形態上の特色としては、扁平な板状である点、頭部が三角形に尖っており、その頭部と身部の間に横に二条線が刻みこまれている点、前面だけが利用され、そこに本尊としての仏像または梵字の種子が刻まれ造立年月日、願文その他が記されているという点などがあげられ、さらに、下部が尖っており、直接土中にさし立てるという点も、他の台座を据える石塔類とは異なり注意されるところである。この板碑に関してはまだ困難な問題も多く、起源論もそのうちの一つで、五輪塔、とくに長足五輪塔から発生したとする説、修験道の山伏が入峰修行する時に立木を伐ってつくる碑伝からとする説、傘塔婆説、宝珠説、人型説などがあるが、まだ確かなところはわからないというのが現状である。(29)しかし、ともかく墓制史の上からみると、これはたしかに石卒塔婆の一種として造立されたものであり、埼玉県北埼玉郡騎西町竜興寺の文永八年（一二七一）のものに「奉造立青石卒塔婆」と記しているというものなどはそれをよく示している。(30)そして、その大多数の八〇〜九〇パーセントが弥陀種子、もしくは弥陀三尊種子を刻むものであるという点も、(31)それが浄土教の発達と死者供養の思想の発展の結果、流行をみたものであるということをよく示しているといえよう。現在までに最古とされているのは、埼玉県大里郡江南村の嘉禄三年（一二二七）のもので、同村の寛喜二年（一二三〇）のものや、同県北足立郡北本町の貞永二年（一二三三）のもの、同県比企郡吉見町の同年のものなどがそれにつづき、完型を保つものとしては同県行田市佐間町の嘉禎二年（一二三六）のものが最古とされている。そして、十四世紀を最盛期としてのち、しだいに減少傾向をみせながら、いわゆる墓碑的な板碑と新たな月待・庚申待などの結衆板碑へと分化しつつ、十六世紀末でほとんどその姿を消すのである。(32)こうした簡便な板石製の卒塔婆である板碑の大量造立の背景には中世の在地武士たちの経済力と死者供養を中心とする浄土信仰の高揚とがあったわけであるが、とくに武蔵地方の場合などは、秩父産の緑泥片岩というちょうど加工に便利な石材に恵まれたということもあった。

それに対して、室町時代後半から江戸時代初期へかけて、とくに十六世紀を中心として近畿地方でやはり大量に造立されたのが、いわゆる一石五輪塔である。小型の角柱状の石材に刻みをいれて五輪塔型にしたもので、これは中小武士層だけでなく、一般の有力農民の場合にも近畿農村ではさかんに造立されたらしいことが各地の墓地の現存遺品を通して推測される(33)。

そして、江戸時代になると石塔の造立の風は全国的に庶民階層にまで定着し、いわゆる板碑型、箱型、角柱型など各種の型式の石塔がさかんに建てられ、今日みるような石塔の林立した墓地景観が形成されてくるのである。なお、このような石造墓塔には、死者の供養のためにと、その死後建てられる追善の石塔と、逆に本人がその死後の浄土往生を願ってあらかじめ建てておく逆修の石塔とがあった。

ところで、このような石造墓塔の建立とその礼拝供養の実態について、比較的早い時期の京都の貴族たちの間のそれをよく伝える事例として、明経道の博士家として知られる中原家の中原師守の日記『師守記』の記事がある(34)。いま、その中原家の葬送供養の実際についてみてみよう。

師守は康永四年（一三四五）二月六日に死亡した父師右、それにやはり同年八月二十三日に亡くなった母顕心尼の仏事や墓参の様子を比較的ていねいに記しているが、それらによると、すでにこの南北朝期の京都の貴族たちの間では、一周忌までの墓参がさかんに行われ、それをすぎても盆の墓参はだいたい続けられていたことがわかる。中原家の墓所は霊山時衆などとして知られる霊山寺の付近にあり、師右も顕心尼もそこに葬られた。いま師右の場合をみてみると、初七日から七々日まで中陰仏事が行われ、七日ごとに早朝の墓参と師右臨終の部屋となった南向四間での垸飯、説法、法華経転読などが続けられた。これをとりしきったのは中原家の管領する樋口寺の長老で、この葬儀で籠僧をつとめた空一房であった。墓所に建てる石塔、釘貫などのこともこの空一房の手配に委ねられ、陰陽師の注中によって、三月六日を吉日としてその建立が行われた。その日の記事には「今日依為吉日　被立石塔幷釘貫等　於御墓一事□上空一房沙汰也　早旦家君（師茂＝師守の兄）墨染狩衣　有御同車籠僧二人空一房幷了心房　少外記師躬等参御墓給　予依物忌不参　及数剋調御墓上人下部以下也調了　立石塔置釘貫　其躰殊勝〻〻云々　石塔有九（梵）字彫入　又釘貫四方柱幷中柱等被書九（梵）字　釘貫首五色䌽（彩）敷也　先於御墓所作　宝篋印多羅尼・光明真言等也、立石塔了後所作　宝篋印多羅尼・梵網十重、光明真言也　次阿弥陀経　念仏等有之　其後家君以下御帰宅　先例於霊山毎度有盃飯之儀　然而今度依無其砌無之　御帰宅之後於常御出居有小盃飯儀」などとこまごまと記し、その時の模様がよくわかる。そして、この石塔の供養はつづいて三月十一日の五七日の日に行われ、「空一房被供養石塔　御墓前敷円座有此儀先例毎度於御堂有此儀、今度依無御堂、於御墓前有供養儀」と記している。この石塔などの代料は三貫文で、すでに三月九日にその過半は空一房にわたしてあったが、物価の上昇ということで、三月二十日に六〇〇文を加増して支払っており、その時の記事に「依無御秘計　于今延引　延慶・正和両度　石塔・釘貫代三貫文也　而近年万物高直之間　六百文令加増了」と記しているのは中原家の経済事情もうかがえておもしろい。延慶・正和のときというのは師守の祖父師古とその室の亡くなった時であろうが、その祖父母の時にもすでに石塔が建てられていることがわかる。また、このころには石塔とは別に墓上にたてられる木製の卒塔婆もすでにあったことが、百ヵ日忌の、「率（ママ）都婆面漸〻書写法華経一部十一巻家君已下公達青侍書写了」という記事や、また九月二十七日に行われた師守の母顕心尼の五七日供養の時の記事などによって知られる。およそ一周忌をすぎると、盆を除いては墓参はあまり行われなくなり、それ以後の年忌には邸内の持仏堂に阿弥陀三尊と御影の絵像を懸けて追善仏事が修せられるようになる。そして男性の場合、管領寺である樋口寺で、女性の場合、四条坊門の持（ママ）蔵堂で、それぞれ遠忌の仏事が行われた。

また、毎年の盆の墓参では彼らの記憶の範囲内にある近親の先祖たちに対するていねいな廻向供養が続けられている。たとえば、貞治三年（一三六四）七月十四日条には、「参霊山墳墓給……小俵一但未到之間　被裹米別紙・菰・花等被持之　於先考（師右）・先妣（師守母）御墓前　各有一時……於観心聖霊（師興母）□墓、阿弥陀経・念仏有之　次於先妣御墓　有阿弥陀経・念仏、彼御墓師豊母儀骨籠置之間、予和談之　又於覚妙聖霊予姉　観恵聖霊等墓、有阿弥陁経各一巻　念仏等有之　家君女房母堂骨被置之間　二巻読之　近年儀也　所作以前　於二親御墓　家君(師茂)・予向水　其外肥州殿(師顕)・祖父(師古)聖霊等向水　墓守法師賜酒直二十文了　其後帰宅　今日霊山万灯被略之　依不具　近年如然」とあり、両親はじめ曽祖父、祖父ら一家の墓前に供物をしたり水向けをして読経をし、念仏を唱える姿が目にうかぶようである。また、ここでは石塔によっては二人の遺骨があわせて納められているものもあったということや、墓地には墓守法師の類がいたことなどもわかって興味深い。そして、このころには貞治六年（一三六七）七月十四日の盆の墓参の記事に、「次於祖父御墓　阿弥陁経一巻・念仏等有之、奉為列祖聖霊等也先々無之自去年有之　尤可然」とあるように、祖父師古の墓への読経念仏を通じて中原家のすべての列祖聖霊への供養を行おうとする考え方がみられるようになっている。なお、この師茂、師守兄弟が盆の墓参とは別に中原家の先祖として毎年その遠忌の仏事を樋口寺でていねいに修していたのは、彼らが曩祖と仰ぐ七代前の師元と、彼らの曽祖父師顕・祖父師古・父師右の三代であったといわれる(35)。つまり中原の家（イエ）の先祖としては彼らの直接の記憶にのこる曽祖父以下、家嫡の近親三代と、七代前に第三男でありながらも家督を継いで師茂・師守たちの中原家の曩祖となった師元とが特に重視されており、その他の列祖聖霊に対しては、とくにその追善の仏事も修されずに忘却にまかされるのが実情であったが、盆の墓参の時だけはこうして祖父師古の墓塔への読経念仏供養をもって、それを中継点としてすべての先祖諸霊の供養にかえようとする姿勢がうかがえるようになってきているのである。

さて、こうして石造墓塔の造立の流れをたどってみると、古くには、死霊鎮撫と死者供養という両面的な機能が期待されていたようであるが、その比重が浄土思想の定着とともに前者から後者へと移ってきたという過程を知ることができる。それは呪術的な陀羅尼を蔵する石卒塔婆から大日如来や阿弥陀如来そのものを表わす五輪塔や弥陀種子の板碑の流行へという展開にもよく示されている。人間の墓塔を大日如来の三昧耶形につくるとか、あるいはそれに阿弥陀如来の種子を刻むということは、そうした如来への結縁、帰一を願う思想のあらわれであり、いわゆる「死ねばホトケ」とする考え方ともよく合致したものといえよう。そして以後、江戸時代には死者の法名を記す各種の型式の石塔が流行し、その中で碑面から種子が徐々に姿を消していき、また近年の先祖代々の角柱型の石塔の流行への過程で新たに家紋などが刻まれてきた動きをみると、(36)そこには死後の浄土往生の思想の徹底ということと、その一方で近世以来の庶民の間での家（イエ）の観念の発達ということをその背景によみとることもできる。そして、かつてのような、墓塔に仏種子あるいは仏像を刻むという仏への結縁、帰一を願う方式は、夭死した子供の地蔵塔や悲運な子の水子地蔵の造立として今日的な展開をみせているといえよう。

ま と め

本稿で指摘したことをまとめておくと、およそ次のとおりである。

i　埋葬墓地において、個々の埋葬地点に設えられる種々の墓上装置に注目してみると、その形態的な面での各種の変化形の存在から、次の点が指摘できる。つまり、モンドリとかサギッチョなどと呼ばれる竹の円錐形の装置と、イガキなどと呼ばれる四角の竹囲いの装置やシズクヤなどと呼ばれる家型の装置とを比較してみると、形態的に前者から後者へと変化、展開していった経過があとづけられる。

また、各種の墓上装置の機能的な面についてみれば、その主要構成要素として抽出できるのがヤネ（屋根）とカキ（垣）という二つの要素であり、この二つの要素の組み合わせによって構成されている墓上装置というのは、本来、死者を現実のこの社会から離脱させていくための一連の葬送儀礼の中で必要と考えられた死者に対する一定期間の忌み籠もらせのための装置であり、死者に対するその後の継続的な霊魂祭祀や供養のための装置というのではなかった。

ii　古代から中世へかけて、石造墓塔の系譜をたどってみると、古くには死霊鎮撫と死者供養という両面的な機能が期待されていたが、浄土思想の定着とともにその比重が前者から後者へと移ってきたものと思われる。

注

(1) 本書第一章第二節。

(2) 本書第二章第一節。

(3) 注(1)に同じ。

(4) これまで、この種の装置について論じたものとしては、柳田国男『葬送習俗語彙』(昭和十二年)、井之口章次「狼弾きの竹」(『民間伝承』一三―一一、昭和二十四年)、河上一雄「日本葬制上の一問題―喪屋及び墓覆いについて―」(『西郊民俗』二三、昭和三十七年)などがある。

(5) このような、費用をかけて丁寧にするか、それともかんたんにすませてしまうかで墓上装置に差がみられるという事例は、他でも多くみられる。事例4の隣の南草木でも同様だし、その他、筆者の調査地の中でも奈良県吉野郡西吉野村尼ヶ生をはじめ数多く確認されている。また子供の場合に限ってこのような竹を円錐形に束ねる形にするという事例は、筆者は奈良県下や千葉県下で多く確認している。

(6) 他にもこうした事例はみられる。たとえば香川県仲多度郡多度津町高見島の浜という村では、埋葬後、上にきれいな花をたくさん山盛りになるほど積み、雨が降るといけないといって、菰で周囲を巻きかぶせておく。そして三日目のシアゲの日にハカガタメといって浜辺から石をたくさん拾ってきて、身内の者たちが山盛りにしてある花を取り除いてその上に積む。そして四十九日には喪主が、周囲が板塔婆でできている四十九屋《シズクヤ》と呼ぶ高さ約一メートル程度の家型を据える。四十九屋は自然の朽廃にまかせられ、数年の後に盆の墓掃除などの際にとりかたづけられる。あとはたくさん積まれたハカガタメの石と、その上におかれた目印の石一つが墓参の対象となる（昭和四十六年、筆者調査）。

また、愛媛県越智郡伯方町北浦（『日本の民俗　愛媛』第一法規出版）、兵庫県宍粟郡奥谷村原（平山敏治郎・錦耕三『奥播磨民俗採訪録』）などでも同様。

（7）たとえば、青森県津軽郡岩崎村正道尻・鰺ヶ沢町中村（『津軽の民俗』吉川弘文館）、新潟県岩船郡粟島浦村釜谷（『離島生活の研究』国書刊行会）、岡山県笠岡市白石島（『離島生活の研究』）、島根県八束郡鹿島町片句浦（宮本常一『出雲八束郡片句浦民俗聞書』）、大分県東国東郡姫島（『くにさき』吉川弘文館）、長崎県北松浦郡宇久島・小値賀島（『離島生活の研究』）、鹿児島県薩摩郡甑島（『離島生活の研究』）、鹿児島県大島郡三島村黒島（『離島生活の研究』）、などの諸事例が知られている。他に、注（4）であげた香川県の高見島や愛媛県の伯方町北浦の事例も同様である。

（8）筆者の実地調査によると、他にも静岡県磐田郡佐久間町出馬・天竜市神沢・愛知県北設楽郡設楽町田峯（昭和四十八年）、京都府相楽郡南山城村今山（昭和四十八年）、香川県三豊郡詫間町粟島尾（昭和四十六年）などで確認されている。また次の地域の諸事例も知られている。福島県南会津郡只見町夕沢（『日本の民俗　福島』）、埼玉県秩父市浦山・川越市杉下（『埼玉の民俗』県教育委員会）、静岡県安倍郡一帯（『日本民俗図録』朝日新聞社）、愛知県北設楽郡豊根村（『北設楽郡民俗資料調査報告書』一・二、県教育委員会）、愛知県南設楽郡鳳来町粟衣（『日本の民俗　愛知』）、長野県下伊那郡阿南町新野・栃洞（須藤康清氏調査撮影、昭和四十八年）、三重県北牟婁郡尾鷲町（『民間伝承』五―九、佐堂光子）、愛媛県宇和島地方（『宇和地帯の民俗』吉川弘文館）、高知県幡多郡佐賀町（『日本の民俗　高知』）、高知県土佐郡土佐山村（桂井和雄『土佐山民俗誌』）、徳島県三好郡祖谷山地方（武田明『祖谷山民俗誌』）。なお、これらの他にも、各種の民俗調査報告書の類に散見される。

（9）筆者の実地調査によると、他にも兵庫県氷上郡春日町多利（昭和四十七年）、三重県志摩郡阿児町神明（昭和四十七年）、群馬県北群馬郡子持村立和田（昭和四十八年）、栃木県鹿沼市酒野谷（昭和四十八年）、埼玉県富士見市水子（昭和五十七年）などでみられた。また次の地域の諸事例も知られている。山形県米沢市簗原（『日本の民俗　山形』）、新潟県見附市杉沢（『新潟県の民俗』県教育委員会）、新潟県南蒲原郡下田村（『高志路』一六〇）、新潟県菅谷石川郷中川（『高志路』二一〇）、栃木県下都賀郡赤津村（『民間伝承』九―一二、橋浦泰雄）、栃木県下一帯（『日本の民俗　栃木』）、群馬県前橋市芳賀地区（『日本の民俗　群馬』）、群馬県邑楽郡板倉町石塚（『利根川中流水域のムラの民俗』東京女子大郷土調査報告）、群馬県勢多郡東村神戸・碓氷郡松井田町岩の平・桐生市梅田町馬立（『群馬県民俗調査報告書』県教育委員会）、埼玉県飯能市中藤中郷・入間郡日高町高麗本郷（『埼玉の民俗』県教育委員会）、埼玉県狭山市根岸（最上孝敬『詣り墓』）、愛知県春日井市（『春日井の民俗』市教育委員会）、愛知県海部郡大治村（『日本の民俗　愛知』）、三重県三方郡美浜町松原（小松理子氏調査撮影、昭和五十八年）、滋賀県伊香郡余呉村『民俗の事典』岩崎美術社）、奈良市興隆寺（『近畿民俗』四一、中田太造）、もちろん、これらは報告された事例の一部にすぎず、こうした伝承は他にも数多いものと思われる。

(10)　山形県米沢市簗原（『日本の民俗　山形』）など。なお、二本の竹を十文字に交叉させて立て、石を吊るすかたちは新潟県下で多くみられる。

(11)　筆者の実地調査によると、他にも千葉県夷隅郡御宿町須賀・浜（昭和四十八年）、習志野市実籾（昭和四十七年）、埼玉県新座市大和田（昭和五十六年）、愛知県渥美郡渥美町高木（昭和四十七年）、三重県志摩郡阿児町鵜方（昭和四十七年）、奈良県吉野郡西吉野村尼ヶ生（昭和四十八年）、滋賀県高島郡マキノ町森（昭和四十七年）、福井県小浜市深野・遠敷郡上中町仮屋・三方郡三方町常神・美浜町竹波（昭和四十七年）、兵庫県三木市梠原・加東郡社町下久米（昭和四十七年）、津名郡五色町鳥飼浦・三原郡西淡町志知（昭和四十七年）、香川県三豊郡詫間町西香田・船越・積・箱・生里（昭和四十六年）などでみられた。また、次の地域の諸事例も知られている。秋田市山谷字野田（『日本民俗学会報』二六、宮崎進）、秋田県仙北郡地方（『民間伝承』五―一〇、小玉暁村）、福島県南会津郡檜枝岐村（今野円輔『檜枝岐民俗誌』）、西会津地方今和泉（『西会津地方の民俗』県教育委員会）、田村郡地方（『民間伝承』五―六、蒲生明）、新潟県加茂市上大谷・柏崎市笠島（『新潟県の民俗』県教育委員会）、南魚沼郡六日町（渡辺行一『越後南魚沼民俗誌』）、南魚沼郡土樽村土樽（『高志路』四―一〇、剱持隼一郎）、南蒲原郡下田村（『高志路』一六〇）、群馬県勢多郡東村神戸・花輪、碓氷郡松井田町（『群馬県民俗調査報告書』県教育委員会）、千葉市長作・我孫子市古戸（最上孝敬『詣り墓』）、長野県下水内郡栄村秋山郷（『日本民俗学会報』八七、山本明）、長野市松代町豊栄牧内・上高井郡東村仁礼・小布施町中子塚（『信州の民俗』県教育委員会）、東筑摩郡四賀村穴沢（『信濃』二三―八、仁科雅視）、富山県西砺波郡福岡町沢川（『富山県の民俗』県教育委員会）、福井県大野郡石徹白（宮本常一『石徹白民俗誌』）、愛知県東加茂郡旭町浅谷（『日本の民俗　愛知』）、京都府北桑田郡地方（『日本民俗図録』朝日新聞社）、奈良県桜井市（『日本の民俗　奈良』）、奈良市興隆寺（『近畿民俗』四一、中田太造）、大阪府箕面市止々呂美（『日本の民俗　大阪』）、兵庫県多紀郡西紀町西紀之部（『兵庫探険』民俗編、神戸新聞社）、兵庫県宍粟郡奥谷村原（『奥播磨民俗採訪録』)、兵庫県城崎郡竹野町草飼(『近畿民俗』四五、日野西真定)、和歌山県有田郡・日高郡一帯(『日本民俗学』二―二、野田三郎)、鳥取県下(『日本の民俗　鳥取』)。

なお、この種の事例も他に数多く民俗調査報告書の類などに報告されており、ここではその一部をあげた程度である。

(12) 筆者の実地調査によれば、京都府北桑田郡京北町比賀江(昭和四十七年)、大阪府豊能郡能勢町歌垣上村(昭和四十七年)、兵庫県多紀郡多紀町福住(昭和四十七年)、加東郡社町下久米(昭和四十七年)、津名郡北淡町蟇浦(昭和四十七年)、津名郡一宮町尾崎・江崎(昭和四十七年)、津名郡五色町鳥飼上組(昭和四十七年)、洲本市下内膳(昭和四十七年)、三原郡南淡町上町・佐野(昭和四十七年)、福井県遠敷郡上中町三生野(昭和四十七年)、滋賀県高島郡マキノ町森(昭和四十七年)、奈良県宇陀郡菟田野町宇賀志松井(昭和四十七年)、御所市室(昭和四十八年)、吉野郡西吉野町尼ヶ生(昭和四十八年)、三重県名張市長瀬(昭和四十七年)、三重県志摩郡阿児町神明(昭和四十七年)などの諸事例が確認されている。他にもこの種の事例は数多く、以下その一部をあげておくならば、秋田市山谷字野田(『日本民俗学会報』二六、宮崎進)、宮城県気仙沼市阿宵月・津山町平形福田寺・牡鹿町網地島(『陸前北部の民俗』吉川弘文館)、宮城県加美郡新田町(『東北民俗資料集』一)、福井県大飯郡旧大島村(『民間伝承』一四―五、最上孝敬、『日本民俗学』二―二、鈴木裳三)、小浜市野代・上田・西相生・羽賀・高塚・粟田・宇久(小川進勇「小浜市の両墓制」〈『小浜市史紀要』3〉)、奈良県磯城郡旧朝倉村狛(『民間伝承』一六―二、堀一郎)、宇陀郡室生村深野(松本俊吉『室生の民俗』)、添上郡月ヶ瀬村嵩・山辺郡旧波多野村西波多・山辺郡旧豊原村勝原・山辺郡旧針ヶ別所村馬場(『近畿民俗』四一、中田太造)、桜井市(『日本の民俗　奈良』)、三重県度会郡御薗村高向(『社会と伝承』九―四、西川順士)、大阪府茨木市上音羽(『日本の民俗　大阪』)、島根県美濃郡匹見町(矢富熊一郎『石見匹見民俗』)、香川県三豊郡高瀬町(『日本の民俗　香川』)など。

(13) 筆者の実地調査によれば、栃木県塩谷郡藤原町上滝(昭和四十八年)、今市市栗原・穴沢(昭和四十八年)、鹿沼市酒野谷(昭和四十八年)、茨城県多賀郡十王町高原(昭和四十八年)、東京都西多摩郡日の出村細尾(昭和四十六年)、西多摩郡檜原村大沢(昭和四十八年)、東京都下伊豆諸島三宅島(昭和五十八年)、山梨県南都留郡勝山村小海・勝山・小立(昭和四十七年)、福井県大飯郡大飯町川上・父子(昭和四十七年)、小浜市尾崎(昭和四十七年)、兵庫県津名郡東浦町白山・河内・野田(昭和四十七年)、津名郡北淡町蟇浦(昭和四十七年)、津名郡一宮町尾崎・江井(昭和四十七年)、津名郡五色町鳥飼上組・鳥飼浦(昭和四十七年)、三原郡南淡町上町・佐野(昭和四十七年)、香川県丸亀市本島笠島・新在家・甲生・大浦(昭

和四十六年）、仲多度郡多度津町高見島浜（昭和四十六年）、佐柳島長崎・本浦（昭和四十六年）、三豊郡詫間町粟島本村・尾（昭和四十六年）、詫間町生里（昭和四十六年）、岡山県真庭郡新庄村新庄（昭和五十年）、鳥取県日野郡江府町御机（昭和四十八年）、西伯郡中山町高橋（昭和四十八年）、西伯郡名和町小竹・峯小竹（昭和四十八年）、宮崎県児湯郡川南町小池（昭和五十二年）などの諸事例が確認されている。この種の事例も他にも数多く、ここにすべてを掲示することは不可能なくらいである。一部を掲げておくならば、福島県西会津地方今和泉（『西会津地方の民俗』）、群馬県邑楽郡板倉町石塚（『利根川中流水域のムラの民俗』）、東京都下伊豆諸島利島（『離島生活の研究』）、三重県北牟婁郡尾鷲町（『民間伝承』五—九、佐堂光子）、京都府福知山市仏坂・与謝郡加悦町金屋（『日本の民俗　京都』）、兵庫県宍粟郡奥谷村原（『奥播磨民俗採訪録』）、岡山県勝田郡勝田町東谷上駿ロ（『日本の民俗　岡山』）、和気郡旧八塔寺村大藤（『八塔寺周辺の民俗』岡山民俗学会）、美作地方（『美作の民俗』吉川弘文館）、鳥取県西伯郡日吉津村海川（『民間伝承』一四—三、山根雅邦）、島根県隠岐島・八束郡美保関町・鹿足郡一帯（『日本の民俗　島根』）、高知県幡多郡大月町・佐賀町（『日本の民俗　高知』）、徳島県阿波平野一帯（『民間伝承』五—一〇、田所市太）、佐賀県東松浦郡一帯（『日本の民俗　佐賀』）、長崎県壱岐郡小崎海士（『日本の民俗　長崎』）、北松浦郡樺島（『離島生活の研究』）、熊本県天草郡苓北町富岡（『日本の民俗　熊本』）、大分県南海部郡蒲江町・東国東郡姫島村（『日本の民俗　大分』『くにさき』）、宮崎県西臼杵郡高千穂町中山（『高千穂地方の民俗』県教育委員会）、宮崎市江井（『民間伝承』五—五）、鹿児島県出水郡長島（『離島生活の研究』）、薩摩郡甑島（『離島生活の研究』）、串木野市土川（『日本民俗学』二—四、村田熙）、肝属郡内之浦町大浦・船間（宮本常一『大隅半島民俗採訪録』）、大島郡三島村黒島（『離島生活の研究』）、トカラ列島悪石島（『日本民俗学会報』八二、安田宗生）など。

(14)〜(17)　石田茂作『仏教考古学論考』四、仏塔編（昭和五十二年）など。

(18)　藪田嘉一郎編著『宝篋印塔の起源・続五輪塔の起源』（昭和四十一年）、岡崎譲治「銭弘俶八万四千塔考」（『仏教芸術』七六、昭和四十五年）。

(19)　拙稿「遠州見付宿の葬墓制と他界観」（『中世の都市と墳墓』昭和六十三年）。

(20)　注(14)に同じ。

(21)　『日本文徳天皇実録』嘉祥三年四月十八日条。

(22)　『群書類従』釈家、巻二四。

（23）本書第一章第三節。
（24）『類聚雑例』『日本紀略』長元九年（一〇三六）四月十七日死亡、五月十九日荼毘、納骨。
（25）拙稿「殯儀礼と遊部・土師氏」（『生と死の民俗史』昭和六十一年）参照のこと。なお、殯については、折口信夫「大嘗祭の本義」（『古代研究』三）、同「上代葬儀の精神」（『神葬研究』昭和九年十二月号）、五来重「遊部考」（『仏教文学研究』一）、和田萃「殯の基礎的考察」（『史林』五二―五）、久保哲三「古代前期における二重葬制について」（『史観』七五）、岩脇紳「殯（モガリ）」（『近畿民俗』五七）、田中久夫「殯宮考」（『東アジアにおける民俗と宗教』）など、多くの研究がある。
（26）注(14)に同じ。藪田嘉一郎『五輪塔の起源』（昭和三十三年）。
（27）千々和実「初期五輪塔の資料三題」（『宝篋印塔の起源・続五輪塔の起源』前掲）。
（28）服部清道『板碑概説』（昭和七年）、千々和実「板碑研究の課題」（『日本歴史』二九一）、千々和到『板碑とその時代』（昭和六十三年）など。
（29）石田茂作「碑伝について」（『銅鐸』一二）、跡部直治「板碑の源流及本質について」（『史跡名勝天然記念物』八の二～六）（碑伝説）、平子鐸嶺「板碑の源流」（『考古界』五―一）（傘塔婆説）、服部清道『板碑概説』（五輪長足塔婆説）、五来重『元興寺極楽坊中世庶民信仰資料』（人型説）、藤原良志「青石塔婆型式の源流」（『史迹と美術』三七一・三七二）（宝珠説）。
（30）稲村坦元「北埼玉郡竜興寺発見の青石塔婆に因んで板碑の称呼を排す」（『埼玉史談』二―五）。
（31）千々和実「中世諸地域における諸仏信仰の比率」（『日本歴史論究―考古学・民俗学編―』昭和三十九年）、同「板碑源流考㈠・㈡」（『日本歴史』二八四・二八五）。
（32）千々和実「板碑消滅考」（『月刊考古学ジャーナル』一三二）。
（33）筆者の近畿農村における実地調査の過程でも、しばしば大量の一石五輪塔が確認されている。近江の菅浦などはそうした典型的な村であり、寺庵の後背地に一石五輪の密聚がみられる。
（34）（35）伊藤唯真「師守記にみる中世葬祭仏教―墓・寺・僧の相互関係を中心として―」（『鷹陵史学』三・四、昭和五十二年）。
（36）本書第二章第二節参照。

第二節　両墓制と墓参習俗
――死穢の忌避をめぐって――

はじめに

両墓制成立の前提として、埋葬墓地が日常的な居住空間たる集落範囲の外に遠く離れて設営されているという状況があったということはすでにのべた。(1)そして、そうした埋葬墓地の立地の背後に存在したのは、基本的には死穢を強く忌避する観念であったろう。

かつて、埋葬墓地と石塔墓地の両墓に対するまいり方の差に注目した最上孝敬氏も、両墓のうち、どちらを重視するかによって大きく四つのタイプに分け、埋葬墓地を四十九日の忌明けなどをもって早めに放棄し、もっぱら石塔墓地の方へのみまいる形をより古い本来的なものとし、埋葬墓地へいつまでもまいり続けるような事例はのちのくずれた形であろうとのべた。(2)なぜなら、死穢の埋葬墓地を避けてわざわざ詣り墓としての石塔墓地を設けながら、埋め墓へもまいり続けるというのは矛盾であり、埋め墓へまいり続けるのであれば、それとは別にとくに詣り墓、つまり、石塔墓地を設ける必要などないはずである、というのである。

たしかに、そのような考え方は合理的でありほぼ妥当なところのように思われる。したがって、その後もとくに反論もないまま、現在まで、これがいわば通説的な位置を占めてきているといってよい。

しかし、実際に各地の両墓制事例を直接確認して歩いてみると、また、それなりにいくつかの疑問点も出てこないではない。

たとえば、最上氏が本来の古いかたちであろうとされた、石塔墓地の方へのみまいり埋葬墓地は早めに放棄してしまうというタイプの事例というのは、実際には非常に少なく、逆に埋葬墓地の方へも埋めたあとがわかる間はずっとまいり続けるという、いわばくずれたはずのタイプの事例が圧倒的に多いのである。そして、なかにはむしろ埋葬墓地の方をこそ重視してまいり続け石塔墓地の方はほとんど忘れ去られてしまっているというような事例さえある。それら埋葬墓地を重視するタイプの事例の一つひとつについて、いずれも本来の形がくずれたものとのみはたしていいきれるかどうか。

また、古い本来の形であろうとされる石塔墓地の方へのみまいり埋葬墓地は早めに放棄してしまうというタイプの事例の分布がきわめて特徴的であるという点も気になる。それらは、近畿地方の周辺部の一帯に点々と、いわば円環状に分布しているのである。その分布にははたして何か意味があるのであろうか。

死穢の忌避ということと、両墓制の成立ということとの間にはいったいどのような関係があるのだろうか。ここで、現行の両墓制事例における両墓への墓参のしかたという点に注目して、その問題について考えてみたい。

一　埋葬墓地の放棄と愛着

第一章第二節に掲げた第1表に、筆者の直接調査した諸事例における両墓へのまいり方の差異をタイプ別に整理してある。

a—（埋葬墓地）を重視するタイプ

a_1　aへのみまいり、bはほとんど忘却されているような例。

a_2　aへの墓参が主で、bへは盆など限られた機会のみというような例。

x—a（埋葬墓地）とb（石塔墓地）の両方へほとんど同じようにまいるタイプ

b—（石塔墓地）を重視するタイプ

b_1　bへのみまいり、aへは埋葬後三十五日か四十九日までしかまいらず、あとは放棄してしまうような例。

b_2　bへの墓参が主で、aへはムカワリ（一周忌）くらいまでしかまいらないような例。

b_3　bへの墓参が主で、aへは三年忌くらいまではまいるというような例。

b_4　bへの墓参が主であるが、aへも七年忌から十三年忌くらいまではまいるというような例。

なお、この場合、一口に墓参といっても、次のような三つのタイプがあることに注意しておく必要がある。

① 埋葬後七日間、そしてその後四十九日の忌明けまでの、新しい死者に対する継続的な墓参。

② 一周忌から三年忌、七年忌と続き、最終的に三十三年忌もしくは五十年忌の弔上げまで続けられる特定の死者のための年忌ごとの墓参。

③ 盆や彼岸など、毎年特定の季節を限って繰り返し行われる身近かな死者や先祖に対する墓参。

このうち、①のタイプについては、墓参というよりも、むしろトギ、つまり生死の境界的な状態にある一定期間、死者に付き添いそばに居続けて死者を見送るいわゆるモガリの延長に位置づけられるものであり、一般的な墓参、つまり、すでに一連の葬送儀礼の完了したのちにあらためて期日を限って死者のもとを訪問するかたちの墓参とははっきり区別すべきものであるということはすでにのべたとおりである。(3)

また、②のタイプの場合、一周忌、三年忌、そして七年忌くらいまではていねいに墓参を行うが、「年忌に催促なし」などという言葉も聞かれるように、その後は比較的あいまいな状態となっているというのが実情である。ただ、三十三年忌もしくは長い場合には五十年忌もあるが、一定の年限を限っての弔上《とむらいあ》げだけはしっかりやるという例は多く、周知のように生木を削った杉塔婆を立ててその印とする例が各地にみられる。また、その際、「石塔倒し」などといって石塔も倒してしまう例もある。(4)とにかく、この弔上げをもって特定個人に対する個別的な墓参その他の供養は完了するというのが一般的である。

さらに、③のタイプの墓参は、今日最も一般的なもので、盆の場合には、死者のもとへの訪問という意味あいの他に先祖に対する迎えや送りの意味をもつ例が多い。

そして、これら第1表にみるような諸事例について見わたしてみた場合、埋葬墓地を重視するタイプとしてのaとxに対し、埋葬墓地を軽視して墓参の対象とはしないというタイプのbの二つのタイプに大別されるであろう。そこで注目されるのがbのタイプの分布の実態である。近畿地方の各地に点在しており、それがいわば円環状の特徴的な分布を示しているのである。第1表に沿ってみれば、まず大阪府の豊能郡能勢町の一帯にあり、それが兵庫県多紀郡多紀町一帯へとのびている。一方、淡路島の南半部にはとくにこれが顕著にみられる。若狭地方では点々と混在しておりとくに濃密な分布というわけではない。滋賀県の湖北の事例はその若狭地方との連続上にとらえられるものかとも思われる。南下して奈良県、三重県についてみると、奈良県の西部の山間地帯でみられ、それは三重県の伊賀地方へと連なっている。また、奈良県南部の吉野方面にみられ、それは和歌山県下(5)から淡路島へと連なっているかのようである。

このようなbのタイプの特徴的な分布というのははたして偶然であろうか。そこで、まず注意されるのは、この分布は先にみた埋葬墓地の呼称としてのサンマイという語の分布状況ともよく似た円環状の分布であるということである。サンマイという語の分布は、そのサンマイという語の民間への定着とその後の退縮という一定の歴史的事情を反映しているものであると先に論じたところであるが、では、そのサンマイという語とよく似た分布傾向を示しているbのタイプのこのような分布状況もやはり何らかの歴史的事情を反映させているものなのであろうか。

その点について検討を試みるため、調査地点を近畿地方の中央部から周辺部へと少しずつ外側へむかって移動してみることにしよう。そこにどのような差異がみられるか。

まずはじめに、東の方向にむかって南山城地方や奈良盆地から伊賀地方へ、さらには伊勢、志摩地方へと注意してみる。すると、たとえば、南山城地方の田辺町打田の事例（京都8）などは先にもみたように、埋葬墓地へも石塔墓地へも同じようにまいるというタイプである。そして、南山城村今山（京都7）あたりまで同様である。しかし、奈良市東方の柳生村に近い興ヶ原（奈良1）あたりから三重県の伊賀上野市郊外や阿山郡一帯にかけて（三重1〜5）は、埋葬墓地へはまいらず石塔墓地の方へのみまいるbのタイプが顕著となっている。しかし、それも志摩地方にまでいくと（三重6〜11）、また逆に埋葬墓地をも重視して墓参は両墓へ行うようなタイプへとなっている。

では、それぞれ典型的な事例をみてみよう。まず、埋葬墓地を放棄してかえりみないタイプである。

(1)　三重県阿山郡大山田村広瀬(7)

広瀬は約五〇戸あまりの集落で、田中《たなか》（一〇戸）、上出《うえで》（九戸）、広出《ひろで》（八戸）、馬野川《ばのがわ》（一四戸）、三谷《みたに》（一〇戸）の五つのコバ（小字）からなっている。

宗旨は、この広瀬の上出にある曹洞宗広徳寺の檀家二二戸、となりの下阿波にある浄土真宗（西本願寺派）正覚寺

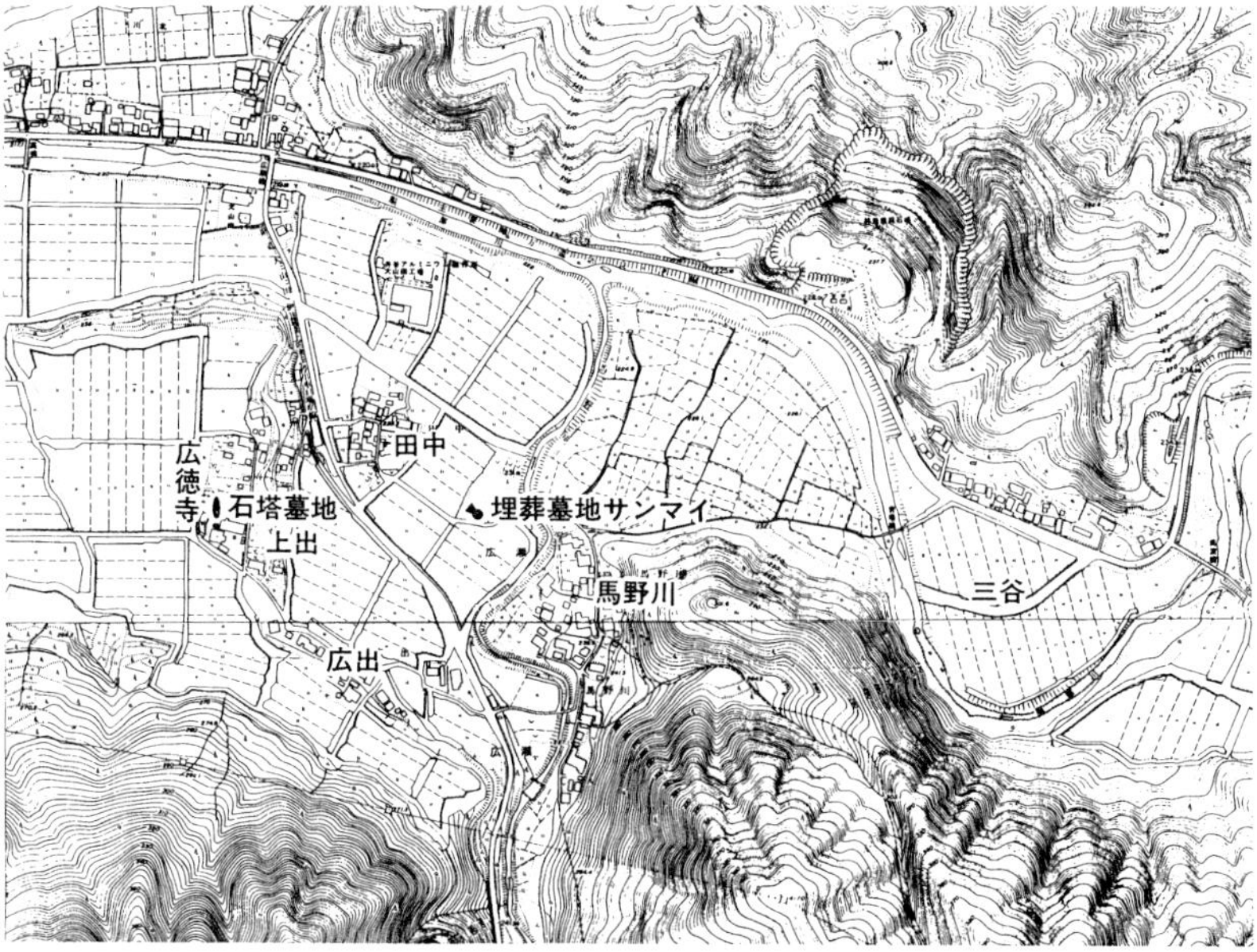

第50図　三重県阿山郡大山田村広瀬

の門徒一二戸、伊賀上野市にある浄土真宗（高田派）大仙寺の門徒一戸、畑にある日蓮宗妙蔵寺の檀家四戸、それにインキョ（隠居）やブンケ（分家）で、まだホトケ（死亡者）がないため寺檀関係を確保していない家や新興宗教の類へ入信し従来の寺檀関係を絶っている家や新しい転入戸などその他が七戸である。

埋葬墓地は、サンマイと呼ばれ広瀬のなかほどを南北に貫流する馬野川のそばにあり、宗旨と関係なく全戸の共同使用である。五つのコバ（小字）からなるこの広瀬では、馬野川の東側にある三谷と馬野川を東がまえと通称し、馬野川の西側にある田中、上出、広出を西がまえと通称しているが、このサンマイはその両者のちょうど中間の地点に立地していることになる。サンマイの入口にある石造の棺台も、六字名号碑も、六地蔵も、いずれも東がまえのものと西がまえのものと一対ずつ並立しており、埋葬の場所も最近までは、それぞれ東がまえの家では墓域の東半分に、西がまえの家では西半分へと埋葬することになっていたという。

第51図　サンマイの景観（雑草が生い繁り，墓参の様子もうかがえない。三重県阿山郡大山田村広瀬）

この点もサンマイの立地が東がまえと西がまえの両者の中間のいわば境界的な場所であるということをよくものがたっている。

　このサンマイは、深い雑草に覆われており、数十本の角柱状の木墓標がその上部をたけの高い雑草の中からのぞかせている。墓域に足を踏み込むことさえできないくらいで家ごとの区画などなく、次々に掘りかえすまったくの共同使用である。ていねいな埋葬の場合には、埋葬した上に芝をのせ竹の枠組みを据えたりするが、ふつうは盛土をして木墓標をたて供物をなすだけである。

　このサンマイにまいるのは、埋葬後、七逮夜、つまり四十九日の満中陰までで、それ以後はまったくまいらない。年忌も盆も彼岸もまいらず、個個の埋葬地点は放棄されてかえりみられないのである。最近では、老人クラブの人たちで盆前に草刈りくらいはするようになったが、それまでは新しい死者を埋葬するたびに適宜墓穴のまわりの草を刈りとるくらいで掃除さえあまりしなかった。

　ただ、このサンマイの入口には、前述のように六字名号碑と六地蔵とがそれぞれ一対ずつあり、六地蔵の方には銘

（西側のもの）

正徳二壬辰天
南無阿弥陀仏
八月廿九日

（東側のもの）

正徳二壬辰天
南無阿弥陀仏
□□□□□

文がみられないが、六字名号碑の方には右の図のようにあり、正徳二年（一七一二）のころの造立とわかる。この六字名号碑や六地蔵はここが死者に対する葬送念仏の場であると考えられていたことを示すものではあるが、必ずしも、ここが継続的な墓参供養の場所であったことを示すものではない。

一方、このサンマイに対し、曹洞宗広徳寺の檀家二〇戸は、広徳寺の前の道路沿いに石塔墓地を設けている。近世中期以降、現代にいたるまでの石塔群で、家ごとに数基ずつあり、年忌や毎年の盆などの墓参供養はもっぱらこの石塔墓地に対して行われる。

畑にある日蓮宗妙蔵寺の檀家の石塔墓は、広徳寺の裏手の池の横に設けられており、その土地は広徳寺の管理外の土地である。最近、その石塔を畑の妙蔵寺の方へ移転しようという動きもある。これらの石塔墓については、サンマイのような固有の呼称というのはなく、強いていえばハカ、ボチ、セキヒであろうという程度である。

下阿波の浄土真宗正覚寺の門徒の家々では石塔はまったく建てない。死者の遺髪をオコツと呼んでとっておき、その一部を埋葬の翌日、正覚寺へ持っていき本堂でおつとめをしてもらったあと境内の納骨塔へ納める。残りのオコツ、遺髪は家の仏壇にあげておき、四月十七日の本山納骨の日か、年忌供養のときにか、適宜時期をみて京都の大谷本廟へと正覚寺の住職とともに納骨に行く。

正覚寺の納骨塔というのも、その銘文に、「発起　正覚寺第十六世　釈隆信　并門徒中　大正四季十一月十一日」とあるように、先々代の住職であった隆信氏がはじめたもので、その後、昭和四十八年三月には本堂の裏手に新たにロッカー式の納骨堂がつくられているが、これらは最近の動向であり、いずれも墓参供養の対象となっているものではない。門徒の家々ではサンマイに埋葬して七逮夜の四十九日までそこへまいると、あとはもっぱら家ごとの仏壇の阿弥陀仏へとまいって死者の供養とするのである。

なお、曹洞宗広徳寺の檀家や、日蓮宗妙蔵寺の檀家ではサンマイの土や死者の遺髪などを石塔墓の方へ移すというようなことは一切ない。

さて、このような事例によって確認されるのは次のような点であろう。

これは埋葬墓地を墓参の対象とはしない村であり、それは家々の宗旨とは関係ない。しかし、石塔の造立というのは家ごとの宗旨によるものであり、宗旨によって石塔を建てたり建てなかったりしている。その石塔の造立のあり方によって、他ならぬ両墓制と無石塔墓制との差が生じているのである。

つまり、これは、裏がえせば、両墓制の形となるか、無石塔墓制の形をとるか、そのいずれかへの分岐ということと、埋葬墓地への墓参の有無ということとはもともと直接関係のないことがらであるということになる。石塔という要素を受容するか否かという問題以前に、この村においては埋葬墓地は墓参の対象とされていないという状況があったのである。

では、次に志摩地方の事例についてみてみよう。

(2)　三重県志摩郡阿児町立神(8)

第52図　三重県志摩郡阿児町立神

第53図　ミハカの景観（個々の埋葬地点はきれいに土盛りがなされ，その上に自然石がのせられ，花が供えられている。中央の奥にあるのは芝を重ねた新しい埋葬地点。奥に石塔が見えるが，それは昭和50年にカラムショの石塔がこちらへ移されて両墓隣接型となったためである。三重県志摩郡阿児町立神）

立神はおよそ四〇〇戸近くにもなる大きな集落である。北、西、東、南の四地区にわかれており、それぞれ戸数は一〇〇戸前後である。

立神全体の氏神として宇気比神社があり、檀家寺としては臨済宗少林寺と臨済宗本福寺の二ヵ寺があり、この立神の家々はほとんどそのいずれかの檀家となっている。

ミハカと呼ばれる埋葬墓地は、東北方向の集落のはずれに遠く離れてある。そこは北と西の家々の共同の埋葬墓地である。南と東の家々の埋葬墓地は別に集落の南西方向のはずれにある。ここではとくに北と西のミハカについてみてみることにする。

個々の埋葬地点はいずれもピラミッド型に盛土がなされ、その上に目印の自然石を置いたもの、また自然石のかわりに俗名を刻んだ角柱型の高さ約三〇センチくらいの石墓標とでもいうべきものを立てたもの、そして、まだ新しいものでは一対の木製の立派な灯籠を備えて盛土の上に芝を三枚重ね、種々の供物を残しているものなどがあり、それらのみんなに色鮮やかな季節の花が供えられている。

このミハカに入ると一面とてもはなやいだ感じがする。

死体を埋葬するときには、まず棺の上に土をかけ、その途中で間に竹の簀をかぶせる。そして、その上にふつうの盛土とは少し異なって、ちょうど四角錐状にピラミッド型の盛土をなし、その上に芝を約三〇センチ四方ばかりそれも横からみると台形の状態になるように切りとって、それを三枚、上下互いちがいに積み重ねる。そして、タマの木で作った小さな鍬と水杓子、それに木刀をさし立て、食膳や四花などの供物をする。そして、中央には角柱状の塔婆を芝三枚貫くようにさし立てておく。この小さな木の鍬は、葬儀に際し、僧が「カッ」と叫んで引導を渡すとき、放りなげたものである。目印としておく自然石はアタマイシとかハカジルシと呼んでいる。

一方、これに対し、石塔墓地はカラムショといい、ミハカへいく道の手前の約五〇〇メートルばかりのところにある。やはり集落の東北方向のはずれで、もとは子供だけを埋葬する子墓のあったところである。ミハカへ向う道路から左手に少し入った山道に沿って石塔が建てられている。この場所は地図にもみられるように、村に疫病や厄災などの入ってこないようにと立てられる御祈禱のお札の場所からもずっと外側に位置している。この御祈禱の御札というのは、毎年三月、五月、九月のそれぞれ十二日に、宮座の九人衆と呼ばれる役職者たちの

第54図　カラムショの石塔群（三重県志摩郡阿児町立神。昭和47年）

第55図　集落のはずれに立てられた祈禱札（カラムショもミハカも，この道をまだここからずっと行ったところにある）

まわりもちで少林寺と本福寺で作製してもらって村境の四ヵ所に立てているものである。

死者をミハカに埋葬すると、ふつうは午後二時か三時ごろであるが、人々はいったん帰宅する。このとき、ミハカの下の方にある小川で一同足を洗い、わらじなどはそこにぬぎすててくる。そして、夕方になってから再び親戚の血の濃い者だけでミハカへまいる。このときは僧は一緒にこない。そして翌日、その親戚の血の濃い者が喪家に集まってアガリといって食膳で共食の宴をもつが、この日の早朝にも血の濃い者はミハカへまいる。このとき、埋葬地点の土を一握り白紙に包んでカラムショに移す。すでに建てられている先祖の石塔の前あたりを少し掘ってそこへ埋めるなどする。このことをハカウツシといっている。これには僧が同行してミハカとカラムショでその時々に読経をしてくれる。土を包む白紙というのは、喪主が葬列で盛装し竹で作った刀を腰にさして位牌持ちの役をつとめた際にその竹の刀を包んでいたものなどをつかう。ハカウツシがすめば、その白紙は適当に処分される。土を移すほかには、遺髪や爪を納めるようなことはない。

ミハカの供物などが風雨にさらされて朽ちてしまうころになると、みんな片付けてしまうが、その期日は別に決まってはいない。ただピラミッド型に築いた盛土は毎年お盆がくるたびに必ず土を集めて築きなおし、これをずっと続けるのである。だから、盆前の七日とか八日に婦人会などを中心に共同でミハカの掃除をするが、そのとき各家ともにそれぞれの盛土をきれいに築きなおすために相当の量の土が必要になるわけで、いつも土のとりあいになるくらいだという。

一回忌もしくは三回忌の比較的早い時期に、ハカジルシとかアタマイシと呼ぶ自然石のかわりに俗名を刻んだ前述の石墓標を立てる例も多い。これも同様にハカジルシと呼んでいる。まいるについては、年忌など僧が一緒にまいってくれるのはカラムショまでで、ミハカまでまいるのは家の者だけである。カラムショが道順で手前にあるため、そちらに先にまいる人も多いが、人々の心情からはミハカの方が重要で、カラムショは形式的なものだともいい、ミハカに先にまいるという人も少なくない。

この事例は、埋葬地点を非常に重視してそこにながくまいり続けるというタイプであるが、このような事例から次のような点が注意されよう。

埋葬地点には、いずれもていねいな盛土がなされ、芝三枚が重ねられ、さらに上から角柱塔婆がつき立てられ、ハカジルシとかアタマイシと呼ばれる目印の自然石が置かれる。そして、盆のたびにていねいなピラミッド型の盛土が築きなおされ、その上に目印の自然石がそのまま据えて置かれる。つまり、この事例では、それぞれ個々の埋葬地点は、それなりに墓参の対象としてながく保持され、独自の装置を備えて完結しているといえるのではないか。ここには、あらためて仏教式の石塔がはいりこむ余地がないといってもよいくらいである。

では、この事例は、いわばくずれたタイプとはたしていえるであろうか。この事例の両墓制の成立を、石塔墓地に現存する石塔類から推定される江戸時代中期とするならば、そのころ、この立神では現在とは異なり、埋葬墓地は死穢の場所として忌避され、まったく放棄されて墓参の対象とはなっていなかったのであろうか。だから、そこを避けて新たに石塔墓地が墓参の対象として設けられ、やがて死穢忌避の観念もくずれてきて、現在みるように埋葬墓地へもまいるようになったのであろうか。そのようなめまぐるしい急激な変遷がここに推定できるであろうか。

明治生まれの古老たちが口をそろえて、むかしからミハカへまいったものだ、というとき、その、むかし、とは少なくとも自分たちの祖父母もしくは曾祖父母のころまでの習慣を物語るであろうと考えれば、この村では江戸時代後半にはもうミハカへの墓参は行われていたということになろう。

たしかに埋葬墓地が死穢の場所として忌避される場所であり、日常的な生活空間とははっきりと区別されるべきものであったということは、何よりも集落から遠くはなれた山の中にそれが設営されているということからわかる。そして埋葬の後、人々が下の小川で足を洗いわらじを脱ぎすててくるということなどからもよくわかる。しかし、それは石塔墓地も同様であり、疫病や厄災の侵入を防ぐためにこの立神地区の四つの村境に立てられる御祈禱の御札の立てられる地点よりもはるかに集落の外側にはなれて設けられているのである。

一般に、墓地を死穢の場所として忌避し、日常的な生活空間からはなれた場所に設営するということと、墓参の有無ということとは必ずしも完全に一致するものではない。日常的には忌避しながらも、盆や彼岸など一定の時期を限っては墓参は行われてきているのが今日一般的な形である。やはり、この立神の場合、埋葬墓地の形態、つまり個々の埋葬地点にみるような墓参にふさわしい装備のなされ方からすれば、むしろ埋葬墓地への墓参の伝統の比較的ないことが推定される。

つまり、この立神では、古くにはたしかに埋葬墓地への墓参など行われなかった時代があったかも知れないが、少なくとも江戸中期以降、石塔造立が定着化し両墓制が成立したころには、すでに埋葬墓地への墓参の習慣は成立していたのではないかと考えられるのである。

では、埋葬墓地への墓参が行われるようになっていたのに、なぜ、そことは別の場所にわざわざ石塔墓地を設けたのであろうか。

石塔立地に作用する力が多様であることはすでにのべたが(9)、この事例の場合、埋葬墓地において、先にみたような継続的な墓参に対応するような一連の墓上装置がすでに設えられるようになっていたとするならば、そこに新たに石塔という要素がそれらを排除してまで入りこみ埋葬地点を占拠するということには、やはり無理があったのではないか。(10) この事例では、結局、石塔は、埋葬墓地の手前の集落近くの子墓の場所に建てられたわけであるが、それは、石塔墓地を子墓と同じ、いわば略式の墓地として設けたのであり、略式の墓参のための装置として機能するものであったということを示しているのではなかろうか。

以上、この事例では両墓制の成立したころには、すでに埋葬墓地への墓参の習慣がみられるようになっていたものと考えられるのである。

では次に、こんどは近畿地方の西側へ向って淡路島から瀬戸内方面へと典型的な事例をみてみよう。

まず、淡路島の、埋葬墓地を放棄して墓参などしないタイプの事例である。

(3)　兵庫県津名郡五色町鳥飼浦(11)

埋葬墓地はサンマといって集落のなかほどに道路に面してある。藪が繁りあまり掃除もされていない荒れた状態である。埋葬地点につくる装置には、イガキと呼ぶ数本の竹を円錐形に束ねたもの、と四十九堂《シズクドウ》と呼ぶ板製の家型とがあり、さらに、その両者を重複させて四十九堂をイガキで覆う形のものもみられる。四十九堂の内部には目印の石と摩尼殿と書かれた小さな祠型があり、その中には白木の野位牌をおさめている。

埋葬後、はじめの七日間は毎日欠かさずこのサンマにまいり続ける。そして、あとは七日ごとに五〇日までサンマにまいるが、その後はまったくまいらない。もっぱら石塔墓地の方へまいるようになる。

石塔墓地は、ハカなどというが、ハカといえば埋葬墓地も石塔墓地も両方の意味に使われており、石塔墓地の特別な呼称というのはない。

石塔墓地は薬師堂のところと、通称善光寺の堂というところと、それにサンマの近くの一画とにあり、その他一部

第56図　サンマの景観（兵庫県津名郡五色町鳥飼浦）

の家では個人的にそれぞれの所有地にもっている例もある。

石塔墓地の方にすでに先祖代々の形の大型の石塔が建てられている場合には、それにまいり、また死者個人のための石塔がとくに建てられればそれにまいるが、まだそうしたその死者のための石塔が建てられていないような場合には、すでに建てられている古い先祖の石塔のところへ塔婆を立ててまいるとか、これから石塔を建てる予定の場所に目印の自然石をもってきておき、その前に摩尼殿と墨書した小さな祠型を据えて、これを仮のハカとしてそこにまいる。石塔墓地の方へは盆、彼岸、正月、それに年忌と、欠かさずまいる。

サンマから石塔墓地に土などを移すというようなことはまったくない。

なお、この事例でも同様であるが、この淡路島一帯の葬送儀礼でとくに注目されるのは、死後三十五日の先山まいりの風習である。これは淡路島の中央部にある標高四四八メートルの先山にのぼり、そこにある千光寺にまいって死者の山のぼりを助けるというものである。島内の各地域ごとに、この先山以外にも南辺寺山や月ノ山観音などへまいっており、それぞれ三十五日の高山まいりとして行われている。この先山まいりは別名ダンゴコロバシ（団子ころばし）ともいわれ、三十五日に死者の家族や親戚の者が一緒に先山にのぼり千光寺へまいる。本堂の裏手にある六地蔵の六角堂で、僧に読経をしてもらったあとで、本堂の横の崖のところへ行き、一同持参した団子を崖下に向ってころばすのである。三十五日には鬼が死者の邪魔をするので団子をころばしてやり、鬼がそれを拾っているうちに、死者は三途の川を渡るのだなどという。ころばすのは握り飯の例もあり、またわざわざうしろ向きになって肩ごしに投げる例もある。このダンゴコロバシのあとで、下山のとき茶店で先山アンコロモチを食べて帰るという人も多い。

つまり、この事例では、三十五日の先山まいりとダンゴコロバシにより、死者との食いわかれと、その魂送りの儀礼が完了し、五十日の忌明けを区切りとして、埋葬墓地へはもう行かなくなるのである。先山まいりにも遺髪や爪などを持参することなく、埋葬墓地の土を石塔墓地へ移すなどということもなく、死者の肉体もしくは、その一部に対する執着というようなものがまったくみられないのである。

なお、この淡路島では第1表にみるように島の南半部では、たしかに、このような埋葬墓地を放棄して墓参などしないという事例が多いのであるが、島の北半部では、逆に埋葬墓地へもまいるという事例が多い。この相違は一体何を示すのであろうか。

まず注意されるのは、この分布はちょうど埋葬墓地の呼称が、サンマイからサンマへとかわる地域と重なりあっているという点である。

そして、南半部にみられるサンマが北半部にみられるサンマイという語からの転訛であろうということはすでにのべた[12]。そして、このサンマイという呼称は、かつて畿内から周辺部へと伝播していき、それがさらに内側からこんどはミハカなどの一定の修飾語＋《プラス》ハカというかたちの呼称に駆逐されとってかわられてきたものである、という変遷を先に推定した[13]。そして、サンマイは両墓制の成立以前からすでに定着していた呼称であるが、ミハカなど一定の修飾語＋《プラス》ハカというかたちの語は両墓制が成立して以後の新造語であるということものべた。

淡路島では、その一定の修飾語＋《プラス》ハカというかたちの語がミハカでなくステバカという呼称となっているが、サンマイという呼称が使用されていながらも、そこにステバカという呼称が併用されているという北半部一帯の状況は、サンマイ、サンマという呼称が、この淡路島では一般的であるだけに、やはりステバカという呼称は新しいものであるということを推定させる。

このステバカという呼称は埋葬墓地を捨ててかえりみないという姿勢を反映するものである。この呼称を用いてきた人々の間では、埋葬墓地は肉体を捨てる墓地であり、とくに墓参の対象とすべきものではないという考え方があったものと思われる。

では、そのステバカという呼称が用いられるようになっている北半部の事例で、逆に埋葬墓地へもまいるようなタイプが多くなっているのはなぜか。

その点について、まず注意されるのは、それら北半部の事例の中には、埋葬墓地へまいり続けるという事例に混じって、早目にきりあげてしまうというような事例もみられるということである。そして、ステバカという意味のはっきりした呼称が用いられているということは、少なくともその語が採用されはじめた時点では、埋葬墓地は墓参などされずにかえりみられることもない墓地であったということを示す。

つまり、これら淡路島北半部の諸事例の場合、人々がステバカと呼ぶようになったころ、それは両墓制が成立して一定期間が経過し両墓を呼称の上でも区別する必要が生じたころのことと思われるが、そのころまでの埋葬墓地というのはまさにステバカであって墓参などしなかったのに、それがやがて埋葬墓地をも重視する考え方がおこり、墓参を行うようにと変ってきたのではないかと考えられるのである。今も北半部の事例の中にみられる埋葬墓地への墓参を早目にきりあげてしまうという事例は、かつて、この一帯では一般に埋葬墓地へはまいらなかったということを今に伝えるその名残りといってよかろう。

では次に、淡路島から西の方へ、もう少し近畿地方からみて外側へと移動してみよう。香川県の瀬戸内海に面する荘内半島や塩飽諸島の諸事例であるが、それらはいずれも埋葬墓地を重視し、ながく両方へまいるというタイプとなっている。典型的な事例は次のようなものである。

(4)　香川県三豊郡詫間町志々島(14)

この島は過疎化のすすむ小さな島で多度津からの船が着くのが本村である。船が港に近づくとともに集落の東はずれの道路のそばにある埋葬墓地がみえてくる。

ここでは両墓ともにハカとかボチと一般的な語で呼び特別な呼称はない。埋葬墓地には、前面にすだれをかけた家型の装置が狭い墓域の中にぎっしりと並んでおり足の踏み場もないほどである。この家型の装置は単にオハカと呼んだり、ボチの家だといったりしているが、板で作ったもので長期間の保存のためにペンキやコールタールで塗装が施されている。高さは約七〇〜八〇センチくらいである。

死体を埋葬すると、まず、その上に六角塔婆や棒にさした草履などを立て、さらに三本の竹を上で束ねて立てて、その上から半間《げん》くらいの長さの菰をかぶせておき、食膳などの供物をしておく。そして翌日になると、この菰と三本の竹を束ねたものとをとり除き、そのあとに四角に区画をとり、こんどは四本の細い柱を立てて、それに菰を上面と側面と後面とにかぶせ、前面にはすだれをかけておく。

その後、家型の装置を四十九日の満中陰までに作り、仏壇用の位牌ができたらそれまでの白木の位牌はその家型の中へ納めておく。そして、以後はずっとこの家型をオハカとしてまいり続ける。

この家型は、何年かたってこわれると、また新しく作りかえ長い間大切にする。およそ三六年くらいだという人もいるが、年数はとくに決まっているわけではない。

この家型の前にすだれをかけかえるのは毎年盆前で、かつては藁で編んだものだったが、今ではビニール製が多くなっている。

この埋葬墓地は共有で家ごとの区画はないが、自分の家の家型のオハカはみんなわかっている。非常に過密の状態で、新しい死体の埋葬のためには古いところを掘り返すことになるが、やはりそんなときには自分の家の古くなったものを掘り返すことになるという。

一方、石塔墓地は、海を見おろす山の中腹にある真言宗利益院の裏手の草むらの中にある。

第57図　埋葬墓地の遠景（香川県三豊郡詫間町志々島）

まいる人もほとんどなく、荒涼とした場所で江戸後期からの石塔群が草むらの中に見えかくれしている。なかには、風化のはげしいやや大型の五輪塔もみられるが、それらは寺僧のものだろうという。

現在は石塔を建てるということはまったく行われておらず、これらは古い先祖のころのものと考えられている。一部にはまだどの家のものかわかるものもあり、それらは家の人が寺にまいったような機会に、ついでに花でもあげていく程度で、継続的な墓参が行われているというような状態ではない。

この草むらの中の石塔群は、ほとんど村の人々には忘れ去られたものとなっているというのが現状である。

この事例の特徴は、埋葬墓地を非常に重視して、そこにていねいな墓参を繰り返し、死者供養を行っているのに対し、石塔墓地の方は忘れ去られてしまっているという点にある。ここでは、埋葬墓地への墓参供養の方式が、いわば完成されており、むしろ石塔が無用の存在となっているという感さえある。

これはやはり、この村では石塔造立による死者供養の方式が、現存遺物から推定される江戸後期より以降しばらくの間、普及してきたことがあったものの、あまり定着せずに終わってしまったものとみることができる。

以上、埋葬墓地を重視するか否かという点について、近畿地方の中央部から周辺部へと向って注目してみたわけであるが、埋葬墓地を放棄して墓参などしないというbのタイプの諸事例の円環状の分布の外側の地域にみられる、埋葬墓地へもまいり続けるというaやxのタイプの諸事例の場合、それぞれの地域で石塔造立の風が定着化してきた、およそ江戸中期から後期のころには、すでに埋葬墓地への墓参の風はみられるようになっていたのではないかということが推定された。

それに対し、淡路島での分布状態からは、そのbのタイプの円環状の分布の内側に隣接しているxのタイプの諸事例には、もともとは埋葬墓地へはまいらなかったのが、やがてまいるようにと変化したと思われるものがあるということが推定された。

つまり、埋葬墓地に対する墓まいりの習慣の成立と展開は、石塔の普及以前からすでに地域ごとに差がみられたのであり、石塔の造立の一般化という現象がおこり、両墓制が成立してきたときにはもうすでに埋葬墓地への墓参の習慣が成立していたのが、いまみた志摩地方や瀬戸内の塩飽諸島などであり、まだ成立していなかったのが、三重県伊賀地方や淡路島南半部をはじめ、bのタイプの特徴的な分布のみられる近畿地方周辺部の円環状の地域であったと考えられるのである。

そして、なかには、石塔の造立の一般化という現象のおこった時点ではまだ埋葬墓地への墓参の習慣はみられなかったが、その後になって埋葬墓地へもまいるようになってきたものと思われる淡路島北半部のような事例もある。では、bのタイプの埋葬墓地を忌避して放棄し、墓参などしないとする諸事例の円環状の特徴的な分布の意味するところは何か。

その点について一つの示唆を与えてくれるのが、他ならぬこの標本室とでもいってよいかと思われるほどの特徴的な分布をみせている淡路島の諸事例であり、北半部と南半部との対照的な差異である。サンマと転訛している南半部に対しサンマイとより本来的な発音を守っている北半部を伝播上の内側と考えれば、ステバカという新造語が入ってきて定着しつつあるのも北半部であり、その北半部にみられるのが、墓参の上でも埋葬墓地への忌避の観念のくずれたかたちである。ということは、埋葬墓地を忌避して放棄し墓参などしないというbのタイプの円環状の分布圏の内側では、それがしだいにくずれてきたのではないかということを推測させる。

つまり、先に第一章第三節で近畿地方一帯におけるサンマイとミハカという呼称の分布をめぐって推定された、地域差が時代差を反映しているという現象が、この埋葬墓地の放棄という方式の場合にもあてはまるのではないかと考えられるのである。

以上の推定をまとめてみると次のようになろう。

第一、埋葬墓地を集落から遠く離れた場所に設け、墓参などしないという死穢忌避の観念とその方式というのはもともとひろく畿内の中心部から近畿地方周辺一帯へかけてみられたものらしい。しかし、それものちにはしだいにくずれて埋葬墓地への墓参が各地で行われるようになった。しかし、そうしたなかでもとくに現在、埋葬墓地を忌避し墓参などせずに個々の埋葬地点は放棄してしまうという両墓制の事例が分布している円環状の分布圏の内側の地域では、なぜかなかなか墓参の習俗が定着しなかった。

第二、この円環状の地帯の内側の一帯では、石塔建立の風が一般化し定着化してきた段階ではまだ埋葬墓地への墓参の習俗が成立していなかった。それに対し円環状の外側の一帯ではもう墓参の習俗が成立していた。つまり、円環状の地帯からその内側では石塔の普及が先で墓参の一般化が後、外側では墓参の一般化が先で石塔の普及が後ということになる。

第三、埋葬墓地への墓参の習俗が定着しにくかったこの円環状の分布圏の内側においても、その後しだいに死穢忌避の観念がくずれたためか、埋葬墓地への墓参の習慣がみられるようになってきた。現在の円環状の分布は極端な死穢忌避と埋葬墓地の放棄とに固執した事例の残存例、いわばサバイバルといってよい。

村々における墓参の習俗の成立とその時期について、文献によって確認することは不可能に近いであろう。したがって、右の推定を論証することは非常に困難である。ただこの特徴的な円環状の分布の意味を考える上で一つの仮説として提出しておくことにしたい。ところで、この円環状の分布は畿内の中央部、とくに京都を中心とするものであり、極端な死穢忌避と埋葬墓地の放棄ということからすれば、やはり平安京の貴族たちを中心とした触穢思想の影響ということも考慮に入れておく必要があるのではなかろうか。そこで次に、平安京をめぐる墓地の設営と墓参習俗の成立について概観しておくことにしよう。

二　平安京と死穢の忌避

平安貴族たちが、神格化された天皇を中核として、政治を祭事とみる祭政一致の思想をもってその権威の源泉としていたことはすでに論じられているところである。(15) したがって、彼らは、単に吉凶や触穢への過敏症的な迷信家であったわけではなく、武家にとって武力がその権力の源泉であるように、貴族にとっては神祭りを行うにふさわしい清浄性や神聖性こそがその権威の源泉に他ならなかった。彼らには、常に厳重な物忌みが要求され、あらゆる穢れが忌避されなければならなかったのである。

天皇を中心とする貴族たちの政治＝祭事、つまり神祭りの場である都城の境域内に墓地を造らせない方針は早くからうち出されていた。

すでに、平安遷都の前後から、都城の近くにあっては、凶穢避くべしとの理由で、家屋の側に死者を葬ってはならないという禁令が発せられていたことが知られている[16]。九世紀後半には鴨川や桂川の近くと推定される河原二ヵ所がとくに庶民の葬送の地と定められている[17]。その後、一貫して都城の境域内には墓地の設営を許さない姿勢が保たれ、やがて洛外西北の化野、洛外東南の鳥辺野という二大墓地が形成されてくる[18]。

その間、平安貴族たちの葬送の地がいずれも洛外の荒涼とした場所であったことは、『栄花物語』や『小右記』などの歴史物語や古記録類の記事によってよく知られているところである。当時は、墓参の風もほとんどみられず、ようやく藤原道長による木幡の墓地への浄妙寺の建立[19]のころを画期として、わずかに一部の貴族たちの間で墓参や墓寺での死者供養の方式がみられるようになる。そして、天皇の場合などには、火葬された遺骨は洛外に建立された寺院に納められ小堂や塔の内部へと納骨され供養される例が一般化してくる[20]。

これに対し、庶民の場合など、九世紀ころには、鴨川の河原に五千五百余の死骸が満ちていたのを焼却した[21]とか、渤海からの使者の入京に際して山城、近江、越前、加賀などの沿道諸国に路辺の死骸を埋めるようにとの指令が発せられた[22]とか伝えられるように、死体が遺棄されるようなこともまれではなかったことが知られる。くだって、院政期のころの庶民の葬送の様子を示すものとして『今昔物語集』巻二七の、播磨国印南野に野猪を殺した男の話がよく知られているが、それによると、まだ墓参の習慣の有無は明らかでないが、「葬送の所には、必ず鬼有るなり」と、墓地が非常に畏れられていたことがわかる。

やがて、鎌倉時代の末期になると、吉田兼好が、「あだし野の露きゆる時なく、鳥部山の烟立ちさらでのみ住みはつる習ひならば(23)」とか、「都の中に多き人、死なざる日はあるべからず、一日に一人、二人のみならんや。鳥部野、舟岡、さらぬ野山にも、送る数多かる日はあれど、送らぬ日はなし(24)」などと記したように、人々の葬送の地が、京都の市街の境域外の地に設けられていたことに変りはなかったようであるが、一方、「からはけうとき山の中にをさめて、さるべき日ばかり詣でつつ見れば、ほどなく卒塔婆も苔むし、木葉ふり埋みて、夕の嵐、夜の月のみぞ、こととふよすがなりける。思ひ出でてしのぶ人あらんほどこそあらめ、そもまたほどなくうせて、聞きつたふるばかりの末々は、哀とやは思ふ。さるは跡とふわざも絶えぬれば、いずれの人と名をだに知らず(25)」（傍点筆者）とも記すように、思ひいでてしのぶ人のある間はさるべき日には跡とふわざ、つまり墓参が行われるようになっていたこともわかる。そして、まもなく南北朝期になると、京都の貴族たちの間で墓参の風がようやく一般化してきていたことが、先にもみ(26)た明経道の博士家として知られた中原家の中原師守の日記『師守記』の記事などからよく知られるところである(27)。そこには、一周忌までのさかんな墓参の様子やその後の毎年の盆のていねいな墓参の様子、また木製卒塔婆や石塔の造立の事情、納骨、供物、墓守法師のことなど、興味深い記事がたくさんみられる。

その後、応仁の乱を経て、室町幕府や山門などの権門による首都統制が動揺してくるとともに、化野、船岡、鳥辺野など、伝統的な集合墓地にかわって、京都の都市境域内の寺院の境内墓地が続々と成立してくることとなる(28)。それは、権門による宗教統制の弛緩のもとで雪崩的におこった現象であり、寺院を葬礼、追善の場としてもとめる檀信徒の側の願望と、それにこたえて境内を開放し葬送供養や墓地経営へと積極的にのり出していった末端寺院の経済的事情その他によって実現したものであった。そして、やがて江戸時代になると、一種の昔語りとして、「古へ京都には、今の如くに寺々のうちに葬る事はなくて、葬所といふ有て、そこにすべて葬せし也。そこを鳥部山、鳥べ野などとはいへり」(29)といって懐古されるような状態へとなったのである。そうして成立した京都市街地の寺院境内墓地は、朝夕、住僧たちの読経の声が聞かれる墓地であり、季節ごとに人々が墓参に訪れる墓地でもあったのである。

以上、わずかな文献のみによる粗雑な概観にすぎないが、ここでも、集落の境域外への墓地の設営ということと、墓参の風の成立ということとが別の次元で展開しているということが指摘できる。もちろん、京都の市街地について文献史料を通して概観したこのような歴史的展開の諸相と、現在近畿地方一帯にみられる民俗事象との関連性について直接的に論証することは不可能に近い。しかし、墓地を死穢の場所として極端に忌避し放置してしまう近畿地方の諸事例の背後に存在する歴史的事情について考える場合、やはり、いまみたような平安貴族を中心とした権門体制下での極端な死穢忌避の思想とその影響ということを考慮しておいてよいのではないかと考えるのである。

ま と め

本稿で論じたところをまとめておくと、およそ以下のとおりである。

i　両墓制事例における両墓へのまいり方には、大別して、埋葬墓地を早目に放棄して石塔墓地の方へもっぱらまいるというタイプと、埋葬墓地をも重視して埋葬地点が記憶されている間はながくそこへもまいり、両墓へほぼ同じようにまいるというタイプとがあるが、前者のタイプはとくに近畿地方の周辺部に、いわば円環状に分布している。

ii　両墓に対するまいり方の上でこのように二つのタイプがみられるのは、石塔の普及という現象とは別に、それ以前から、埋葬墓地に対する墓まいりの習慣が地域ごとに成立していたり、まだ成立していなかったりとそれぞれ差がみられたからであり、石塔の普及の時点、つまり両墓制成立の時点で、すでに埋葬墓地への墓参の習俗が成立していたのが志摩地方や瀬戸内の塩飽諸島などの諸事例で、一方、まだ成立していなかったのが、伊賀地方や淡路島南半部をはじめとする近畿地方周辺部の円環状の地域の諸事例であると考えられる。

iii　この、埋葬墓地を死穢の場所として忌避し墓まいりなどしないというタイプの近畿地方周辺部における円環状の分布の内側の諸事例のなかには、石塔の普及の時点、つまり両墓制の成立の時点ではまだ埋葬墓地への墓まいりの習慣が成立していなかったが、その後になって埋葬墓地へもまいるようにと変化したと思われるものもみられる。

iv　埋葬墓地を死穢の場所として忌避し、墓まいりなどしないという事例が近畿地方の周辺部に円環状に残存しているその背景として、間接的にではあるが、古代から中世へかけての京都の貴族たちの極端な触穢思想にもとづく都城の境域内への墓地の設営の禁止など、権門による政治的、思想的統制とその近畿地方一帯への影響が推定される。

注

（1）本書第二章第一節。
（2）最上孝敬『詣り墓』（古今書院、昭和三十一年）九〜二五ページ。
（3）本書第二章第二節。
（4）井之口章次『日本の葬式』（早川書房、昭和四十年）一七一ページ。
筆者の調査事例の中でも各地で聞かれた。九州地方などでとくに顕著である。三十三年忌に限らず、古くなった石塔を倒して放置してしまうという例は、兵庫21、香川3などでみられたが、その他、無縁となった石塔が墓域のすみに倒れて放置されている例は一般的にみられる現象である。

（5）和歌山県の伊都郡、那賀郡、有田郡、日高郡の各地に同様の事例がみられる。

原田敏明『宗教と民俗』（「両墓制の問題」）に、伊都郡高野口町伏原、那賀郡粉河町荒見、野田三郎「紀伊日高の両墓制」（『日本民俗学』二─二）に、日高郡内原村荊木、矢田村千津川、土生、早蘇、船着村船津、有田郡広ほか、『和歌山県民俗資料緊急調査報告書』に、伊都郡花園村、那賀郡岩出町根来、有田郡清水町清水、金屋町石垣、などの事例があげられており、いずれも埋葬墓地へはまいらず早くに放棄してしまうという。

（6）本書第一章第三節。

（7）筆者調査、昭和四十七年九月、昭和六十三年八月。

（8）筆者調査、昭和四十七年七月、昭和六十三年八月。

（9）本書第二章第一節。

（10）なお、この事例では、配水池の設置などにより、昭和四十九年から五十年にかけて、カラムショの石塔墓はミハカの方へと移転し、それまでの両墓制の形はくずれてしまったのであるが、石塔はミハカの埋葬区画内へは建てられず、整然とミハカの埋葬墓域の外側へと建てられて、その後も両墓隣接型の状態となって今日におよんでいる。

（11）筆者調査、昭和四十七年十二月。

（12）（13）本書第一章第三節。

（14）筆者調査、昭和四十六年七月。

（15）横井清『中世民衆の生活文化』（東京大学出版会、昭和五十年）、高取正男『神道の成立』（平凡社、昭和五十四年）、同「貴族の信仰生活」（『京都の歴史』1、京都市史編纂所、昭和四十五年〈『民俗の日本史』法蔵館、昭和五十八年〉）。

（16）『類聚国史』延暦十一年八月四日、『日本後紀』延暦十六年正月二十五日。

（17）『類聚三代格』貞観十三年（八七一）八月二十八日

太政官符　定葬送幷放牧地事

山城国葛城郡一処　在五条荒木西里 六条久受原里

四至　東限西京極大路　西南限大河　北限上件両里北畔
紀伊郡一処　在十条下石原西外里十一条　下佐比里十二条上佐比里
四至　東限路幷古河流末　西南並限大河　北限京南大路西末幷悲田院南沼
右被右大臣宣偁　奉勅件河原是百姓葬送之地放牧之処也（以下略）

(18)　大山喬平「中世の身分制と国家」（『岩波講座日本歴史』中世4、岩波書店、昭和五十一年）、義江彰夫『歴史の曙から伝統社会の成熟へ』（第四章第二節、山川出版社、昭和六十一年）。

(19)　大江匡衡「浄妙寺願文」（『本朝文粋』巻十三）。
『御堂関白記』寛弘二年（一〇〇五）十月十九日条。

此願非為現世栄耀、寿命福禄、只座此山先孝（ママ）、先妣及奉始昭宣公諸亡霊、為無上菩提、従今後来々一門人々、為引導極楽。

(20)　拙著『生と死の民俗史』二一四〜二一八ページ。

(21)　『続日本紀』承和九年（八四二）十月十四日条。

(22)　『三代実録』元慶七年（八八三）一月二十六日条。

(23)　『徒然草』第七段。

(24)　『徒然草』第一三七段。

(25)　『徒然草』第三〇段。

(26)　本書第三章第一節。

(27)　伊藤唯真「師守記にみる中世葬祭仏教―墓・寺・僧の相互関係を中心として―」（『鷹陵史学』三・四、昭和五十二年）。

(28)　高田陽介「境内墓地の経営と触穢思想」（『日本歴史』四五六、昭和六十一年）。

(29)　『類聚名物考』凶事四、葬所、総墓。

第三節　洗骨改葬と両墓制
――遺骨へのこだわりと霊魂祭祀――

はじめに

奄美・琉球諸島の一帯には、死者をいったん葬ったのち、それが白骨化する一定期間をまって、ふたたびその遺体を取り出し、水などで遺骨を洗い清め、あらためて甕など特定の容器に納めてまつる、いわゆる洗骨の習俗が顕著にみられる。この洗骨習俗については、すでにこれまで多くの人々が注目し、すぐれた調査や研究が蓄積されてきているが(1)、なかにはまだ明確な解答の得られていない問題も少なくない。ここで注目したい両墓制と洗骨習俗との関係という問題もそうしたもののひとつである。

両墓制と洗骨習俗との関係については、これまでのところまったく対立する二つの見解がある。一つは、これら両者の間には系譜的な連関性があり、いずれも古代における複葬の伝統をひくものであるとする説、もう一つは両者はまったく異質のものであり、その系譜的連関性は認められないとする説である。

前者は国分直一氏(2)、後者は原田敏明氏(3)によってそれぞれ代表されるが、前者の国分氏の説は古く柳田国男、折口信夫の示した見解(4)を発展継承したものである。

まず、国分氏の説くところによると、「本来は清められた全遺骨を移葬したものが、頭骨と四肢骨、或は頭骨を移葬するようになり、略化が進み、墓の土、白い円石などを運ぶようになり、遂には何ものをも移葬しないままの詣墓が出現すると考える」(5)として、洗骨改葬習俗が移葬略化の進行によって両墓制となったというのである。

一方、原田氏によれば、両墓制というのは、「埋めるところと詣るところの両者が同時にあるのであって」、「あくまでも二ヶ所の性格が違ったものでなくてはならない。それにしても、琉球やその他で見られる洗骨埋葬の場合のように、最初土葬や風葬にし、一定期間してから別のところに集骨埋葬するのは、これも確かに性格の違った二つの墓ではあるが、いずれも遺体を埋葬する点においてはその役目が同じであるといってよい」(6)として、両墓制と洗骨改葬習俗とはまったく異質のものであると説く。

ここには、両墓制に対するとらえ方の上で、両者の間にはっきりとした相違が認められる。つまり、国分氏は洗骨も両墓制も複葬という一種の二重葬法のうちとして同一系列のものととらえているのに対し、原田氏は両墓制は特殊な墓制であって死体埋葬の埋め墓とはまったく別に、死者の礼拝供養のための石塔を菩提寺に設けたものであり、あくまでも埋め墓と詣り墓との間には物的関係はないものとみているのである。

では、このいずれの見解が妥当であるか、その論拠が問題となろうが、両者いずれも少しずつ問題点を残しているように思われる。

まず、国分氏の説における第一の問題点は、原田氏も指摘するように、洗骨と両墓制のそれぞれの分布の問題である。歴史的な背景のまったく異なる奄美・琉球諸島の洗骨と近畿地方に濃密な分布をみせる両墓制とを直接結びつけるのにはやはり無理がある。そこで、国分氏は西日本一帯において両墓制や改葬の事例の発見につとめられたわけであるが(7)、それらの諸事例には疑問点も多いといわざるを得ない(8)。また、第二の問題点は、移葬とその略化という図式が観念的には理解しやすいものではあるが、具体的な事例に即しての論証が十分でないという点である。一方、原田氏の説における問題点は、すでに最上孝敬氏も指摘しているように[9]、その限定的な両墓制のとらえ方で、それによると現に存在している両墓間の物的関係について、また改葬をともなうような事例についての説明ができないことになる。

そこで、もう一度、洗骨とは何か、移葬や改葬を伴う両墓制とはどのようなものなのかを具体的な事例を通して検討し、両者の関係について明確にしておくことにしたい。

一　洗骨改葬習俗について

1　伊是名島の洗骨事例

昭和五十三年八月、筆者は沖縄本島北方の小さな島、伊是名島を訪れ、その島での洗骨の儀礼を実地に見聞することができた。

伊是名島は、沖縄本島の北方、本部半島から約三〇キロの海上に位置する面積約一四平方キロの小さな島である[10]。昭和五十三年度現在の所帯数は六五五戸、人口は二三四六人（男一〇九三人、女一二五三人）である。主な産業は農業と漁業、それに民宿経営などであるが、とくに農業のうち、水稲とさとうきびの栽培がさかんである。

この伊是名島は古くから琉球王朝の尚氏発祥の地と伝えられ、その遺跡として今も尚真王の時代に造られたという伊是名《いぜな》玉御殿《たまうどん》や尚円王の生誕の地と伝えるみほそ所などがある。集落としては、仲田《なかだ》、諸見《しょみ》、伊是名《いぜな》、勢理客《せりきゃく》、内花《うちばな》の五つがあり、沖縄本島の本部港との間を結ぶ一日一便の定期船が着くのは仲田港である。

墓はいずれも集落から遠くはなれた海岸沿いの地に設けられている。型式としては、豪壮な亀甲型《かめのこうがた》の墓[11]が最も多く一般的であるが、一方、それに先行する形式として崖下横穴式の墓も少数ではあるが残っている。(12)いずれも遺体および洗骨後の遺骨を納める広い墓室を有する点では構造上共通している。

洗骨は、だいたい三年忌をすぎてから五年目くらいに行う例が多いというが、とくに定められた年限というのはない。このたび調査した伊是名地区の銘苅《めかる》家のそれは十年目にあたるものであった。しかし、その日取りについてはやかましく、死者と、その遺族のうち、死者の妻あるいは夫、それに長男のそれぞれの生まれ年の干支にあたる日はこれを避けなければならない。たとえば、丑年生まれの死者の場合、その生まれ年の人が妻か夫あるいは長男にいれば、丑の日は避けるのである。また、友引と仏滅の日も避けなければならない。したがって、洗骨をしてよい日というのは、これらの条件を満たした上で、しかもできれば大安の日などが選ばれることになる。

しかし、盆の月である旧暦七月だけは特別で、七夕から盆前へかけての数日間は、これを、日なし、といって日をとくに選ばなくてもよく、そのうちとくに七夕の日が最もよいとされており、多くはこの日に集中して行われている。盆の月になると、死者があの世から来たがっているので、洗骨をしてあげるとよいのだという。

次に、その行われる時間であるが、これも決まっていて、必ず干潮時にはじめることになっている。この伊是名島では一般に出産は満潮時であるといい、婚礼などの吉事はすべて満潮時に行うことになっているのに対し、葬礼、洗骨などの凶事は干潮時と決まっている。

このたび調査できた伊是名地区の銘苅フミ氏とその門中の洗骨は、八月十日で、この日はちょうど旧暦で七夕にあたる日であった。十年前に亡くなった銘苅フミ氏の夫、清栄氏の洗骨で、フミ氏は那覇市に転出しており、一時帰郷しての洗骨であったため、同じ門中の銘苅清正氏宅で準備などが行われた。

旧暦の七夕にあたる日の前日、八月九日に門中の人々が銘苅清正氏宅に集まり、洗骨に必要な供え物などが準備された。供え物の種類はだいたい一定しており、餅、魚（種類は何でもよいが大きいものがよい。てんぷらにする。このたびは、ぶちという魚であった）、豆腐（これもてんぷらにすることが多い）、昆布、豚肉（ゆでてから味付けしたもの）、菓子、果物、酒（泡盛のことが多い）などである。

当日になると、早朝、家族と門中の一同で家の仏壇にお茶、線香などをあげておがみ、これから洗骨を行う旨を告げる。七時の潮引きといって、朝七時ごろの干潮時にはじめるのであるが、まず、迎え年の男の人が一人で墓に行き、線香をあげ墓室の入口の小石を取り除いて、これから洗骨する旨を告げる。迎え年というのは来年の干支の人のことで、今年は午年だから来年の未年の人で、門中のなかから選ばれる。もしいなければ、地元の伊是名地区の人のなか

第58図　用意された骨甕と水

第59図　洗骨のために集まった門中の人々（日よけのためのテントが張られている）

第60図　門中の男の人の手による墓室開け

から該当する人に頼む。そして、これに続いて全員で墓へ行く。銘苅家の墓は伊是名の集落から東南方にずっと離れた海岸近くの岩がちの場所にある。標高一二〇メートルのチジン山の南方で、アハラ御嶽《ウタキ》も近くの峰にある。

墓へはたくさんの供え物と、それに洗骨に用いる清水、桶、ひしゃく、骨甕などを持参する。清水は家からくんで行くが、必ず死者にとっての産水《うぶみず》、つまり、死者が生まれたときに使ったその生家の井戸水を洗骨の最初に使うという決まりがある。このたびも清栄氏の生家はすでに現在では他の人が住んでいるが、わざわざその家へ行ってそこの井戸から水をくんで持参した。

墓では、はやくから男の人たちによってテント張りが行われる。洗骨は直射日光のもとでは決して行わず、必ずテントを張るか、傘をさしかけて行うことになっている。

一同がそろうと、まず線香をあげてかんたんにおまいりしたあと、すぐに男の人、二、三人によって墓室入口の石の扉が開けられる。墓室内は大人も立って歩けるくらいで、横幅、奥行きともに三、四メートルとかなり広い。手前をシルヒラシ、汁を干す、つまり、遺体の白骨化を待つ場所としており、棺は正面に横向きに頭を西へ向けてあった。男の人たちがこれを墓前の庭に運び出し、ふたの板をとる。遺体はほとんど完全に白骨化しており、これを血の濃い女の人たちがていねいに取り出して遺骨の各部を持参した清水できれいに洗う。まず、頭骸骨を生家の井戸水つまり産水で洗うのであるが、必ずこの洗骨の作業は女性がやるものと決まっている。

洗骨の作業が一通り終わると、骨甕に納骨する。下から足の部分を入れていき、最後に一番上に頭骸骨をのせる。夫婦だとこの骨甕は同じものを用いる。つまり、夫婦は洗骨してもらうと同じ骨甕に納められるのである。これを甕《かめ》の尻《ちびひと》一つといっている。骨甕のふたにはその人の名前と洗骨年月日とを書いておく。

洗骨と納骨が終わると、再び男の人がそれを墓室に納める。墓室内には段が三段ほどあり、そこに先祖代々のものとともに並べておくのである。正面中央の上段には、その墓を造った大先祖の骨甕が安置されるが、この亀甲墓は非常に高価なもので、とくにこれを建造した先祖に対してはあつい尊崇が集められている。一般に、墓室内の骨甕を安置する石段がいっぱいになって余裕がなくなると、古い順に骨甕を移して墓室の後部の深く掘った溝に骨を集めてしまうのであるが、この墓を建造した大先祖の骨甕だけは永く保存される。この骨甕の骨を移してしまう時期については、三十三年忌をすませた時点でという家もあり、またそのように、とくに定まったものではなく場所的に余裕がなくなったときにという家もありさまざまである。

墓室に骨甕を納め終わると、ふたたび石扉をしめてふたをし、線香をあげ、持参した種々の供え物をあげておがむ。この時、決まって紙銭を燃やす。紙銭というのは、ボール紙に銭の型を押しつけるようにして作られたものである。

そのあと、供え物をおろして、いよいよ墓前の庭で門中の人々一同の賑やかな飲食が行われる。洗骨の無事完了したことを祝い、酒宴もなかなか盛り上がる。そして、最終的には一同帰宅して仏壇に簡単にあいさつをすませ、すべての儀礼の終了とする。

2　洗骨改葬習俗の特徴

では、このような洗骨改葬習俗の特徴その他について、これまでの調査研究を参考にしながら少し整理してみよう。とくに両墓制との比較という作業の上で注目される側面についてみてみよう。

(1)　分　　布

まず、その分布であるが、とくに日本の南西諸島に限ってみた場合、[13]北限はトカラ悪石島、喜界島あたりとされており、[14]種子島、屋久島、トカラ諸島には原則として洗骨は認められず、[15]奄美大島をひとつの北限とみておいてよいであろう。一方、南限は八重山諸島からそのまま台湾へといたる。ただし、この連続した洗骨地帯のなかには無視できない非洗骨地帯もある。それは宮古島北部の諸地域である。宮古島最北端の狩俣では、事故死あるいは旅先で死んだ者のみに限って洗骨が行われ、通常の死者の場合には行われないというし、島尻、大浦ではまったく洗骨は行われないという。[16]大浦については桜井徳太郎氏の報告[17]が詳しいが、それによると、墓は数戸が共同使用する模合墓《もやいばか》で、珊瑚礁の風化によってつくられた洞窟を利用したものが多く、内部には腐り朽ちかけた棺が、二、三みられ、あたりには古い死者の頭骸骨その他の白骨が所狭いばかりに散乱しているという。そこへ、新しい死者の棺を追葬する形になるわけであるが、その新しい棺の置き場所を確保するために、散乱している白骨はいとも無造作に傍へ押しやられるという。つまり、ここでは洞窟墓に次々と新しい死者を追葬していく形をとっており、死者一人ひとりについての洗骨はあらたまっては行われないのである。島尻、狩俣でもこれと同様といい、また、宮古島からやや西に隔たった多良間島でも、これより少していねいな追葬時の集骨整理は行われるが、洗骨は行われないという。[18]

このような洗骨という儀礼を欠く事例の存在[19]は、逆に南西諸島一般の洗骨習俗の意味や位置づけという問題を考える上でたいへん参考になる。

(2)　墓の諸形態

そこで、まず、この奄美以南の南島諸地域の墓の形態上の諸類型について少し整理してみよう。

名嘉真宜勝氏によれば、[20]墓の形態は、外形的にみて、平地式と横穴式とに大別され、それぞれにいくつかの変化形があるという。そして、事例ごとに少しずつ変化はあるものの、平地式の場合はヌーヤ墓と呼ばれる周囲に石を積み上げ屋根を草や珊瑚石で覆う形のものが古い型式で、横穴式の場合、自然洞窟を利用した洞穴墓、あるいはそれに少し人工を加えた岩穴囲込墓や掘込墓が古い型式で、破風型や亀甲型のものに先行したものであるという。一方、墓の個有か共有かという点についても、名嘉真氏の分類によれば、大別して、村落の共同使用という形の村墓、それに兄弟とか親しい仲間同士で造る模合墓や寄合墓、また同族集団としての門中で共有する門中墓、そして各家ごとの家族墓、というような各種があり、そのうち村墓という形が最も古く、模合墓、門中墓がこれに続き、家族墓は近年流行しはじめた新しい形とされている。

そして、この所有のあり方の上で古い形とされる村墓というのが、同氏のあげる一〇例のうち八例まで形態上も古い形とされるヌーヤ墓、洞穴墓、岩穴囲込墓、掘込墓であるという点は注意してよい。それは、所有のあり方の上で新しい形とされる模合墓や門中墓がほとんど外形的にみると破風型、亀甲型の墓であるという点ともよく対応している。つまり、古くには、野原に石を積み上げて囲ったヌーヤ墓や自然洞穴、あるいはそれに若干手を加えた洞穴墓のようなものが主で、それらは村落の共同使用という形をとっていたのが、のちに破風型や亀甲型の模合墓や門中墓の形へと変化してきたものと推定されるのである。門中墓の成立は明治から大正のころであるとする事例も多く(21)、あまり古い時代にはさかのぼれないようである。

(3)　風葬と洗骨儀礼

そこで、ふたたび先の宮古島北部および多良間島の非洗骨事例の位置づけという問題に関してであるが、事例ごとの洗骨という作業の有無はともかく、まず、南西諸島一般の墓制のきわだった特徴として指摘できるのは、日本の本土に一般的な土葬や火葬とはまったく異なる風葬もしくは曝葬などと呼ばれる一種の空中葬ともいうべきものであるという点である。[22] つまり、一定の空間に遺体を置き、それを大気中で腐朽、骨化させるという方法である。

このような葬法でまず注意されるのは、その葬地が村の共同使用である場合など、当然新しい死者の追葬が次々と繰り返されるうちに、たとえば、先の宮古島の大浦の事例などでもみられたように、[23] 葬地の空間が場所的に限られているために古い遺体に対する集骨整理など何らかの二次的処理という問題が必然となっているという点であろう。したがって、それら宮古島北部や多良間島の非洗骨事例も、その他の地域にみられる一般的な洗骨事例と比較して特別に異なった葬法というのではなく、いずれも、いわゆる空中葬における新たな追葬と、古い遺体に対する二次的な処理、という点で共通した葬墓制の習俗とみることができる。遺骨を水で洗うというその行為自体は、遺体に対する複次的処理の過程における部分的な一作業であり、遺骨を手でぬぐうか水で洗うかには丁重さにおいて格段の差があるとはいうものの、本質的な差はない。つまり、宮古島北部や多良間島の非洗骨事例も、南西諸島の他の地域でみられる一般の洗骨事例と同様に、基本的には遺体に対する複次的な処理を伴う風葬、空中葬として共通の基盤の上に立つものであり、洗骨を伴う事例というのは、その遺体に対する二次的な処理の作業の中に、とくに骨を洗うという丁重な作業がつけ加えられたものとみることができよう。

(4)　シルヒラシと納骨

では、遺体に対する二次的処理の作業を必然としている風葬、空中葬という葬法の基底にうかがえる葬送観念とはどのようなものか。

この問題に関して非常に示唆的なのは、先の伊是名島の事例でもみられたシルヒラシという言葉や、盆の月になると死者が洗骨をしてほしがっているとか、洗骨と納骨をしてやっと死者は先祖の仲間入りをするのだなどといっている伝承であろう。

シルヒラシというのは、汁を干す、つまり遺体が腐朽し白骨化するまでの期間、その遺体を置いておく場所のことで、一般の亀甲墓などでは墓室の前部がそれである。それに対し、墓室の後部には数段の棚が設けられており、洗骨された遺骨は骨甕に納められ、そこに安置される。そして、さらに墓室の最奥部には溝のようになっている特別なくぼみがあり、棚が骨壺でいっぱいになると、古い順に骨甕から遺骨を取り出して、そのくぼみに移してしまう。その時期については、三十三年忌であるとする事例と、必ずしも決まってはいないとする事例とがあるが、ともかく、これが今日の亀甲墓にみられる一般的な墓室内の構造である。一方、シルヒラシと納骨の場所とが同一墓室内になく、別々になっているような事例もある。先の名嘉真宜勝氏の調査によれば、そのような事例、九例が報告されている。(24)

このように、遺体の骨化をまつ場所を、とくにシルヒラシと呼んで区別しているということは、この葬法においては骨化をまつということにこそ重要な意味があるということを示す。そして、洗骨と納骨をしてはじめて死者が先祖の仲間入りをして安定化するのだという伝承は、この葬法が、日本の本土で一般的な、土葬や火葬とは異なり、現世と同じ大気中に死体を置いてその骨化をまち、やがて二次的な集骨整理の作業を必要としているものであるということをよく示している。土葬は死体をただちに土中に埋納し土で覆い隠してしまうものであり、火葬は死体を火で焼いて速やかに骨化させてしまうもので、その遺骨については大部分納骨、一部納骨、大部分放棄など(25)さまざまな処理が行われている。これに対し、風葬、空中葬というのは、現世と連続した同じ大気中に死体を置きつづけ、自然のリズムの中でその腐敗、骨化をまつものであり、そこには素朴な死体保存の観念がうかがえる。

そして、シルヒラシの場所と納骨の場所との区別という点であるが、その点については必ずしも図式的に、前者が死穢の死体の場で、後者が洗骨によって浄化された清浄なる遺骨の場であるというような、両者を死穢と清浄と区別する考え方が顕著というわけでもない。亀甲墓や破風型の墓の場合、それらは同一墓室内であるし、ヌーヤ墓や洞穴墓など先にあげた墓の諸類型すべてに共通して、シルヒラシの場所と遺骨の整理納骨の場所とは一定墓域内に併存している形が一般的であり、また名嘉真氏の調査による、両者が別々になっている事例九例(26)の場合でもほとんど両者は隣接地もしくは同一墓域内で区画上分かれているという形であって、そこには死穢の遺体への忌避と浄化された遺骨の祭祀というような図式的理解はあてはまらないのである(27)。

つまり、死や死霊を畏怖し死穢を忌避しながらも一貫して死体や遺骨そのものの中に死者の個性を意識し続ける観念が、この風葬、空中葬という葬法の中には存在し、洗骨儀礼というのはその風葬、空中葬における遺体に対する集骨整理という複次的処理の一環に位置する儀礼であってその丁重さにおいて最も発展したものであるといってよかろう。

二　改葬をともなう両墓制

では、これに対し、移葬や改葬を伴う両墓制についてみてみよう。

先の第1表は、筆者の実地調査をもとに整理してみたものである。(5)物的関係の項に注目してみよう。

これにより、同じく両墓制ではあっても、石塔墓地には何も納めないという形と、埋葬墓地の土とか遺髪または遺骨など何らかのものを納める形との両者があるということがわかる。そして、数の上では前者の何も納めないという事例が圧倒的に多いということがわかる。とくに、両墓制習俗の成立と展開の上で、その中枢的な地域と考えられる近畿地方一帯では、それが顕著であるともいえる。

一方、その近畿地方では、遺髪や爪などをオコツと呼んだりして石塔の方へ納めるという事例がいくつかみられるが、それらはいずれも、高野山や当麻寺などの霊山・霊場への納骨や、浄土真宗門徒の間でみられる京都の大谷本廟へのいわゆる本山納骨の風習と結びついたもので、遺髪や爪が霊山・霊場や本山へ納骨されるのにあわせて、その一部が石塔墓地へも納められているものである。(28)

また、埋葬墓地の土を一握りほど石塔墓地の方へ移すという事例であるが、これは先にみた三重県志摩郡阿児町立神の事例(29)のように、単なる石塔だけでは死者との交流の装置としては不十分で、遺体に関する何らかの具体的なものが望ましい、もしくは必要であるとする考え方によるものと思われる。つまり、土を移す行為のみられる事例においては、少なくとも仏教式の石塔に対する死者との交流の装置としての人々の信頼度がやや欠けているのであり、いわゆる霊肉別留の考え方も十分徹底していないということができるであろう。その土はあくまでも死体の埋葬地点のしるしであり、とくに死穢の浄化を経たものとは考えられていない。

一方、これに対しそれらとは別に、埋葬墓地にいったん埋葬した死体を数年後に掘り出して、その遺骨を石塔墓地の方へとあらためて移すというはっきりとした事例もみられる。では、そのような改葬をともなう両墓制というのはどのように位置づけられるものであろうか。それらと南西諸島の洗骨改葬習俗との間には何らかの関係があるのであろうか。

これまで改葬をともなう両墓制の事例として知られているのは、最上孝敬氏や国分直一氏のあげた諸事例(30)がある。ただし、それらの中には、両墓制というのではなく、旧墓から新墓への墓地の移転とか新設に伴う一時的な改葬のケース(31)も含まれているようで、そのような事例を、いまいうところの、習俗としての改葬を伴う両墓制の事例と混同させてはならない。

したがって、ここでは筆者が直接確認した事例を中心として検討を試みることにしたい。まず確認を試みたのは、愛知県の渥美半島の事例である。

(1)　愛知県渥美郡渥美町高木(32)

昭和三十年に渥美町役場の指示で火葬となったが、それまでの土葬の時代における改葬の様子について、この地の臨済宗妙心寺派蔭凉寺の先代住職小松全信氏（昭和四十七年当時七十七歳）に現地を案内されながらの詳しい説明を聞くことができた。以下はその内容である。なお、この事例についてはすでに伊東宏氏の調査報告(33)もあり、参考になる。

高木は海岸寄りに長くのびた集落であるが、埋葬墓地はハラのボチなどと呼ばれ、集落の後背の小高い山すそにある蔭凉寺の、向って右側にやや離れてある。もう二〇年近くも使われていないために雑草もずいぶん繁っているが、よく見るとかつての埋葬したあとの石積みが点々と残っている。死体を埋葬すると、その上に山の自然石をたくさんとってきて塚状に積み上げ、その上にウガイ竹といって周囲に数十本ばかり、親指大の丸さの青竹をぐるりとさし立ててその上で束ねて円錐形の設えを作った。このウガイ竹は犬や猪などが死体を掘り起こすのを防ぐためのものだとい い、円錐形の下の部分は幾重にも縄で編みめぐらされていた。そして、その周囲にはぐるりときれいな花が直接土中にさし立てられていた。

埋葬後、忌明けの四十九《シジュウク》エンまでの間は、ほとんど毎日ここへまいり、そのたびに花をさし立てて水をまいた。そして、百ヵ日がくると、このウガイ竹など全部とりはらい、積み上げていた自然石も上をならして平らにする。これまでは花壺は使用しなかったのが、このときから二本一対の花壺をさし立て、それに花を供える。以後、十七年忌まで、このハラのボチへまいり続ける。年忌は一、三、七、一三、一七、二三、三三年と行う。

十七年忌にあたるとき、ハラのボチからラントウバへ遺骨を掘り起こして移す。年忌の当日は、ヨビゴト（接客）などで忙しいので、多くの場合、その前日に当家の主人とその妻、また兄弟など数人でハラのボチへ行く。行く人がとくに決まっているわけではなく、適当に数人で行くのだが、必ず家族だけでなく、誰か他人で親しい人を一人頼んで手伝ってもらうのが決まりである。掘り返すのは、一三年くらいだとまだ十分でないが、十七年忌にもなるとほとんど白骨化してしまっており、頭骸骨をはじめ手足などまだはっきりとその形をとどめているという。それをただ土のついたまま持参した新聞紙などの上に広げて包み、ラントウバの方へ持って行く。掘り返した穴は土を入れてならし、その上にやや長めの自然石を立てて置く。この石は目印のためだといい、そこに次の死者を埋葬する時には放ってしまう。

ラントウバの石塔の下には、甕が埋め込まれているが、中に水がたまらぬようにと、その底は抜かれている。新聞紙に包んで持ってきた遺骨をその中へザラザラと無雑作に流し込む。そして、僧が納骨のお経をあげ、施主らが供物をする。これまでの年忌には、僧もハラのボチへお経をあげに行っていたが、もうこれ以後はラントウバの方だけになる。ハラのボチにはもう何もなくなったとして家族もハラのボチへはまいらない。

なお、経済的な事情その他でラントウバにラントウ、つまり石塔を立てていないような家の場合には、遺骨を掘り起こして移すなどということはせず、ハラのボチに埋葬し、そのままそこに墓参を続けた。

寺の立場からの説明によれば、ハラのボチは村の共同墓地だから寺から口出しすることはできない。しかし、ラントウバは寺のもつ区画であり、寺の権限でここには穢れた生の死体は埋めさせず、遺骨しか埋めさせないようにしていたのだという。

この渥美半島では、他にも近くの日出、伊良湖、堀切、保美、中山などがかつて両墓制であったといわれ(34)、日間賀島や佐久島にも両墓制の事例がみられる。しかし、遺骨の改葬をともなう両墓制というのは、この高木だけである。この改葬の習俗が、なぜこの高木だけにみられる(35)のかという問題については、現在の段階では残念ながらまだ明らかでない。

そこで、次に千葉県の房総半島の事例に注目してみよう。

(2)　千葉県鴨川市（旧安房郡太見村）天面(36)

外房の海に面した約九〇戸前後の漁村であるが、この事例については、早く最上孝敬氏の報告(37)がある。その後、この天面の詳細な民俗調査を実施し、漁村の世界観の問題を追求した坪井洋文氏の研究(38)がとくに注目される。

第61図　タチバ（埋葬墓地，千葉県鴨川市天面）

埋葬墓地はタチバといって集落のなかほどの海辺の国道のそばにある。そこは、国道一二八号線が昭和四十二年に開通するまでは、海辺の波打ち際で波の高いときには、それに洗われてしまうほどのところであったという。

ここに死体を埋葬すると、前の海岸から直径一〇～二〇センチ程度の丸い石をたくさん拾ってきて、葬儀の世話をしてくれた常会《ジョウカイ》の人たちが一つずつその石を積んでくれる。犬などが掘るのを防ぐためともいう。このときは家族は石を積まない。なかには初七日に家族で再び石を積んで高くするのだという人もいるが、すべての人がそうするわけでもない。初七日には木の墓標を中央部に立てる。

そして、十三年忌からそれ以後になると、とくに年限は決まっていないが、多くは旧暦十月の神無月もしくは秋の彼岸などに、タチバの埋葬地点を掘り起こし、遺骨をとり集めて壺に入れて石塔墓地の方へ移す。

石塔墓地は、集落を見おろす高台にある真言宗西徳寺の横にあり、タチバに対してセキトウなどと呼ばれている。天面の家は全戸がこの西徳寺の檀家である。遺骨は石塔の下に直接埋めるか、石塔の下部に造られている納骨用の部分に納める。

これをコツアゲ（骨上げ）といい、すべての死者に対して行われる。埋葬地点を掘り起こすときは、家族と血の濃い親戚とヂミョウの者とがタチバへ行く。ヂミョウというのは、むかし、新しく家が分立するとき屋敷や田畑、山林などの地所を分けあった関係だと言い伝えている家同士のことで、本家、分家というような上下関係はみられない。コツアゲは必ず一人だけではしないことになっている。また、一つの家でタチバに二人以上の死者が埋葬されていないとコツアゲはできない。なぜか、一つの家がタチバに死者のいない空白の状態になることは避けるのである。

第62図　セキトウ（石塔墓地，千葉県鴨川市天面）

西徳寺の横の石塔墓地へ納骨するときには僧も読経してくれる。そのあと、海岸で道具類を洗い、身体も清めて帰宅し、親戚や組仲間、ヂミョウの者などを招いてご馳走をする。

このコツアゲまでは墓参りはタチバに行くが、これ以後はもっぱらセキトウへ行く、コツアゲの終わったタチバの埋葬地点は平らにならしてしまい、もう墓とは見なされない。
その後、セキトウの方へ遺骨を移しても、三十三年忌のタテバライがすぎれば、死者は神様になるといってその個人の供養は終わりとして墓まいりはしなくなる。このとき葉のついた杉の木を塔婆にしてセキトウに立てる。

さて、この房総半島の一帯も両墓制の事例が点々とみられる地域であるが、このように確実な改葬習俗が伝えられているのは、この天面だけである。なぜ、この天面に改葬習俗が伝えられているのか、この問題に答えることは容易ではない。しかし、いま次のような点に注意してみてはどうか。

第一に、この天面は、すでに坪井洋文氏も指摘(39)しているように、もともとは一六戸の家によって開拓された漁村であるという伝説をもっているという点である。現在もウエマルと呼ばれる地区に、その屋号にケンドン（勘右衛門殿）、シンドン（新右衛門殿）、トウエンドン（藤右衛門殿）、ショウゼンドン（庄左衛門殿）、デンドン（伝右衛門殿）というようなドン＝ドノのつく家が五戸あって、旧家として特別に意識されている。

そしてまた、天保九年（一八三八）の「安房国長狭郡天面村差出明細書上帳」(40)などによれば、この天面では、当時八手網《はちだ》二艘、張船六艘による鰯漁やその他鰹漁などが行われていたことがわかるが、そのような房総半島沿岸における鰯の網漁はもともと紀州などからの上方漁民によってもたらされたものであるという点が注意される。

第二は、したがって、その近世初頭以来の上方漁民による房総漁業の開発という点についてである。羽原又吉氏の『日本漁業経済史』(41)などによってすでに明らかにされているところであるが、房総漁村の開発が上方漁民の移住によるものであることを伝える記事は諸書にみられる。たとえば、『房総水産図説』(42)によれば、

九十九里浦地曳網猟ノ起原ハ、土人伝フル処及其旧記等ニ由レハ、今ヲ距ルコト三百六拾有余年前、後奈良帝ノ

> 弘治乙卯年、紀州ハ人西宮久助ナル者、難風ノ為メ九十九里南白亀浦（南白亀浦ハ長生郡ニアリ云々）ニ漂着シ、同処剃金邨長嶋某ノ家ニ寄寓（長嶋ハ丹後ト称セシトゾ）、其本国ナル熊野浦ニ使用スル処ノ網器ニ倣ヒテ曳網ヲ製ス、之レ九十九里地曳網ノ創始ニシテ、是レヨリ先鰮猟ニ用フル小網アリト雖モ地曳網ノ如キ巨大ナルモノナカリシト云フ

また、

> 元和三丙辰年紀州加田浦ハ人大甫七重郎ナル者、嘗テ我九十九里浦ノ漁産ニ富メルコトヲ伝聞シ、来ツテ川津領矢ノ浦ニ居住シ（此頃川津領ト唱スルモノ今ノ夷隅郡川津村ヲ云フトゾ）専ラ房総三州乾鰮鬻売ノコトヲ計画シ、大ニ其販路ヲ広メ（中略）其翌年本国ナル湯浅浦ハ老漁貝柄助右衛門、同栖原浦ノ漁夫丹房四平治ノ両人ヲ聘シ、助右衛門ハ岩田浦ニ四平治ハ底目（当時、底目ト云フハ今ノ夷隅郡岩丹村之レナリ）ニ居ラシメ、従来不完全ノ地曳網ハ悉ク其製ヲ改良シ、稍繁盛ノ位置ニ趨ケリ、此頃紀伊和泉等ノ漁人来ツテ業ヲ為スモノハ陸続トシテ絶ヘサリシト（傍点筆者）

などと伝えており、その他、安政元年のころの成立と思われる「江浦干鰯問屋仲買根元由来記」(43)の記事でも同様の由来が伝えられている。

そこで、これらの紀州漁民の房総移住の歴史の中でとくに注意してよいと思われるのは、その紀州移民の主たる出身地が、海草郡加太、雑賀崎、塩津、大崎、下津、有田郡栖原、湯浅、広村、日高郡三尾など、紀州の北西部を中心としていた(44)という点であろう。この海草郡、有田郡、日高郡の一帯というのは、両墓制の事例が点々と分布している地帯である。漁民の移住がその経済生活だけでなく、葬送墓制や信仰、儀礼などの伝承をも伴う可能性のあることは考慮しておいてよいのではないか。

第三には、その近畿地方の和歌山県西部の両墓制事例などで多く伝えられている埋葬墓地の呼称であるサンマイという語が、この房総半島の一帯でもいくつかの両墓制事例において伝えられているという事実である。たとえば、夷

隅郡御宿町新町では、埋葬墓地はサンマイとかサンメー、サンマイドウなどといって日蓮宗妙昌寺から少し離れた場所にあり、石塔墓地はハカ、ボチ、セキトウなどといって日蓮宗の檀家ではその妙昌寺の境内に、天台宗や曹洞宗などの檀家ではまた別にそれぞれ設けている。(45) 同じ御宿町須賀でも、埋葬墓地は集落のはずれの川のそばの砂山の斜面にあり、サンマイとかサンマイドウなどといっており、石塔墓地は観音寺や最明寺などそれぞれの檀家寺にあり、ハカ、ボチ、セキトウなどと呼ばれている。(46) また、少し離れて茨城県鹿島郡波崎町荒波と舎利でも同様にサンマイという語が伝えられている。(47) 荒波では集落のはずれの林の中に埋葬墓地がありサンマイとかサンメーと呼ばれ、石塔墓地は真言宗千手院の境内にあり、やはり、ハカ、ボチ、セキトウなどと呼ばれている。舎利でも集落のはずれの林の中にサンマイ、サンメーと呼ぶ埋葬墓地があり、石塔墓地は神膳寺の境内にあり、これもやはり、ハカ、ボチ、セキトウなどと呼ばれている。このように、サンマイというやや特殊な墓制用語が、それもマイがメーと関東風に転訛しながら房総半島の海岸の一部に、近畿地方を中心とする分布圏とは遠く離れて伝承されているという事実は、これがいわゆる海上の道を通って伝えられたものではないかという推定を導く。

以上、この三つの点から考慮して、およそ次のような点を指摘することができるであろう。

まず、埋葬墓地の呼称としてサンマイ系列の語が房総半島の両墓制事例の一部に伝えられているということの背後には、近世初頭以来の紀州漁民の房総一帯への移住という事情があったのではないか。そして、それはサンマイという語の伝播だけでなく、房総半島への両墓制の伝播ということをも推定させる。つまり、房総半島一帯の両墓制というのは、もともとは近世初頭以来の紀州を中心とする上方漁民の漁場開発と移住によってもたらされたものではないか。

そして、そのような房総半島と紀州漁民との密接な関係の上で、先にみた天面の改葬習俗もとらえるならば、紀州における改葬習俗がこの房総半島に伝播したことの可能性も考えられるのではないか。

上方漁民の房総半島をはじめ関東沿岸への移住は、近世初頭以降、広汎にわたって行われたものであり、そのいちいちが詳細に記録として残されているわけではない。したがって、ここに推定される両墓制の伝播も、サンマイという語の伝播も、ましてや、改葬習俗の定着も、記録の上に確実にあとづけることは困難である。したがって、以上の考察からここでは、残念ながら、その可能性が非常に高いということを指摘しておくにとどめねばなるまい。

では、紀州における改葬習俗とはどのようなものか。次にそれについて確認してみよう。

和歌山県では、北部の紀ノ川流域から、北西部の有田郡、日高郡の一帯にかけて両墓制の地域がみられ、さらに海岸部を南下して田辺市から周参見町へかけての一帯にも点々と両墓制の事例がみられる。

そのうちとくに、埋葬墓地へいったん埋葬した遺体を一定期間ののちに再び掘り起こし遺骨を移すなど、いわゆる改葬を伴う形の両墓制が田辺市から周参見町へかけてのいわゆる口熊野地方に顕著にみられる(48)。

それも、田辺から上富田へかけての北半分の地域では、埋葬した遺体はそのままにしておく一般的な両墓制であるのに対し、とくに北富田から周参見町へかけての南半分ではコツアゲと呼ばれる改葬を伴う両墓制の事例がみられるのである。

そして、このコツアゲがつい最近まではっきりと行われていた典型的な地区が、北富田の平や、東富田の朝来帰であり、また日置川町の旧三舞村田野井、ロヶ谷などである。日置川町一帯のコツアゲは、とくに掘り起こした遺骨を焼いてから石塔墓地へ移すとか、また単墓制化している事例でも数年後、いったんコツアゲをして焼いてから埋めなおすような例もあるという(49)。ここでは、北富田の平と東富田の朝来帰の事例についてみてみよう。

(3)　和歌山県西牟婁郡白浜町平（旧北富田村平(50)）

約八〇戸程度の農村で、埋葬墓地は、通称ドテのハカとタンタニのハカとの二ヵ所がある。ドテのハカは富田川の土手の近くに、タンタニのハカは集落の西はずれの山ぎわに、それぞれある。

石塔墓地はアゲバカといって、集落内の覚王寺の横に広がっている。覚王寺というのは、寺とはいってもお堂のようなもので中に大日如来を安置している。かつて一時は比丘《びく》さんのような人が庵主として居住していたこともあるというが、ほとんどは無住で、現在は集会所となっている。

埋葬後、盆などの墓まいりは埋葬墓地へも石塔墓地へも行うが、十三年忌のころにコツアゲといって埋葬地点を掘り起こす。出てきた遺骨は一部もしくは全部をアゲバカの方へ移す。一部を移す場合、残りの遺骨は焼いてまた埋めもどしたり、めんどうな人は焼かずに埋めもどしたりさまざまだという。コツアゲをしてしまえばもうそこは他の人が掘り返して次の死者を埋めるのに使ってもよいことになる。コツアゲは家族を中心に行う。とくに他人が立会う必要はないという。

コツアゲをするともう埋葬墓地へはまいらずにアゲバカの方へもっぱらまいる。

この平では、まだ数年前までこのような土葬でコツアゲをしていたが、その後、急速に火葬化が進んでいる。筆者の調査時点でもまだ数人は埋葬墓地にこれからコツアゲをされるはずの死者が埋められているといっていた。

(4)　和歌山県西牟婁郡白浜町朝来帰《あさらぎ》(51)

太平洋に面した漁村で、朝来帰川をはさんで出島《でじま》と塩地《しおじ》の二地区のあわせて約一五〇戸程度の戸数からなる。

昭和五十三年の調査時点ではもう火葬化しており、土地の人たちに同行してもらいながら、東松之輔（明治三十四年生まれ）、中西銀次郎（明治四十二年生まれ）、浜中政雄（大正四年生まれ）、吉田一郎（大正十三年生まれ）の各氏より、その体験にもとづく詳しい説明をうけることができた。

火葬化が進んだのは、昭和三十六年九月の第二室戸台風で埋葬墓地のおよそ半分が流されてしまったころからで、その埋葬墓地を完全に撤廃して最後のコツアゲをしたのは昭和四十九年のことであったという。

埋葬墓地は、ハカと呼ばれ、集落の東南のはずれの海岸で漁船の船着場の手前にあった。今では防波堤がつくられており、かつてのハカの場所には、極楽塔、三界万霊塔、地蔵塔各一基が残っている。また、そこに残されているただ一基の墓塔には、「先祖代々六親眷属　天保九年戌四月廿日」とある。

これに対し、石塔墓地は、ラントウバといって臨済宗普門寺の境内にある。

ハカに死体を埋葬すると、小さな石をたくさん積み上げておき、その後、ていねいにそこに墓まいりをした。この村ではむかしから墓まいりはていねいであったといい、ハカにもラントウバにも花や水をあげてよく墓まいりをしたという。

そして、多くは七年めに、コツアゲ（骨上げ）といって家族とその他近所の誰か人を頼んで線香をたきながら埋葬地点を掘り起こす。コツアゲをしないと埋葬墓地がいっぱいになり、次の埋葬のための余地がなくなってしまうのだという。十三年忌のころにコツアゲをすることもあったが、一三年もたつと遺体はもう完全に白骨化していたという。ここは坐棺であった。

コツアゲをして、骨を拾い集めると、ハカの入口近くの一画に設けられていたコツツボと呼ばれる場所にそれらの骨は納めた。コツツボというのは、およそ一坪ぐらいの広さで深さが約一丈ほどもある井戸のような穴で、上からふたがしてあり、トタン板の屋根がかけてあった。ここに入れられてしまえば、もうみんな一緒で、どれが誰の骨だかわからなくなった。そして、そのコツツボがいっぱいになるころには、村のみんなでその中の骨を全部取り出し、浜の波打ち際で焼いてしまうのである。焼かれた骨はほとんど波にひかれて流れてしまうという。墓まいりは、コツアゲをするまでは、盆や彼岸その他の機会にも、よくハカにもラントウにもする。コツアゲがすめば、もうハカには行かずラントウだけにまいる。コッツボは墓まいりの対象とはならない。

これ以後はラントウだけにまいり続け、年忌は一七、二五、三三年と行い、ていねいな人だと五十年忌までする人もいる。

なお、盆の灯籠流しは、八月十五日の夕方、小さな船に提灯をのせて波止場から行う。その時、波止場近くのハカでは普門寺の住職が読経をし、人々も大勢おまいりをする。

コッツボの骨をあげて焼却してしまうのは、それがいっぱいになり次第の適当な時期であって、墓参供養とはまったく関係のないこととされている。

ラントウはただ石塔だけであって、そこには遺骨や遺髪や爪も一切何も納められることはない。

なお、現在ではもう完全に火葬となり、その火葬骨は普門寺境内のラントウの石塔のうしろに埋納するようになっている。

さて、これら南紀の口熊野地方の改葬事例でとくに注目されるのは、この朝来帰のように、コツアゲはするけれどもその遺骨をラントウ、つまり石塔墓地の方へ移すようなことは一切ないという事例である。つまり、石塔墓地への移骨のためのコツアゲというのではなく、いったん埋葬した遺体に対する二次的処置としてのコツアゲである。

これは、先の平の事例をはじめ、石塔墓地への移骨が行われているような事例をも含めて、それらにあっても、必ずしもすべての死者に対して遺骨のすべてが移されているわけではなく、なかにはコツアゲはしても移骨までは行わないとか、移しても遺骨のほんの一部だけであとの大部分はもとの埋葬墓地へ埋めなおしてしまうといっているような例も少なくないという点とも考えあわせてみる必要がある。また、さらには、この一帯では、単墓制となっている事例でも、いったんコツアゲをして遺骨を焼いてから再び埋めなおすというような例もみられる(52)という点が注意される。

つまり、この口熊野一帯の改葬習俗の諸事例というのは、両墓制、単墓制の別を問わず、何よりコツアゲという遺体に対する二次的処置の儀礼が不可欠とされているタイプの事例なのであり、石塔墓地への移骨とか納骨というのはむしろ複次的に展開したものではないかと考えられるのである。

では、このようなコツアゲという遺体に対する二次的処置を伴うタイプの事例がとくにこの南紀の海岸地帯の一部に伝承されているのはなぜか。

この問題に対する明確な解答を文献史料の裏付けをもって得ることは困難であろう。

しかし、先に南西諸島における洗骨改葬の習俗について分析し、それらがやはり遺体に対する二次的処置を不可欠としている葬制墓制であることを確認している以上、それらとこの南紀の海岸地帯とを結ぶ黒潮の海流の影響やそれにともなう海上伝播のルートを考慮してみる必要があるのではなかろうか。

そこで、やはり黒潮の海流の影響を大きくうけてきたものと推定される伊豆諸島の、とくに八丈島の事例について次にみてみることにしよう。

三　八丈島末吉村の葬送・供養・墓制

八丈島は東山と西山という標高七〇〇・九メートル、八五四・三メートルの二つの山が並立したかたちの島である。その二つの山の中間の平地に位置する三根と大賀郷とを古くから坂下二ヵ村といい、それに対して島の東南部の東山の裾野が海に落ちこむ海岸の傾斜地に位置する樫立、中之郷、末吉を坂上三ヵ村といいならわしてきている。

末吉村は、その八丈島東南部の坂上三ヵ村のうちの一つで、江戸時代には一つの藩政村として、また明治以降も昭和二十八年の町村合併による八丈村の成立までは一ヵ村として存続していた。合併後の現在も、鎮守の三島神社の祭礼における氏子組織をはじめ婦人会の組織などで末吉地区としてのまとまりをもっており、公民館も現在末吉地区で一つ設けられている。

第63図　宮裏にある共同墓地（手前に古い型式の墓が見られる）

この末吉村は、第64図にみるように、洞輪沢《ぼらわざわ》、神子尾《みこのお》、道ヶ沢《みちがさわ》、尾越《おごし》、宮裏《みやり》、宮ヶ路《みやかじ》、台ヶ原《だいがわら》の七つからなっており、それぞれの集落のまとまりをコーチとか部落と呼んでいる。昭和六十一年八月現在、全体で世帯数は二六一となっている。なお、この七つの部落、コーチのうち洞輪沢は古くからこの末吉村の漁港ではあったが、集落形成は明治になってからのことであるといい、また、道ヶ沢は戦後の引揚者や、教員、灯台職員などによってできた新しいものであるという。

この八丈島の民俗についての調査研究としては、すでに早く大間知篤三氏の『八丈島』[53]があり、さらにその後、坪井洋文氏、村武精一氏らによる『伊豆諸島』[54]もある。いずれも、この末吉村について詳しく経済、社会、信仰、儀礼などの民俗伝承を総合的に調査分析したすぐれた民俗誌でたい

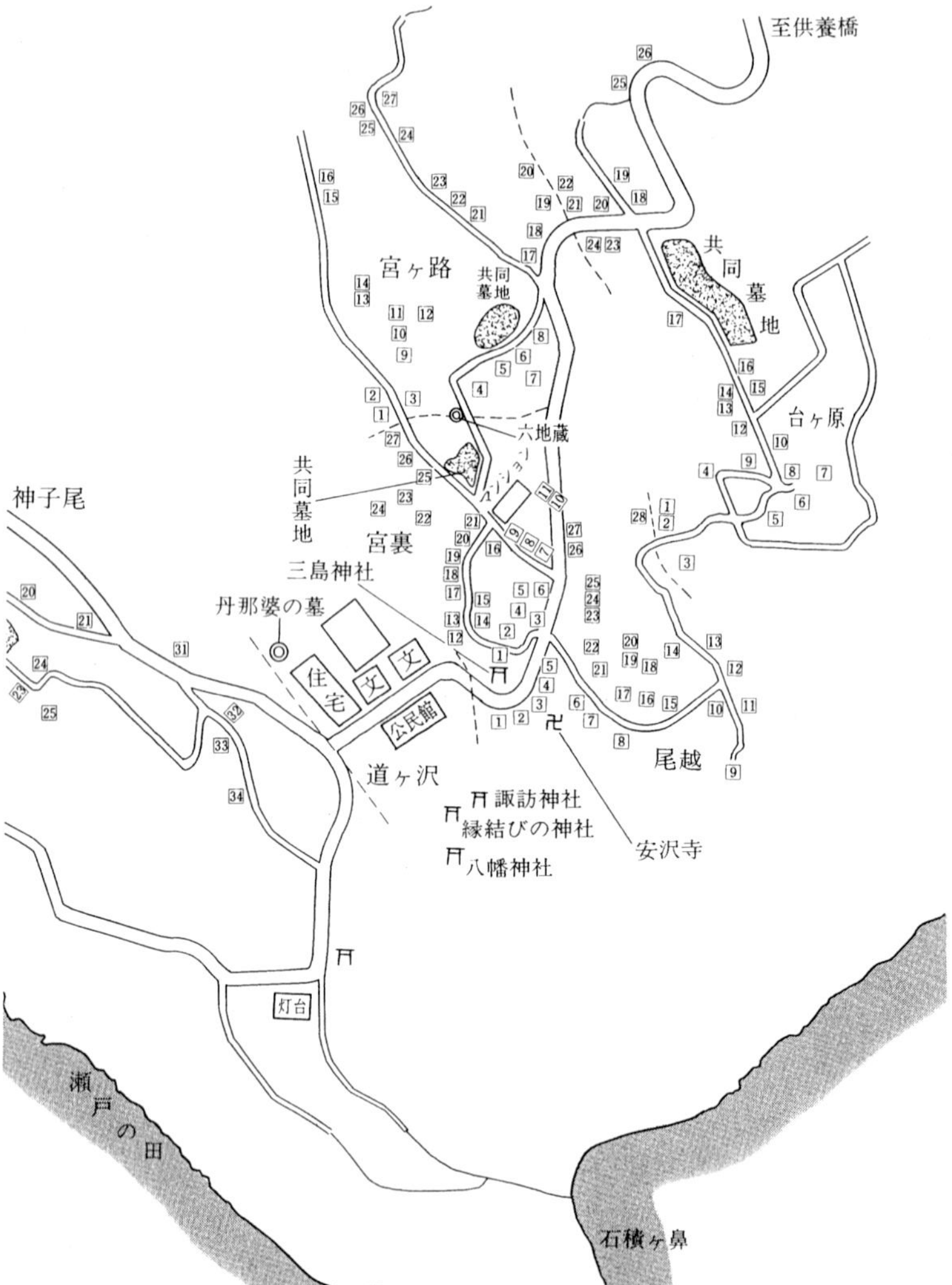
至供養橋
宮ヶ路
共同墓地
共同墓地
六地蔵
共同墓地
台ヶ原
神子尾
宮裏
三島神社
丹那婆の墓
住宅
文
文
公民館
道ヶ沢
尾越
諏訪神社
縁結びの神社
八幡神社
安沢寺
灯台
瀬戸の田
石積ヶ鼻

集落と家並配置

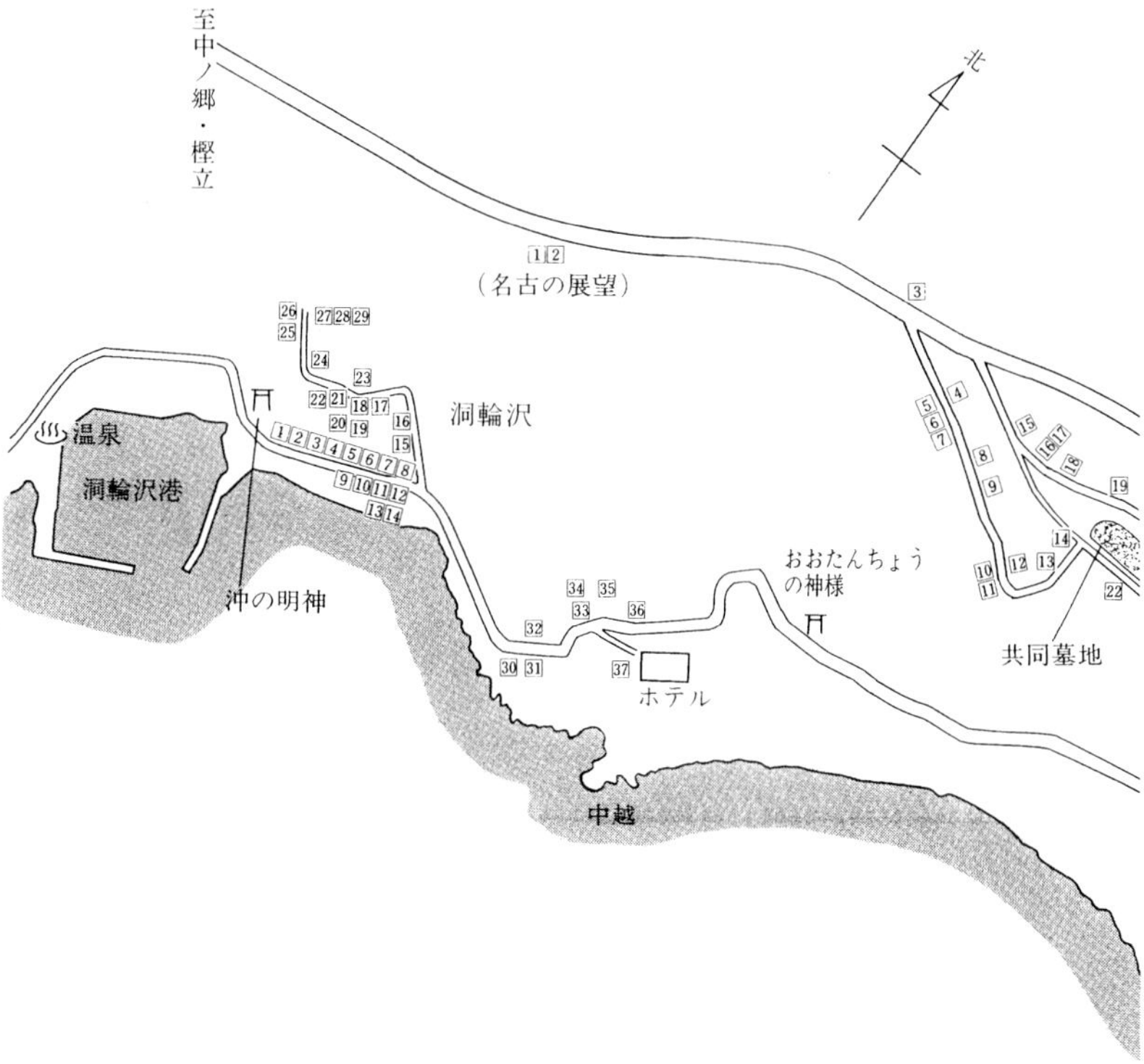

第64図　末吉村の

へん参考になる。昭和六十一年八月の筆者の調査でも、それらに学ぶところ非常に大であった。ここでは調査した事柄のうち、とくに葬送、供養、墓制について整理しておくことにする。なお、八丈町役場の強力な指示により昭和五十年ごろから急速に火葬化が進んだが、ここではそれ以前の方式を中心に記しておく。

(1) 葬送

〔マロブ〕　人の死亡することをマロブとかマロンダという。

〔トコガエ〕　死体はトコガエといって頭が北になるようにして、新しい茣座を敷いた上に寝かせる。座棺なので死体が冷たくならないうちに坐ったかたちに折り曲げておく。

〔マクラメシ〕　死亡するとただちに御飯を炊いて茶碗に盛り、箸を立てて死者の枕元に置いておく。これをマクラメシという。

〔死亡通知〕　家族の死亡はすぐに隣近所に知らせる。部落仲間や親戚仲間が集まってきて葬儀の準備をしてくれる。

〔役付け〕　葬儀の準備は部落仲間や親戚仲間がそれぞれ仕事を分担してやってくれる。その仕事の分担を役付けという。ここでは、念仏講とか葬式組というような特定の組織はなく、自然に集まってくれる。日ごろからつきあいのある部落（コーチ、以下同じ）の人を部落仲間（コーチ仲間）、親戚の人を親戚仲間と一般に呼んでおり、それは任意性の強いものである。だから生前につきあいの広かった人の葬式は盛大であるが、つきあいの少なかった人の場合にはどうしてもさみしいものになるという。

男は紙細工など葬具作りと墓穴掘り、女は台所仕事がそれぞれ主となる。

〔香奠〕　香奠は親戚仲間や部落仲間から出される。最近はお金が多いが、もとは米や魚などで、兄弟やいとこはとくに米俵で出したりしたという。お金を出しても他に漁師は魚、農家は野菜など、葬式に集まる者の食べるものは、それぞれ持ち寄る風が強い。香奠のお返しはとくにしない。むかしからお互いさまと考えており、次にもらった家で不幸があったときには同じように香奠を出す。

〔通夜〕　通夜はもともとは親族で行うものであったというが、実際には広く末吉村の全体から死者とその家族とのつきあいの深い人たちがやってくる。みんな米一升ずつとか重箱に入れたおかずなど、通夜や葬式への食べる分を持参する。飲み食いで賑やかな通夜となる。

〔湯灌〕　洗うことをアブスといい、死者をお湯でアブス。水を先に入れておいてあとからお湯を加えて温度を調節し、死体を洗って手ぬぐいでふく。その手ぬぐいは棺の中に入れるが、死者が長寿の人の場合には病気をしている人などは、長寿にあやかる意味でその死者をふいた手ぬぐいで自分の体もふいてから入れたりしたという。湯灌は死者の子供など家族の者だけで行う。

〔入棺〕　死者には一番良い着物を着せて坐棺にして納めた。しかし、黄八丈の丹前などを着せるとなかなか腐らなくてコツアゲ（骨上げ）のとき困ったともいう。

棺の中には、枕のほかにマクラボトケと呼ぶ塔婆型の木、それに五円玉六、七個、入れ歯などを入れる。

〔フンドシ・ユマキ〕　むかしは親戚仲間、部落仲間をはじめ会葬者全員に白木綿を配った。その数はおよそ三〇〇人くらいにもなったという。男はそれをフンドシと呼び六尺の晒木綿で、女は三河木綿やネルの腰巻ほどの長さのものでユマキと呼んだ。現在では親戚にだけ配っている。

〔ワラタブ〕　入棺の直後、約一・五メートルばかりの青竹の先に四九本の藁を束ねてくくりつけ、その藁先を少し燃やしてこがしたもので、死者の寝ていた場所を庭の方へと掃き出す。そして死者が男だと家のカドの入口に向って右側に、女だと左側に立てておく。これは四九日間立てておく。むかしは藁を一本ずつ抜いたともいう。これはその家が忌中にあることの表示でもある。四十九日には墓地へもっていって捨てる。

〔野辺送り〕　葬列を組んで墓地へと向う。葬列の順番は次のとおりだという。

僧侶（檀家寺である中之郷にある浄土宗長楽寺の僧）──→鉦叩き（部落仲間）──→花籠（約二メートルくらいの太い竹の先を割って一〇本に分け、その先に五色の色紙をつける。切れ端など出たものは中に入れ、上の方があいている形にする。上があいているのは、そこから魂が抜け出るのだという。これは部落の女仲間の年寄りが持つ）──→草履（袋を縫ってその中に草履を入れたものを竹の先につけて持つ。この草履をはいて死出の旅路へ出るのだという。これは部落仲間の年寄りが持つ）──→竜（藁で作った竜で、これを竹につけて部落仲間の年寄りが持つ。これを持つのはみんないやがるという）──→ゼンノツナ・ハタ（村の女仲間が長いゼンノツナを持って行列する。ゼンノツナは白木綿でできており、【先頭が新しいもので、うしろに順に古いものがつながれている。安沢寺に保管しておき、次々とつないで使う。そして、女の人はみんな片手にゼンノツナ、もう一方の手に竹に五色の旗をつけたものを持って進む。旗は人数分すべてだから一〇〇本も二〇〇本も用意される。子供も行列に加わる）──→親戚仲間の女性──→親戚仲間の男性（紙細工などを持つ）──→施主・位牌持ち（施主が位牌を持つ。施主にも上から天蓋をかける）──→遺影（写真）──→膳（近親の男性が持つ）──→棺（近親の男性が中心になってかつぐが、つきあいの深かった部落仲間なども加わり七、八人でかつぐ。棺の四隅の四人は親戚の者で、提灯を持つ。棺の上には天蓋をかぶせて進む）。

なお、むかしは葬列に加わる人はすべて前述のフンドシ、ユマキの白木綿を肩にかけたり腰に下げたりしたという。最近では親戚仲間だけとか省略されたりしている状態である。

〔穴掘り〕　親戚の者が三人か五人、必ず奇数で葬式当日の朝、墓穴を掘りに行く。酒を飲みながら深さにして六尺、約二メートルくらい掘る。墓穴には棺を埋葬するまでの間、魔除けのためといって斧を吊るしておく。

〔埋葬〕　棺は板製で坐棺である。棺は釘は使わず荒縄でしばりつけてある。その荒縄を切って墓穴に入れる。ハカジルシといって目印の小石を一つ棺の上にのせてから、その上に土をかぶせる。あとで土中の棺が腐り墓の土が落ちこむのをきらうのでまわりの土などしっかりかためておく。土をかぶせると目印の四角形の土石《どせき》を置き、その上にテラと呼ぶ寺や堂のような家型を据える。これはイタヤネともいう。テラ、イタヤネは死者の家だといい、その前に七ホウと呼ぶ板塔婆状のものをくくりつけておく。これは七日ごとの墓参のときにとっていく。前には膳、花、線香などを供えておく。土石というのは、この土地に多い粘土状の軟らかい石のことで、それを自分たちで鍬などで加工し墓石とするのである。

〔イドガエ〕　これまでの大間知氏や坪井氏の民俗調査によると、葬式を出した晩は、死者の寝ていたふとんの上で長男は一晩寝なければならず、これをイドガエといったという。また葬式の晩に葬家で泊まった者は以後七日間その家に泊まらなければならないといい、したがって葬式の晩にはなるべく泊まらないようにしたものだともいう。

〔忌中〕　埋葬後、四十九日までの忌中の期間は、むかしは毎日墓まいりをした。埋葬地点のテラのまわりに板塔婆を一本ずつさし立て、それを四十九院《しずくいん》と呼んでいた。今では七日七日に墓まいりをしている。とくに初七日と四十九日には墓参だけでなく、親戚仲間や部落仲間数十人が集まって、台所のまかないも部落の女仲間が担当し賑やかに飲み食いをして供養をする。部落仲間の大勢の人が入れかわり立ちかわりまいってくれる。この初七日と四十九日には昼と晩に二回ずつ安沢寺《あんざわでら》から六地蔵、供養橋へと順に線香をあげてまいる。また、初七日には布かけといって安沢寺と六地蔵のそれぞれの石地蔵に白木綿の布をかける。

〔キアキ〕　四十九日の忌明きには親戚仲間や部落仲間が大勢まいってくれて念仏をあげて供養をする。飲み食いも

第65図　六　地　蔵

第66図　供養橋(1)(四角の石に供え物をし，人々の間で互いにクヨウホドコシ〈供養施し〉をする。卒塔婆をあげて供養する人もいる)

第67図　供養橋(2)(ここに来れば死んだ人に会えるという。小屋は最近作られたもので，ここでは婦人会の女性たちによって盆の月の16日と正月の16日には百万遍念仏・数珠繰りが行われる)

盛大である。それまで家で屏風にかこんでおいた二つの位牌のうちの一方を仏壇に、もう一方を中之郷の長楽寺へと納める。この日は餅をついて安沢寺から六地蔵、供養橋へと順に昼と晩に二回まいる。線香、餅や菓子、お金などを持って行き、とくに供養橋では餅や菓子の一部を橋の四隅に供え、残りを集まってくる人たちに配って食べてもらう。この餅は白餅でもよもぎ餅でもよい。

(2)　供　　養

〔盆〕　初盆から三年間はまだ新仏だといって、とくに墓地に立派な灯籠を立て、三個から五個の提灯をあげて家族で賑やかに墓地へまいる。むかしは、このとき墓地で部落の女仲間の人たちが新仏のために数珠繰りをしてくれた。今では家でやってくれる。村武氏の調査によると、墓前で家族がそれぞれ賑やかに飲食するという。盆の行事は、旧暦七月、現在では八月で、十三日が迎えで十六日が送りである。

夕方に家族が線香や花、米などを持って墓地へまいる。仏壇には野菜や果物などさまざまな供え物をして位牌を中心にして死者をまつる。墓地と仏壇とには若い篠竹をあげる。十六日には朝、仏壇の供え物などをおろす。とくに川などに流して送るというようなことはない。この日は地獄の釜のふたもあく日だという。なお、この盆の十六日の朝には墓まいりや安沢寺、六地蔵へのおまいりのほか、家々でごちそうを作って供養橋へまいる。そこでお互いにごちそうを与えあって賑やかに飲食をする。そして、村の婦人会の女性たちの手で百万遍の数珠繰りが行われる。そして、正月の十六日にもこの盆の十六日と同様のことが行われる。この供養橋へ来ると死んだ人に会えるという。

〔施餓鬼〕　なお、それに先立ち、まず八月八日には安沢寺で施餓鬼が行われる。中之郷の長楽寺の僧がやってきて村の人たちも集まって線香をあげ、念仏をあげて、頼る人のない無縁仏の供養をする。このとき紙の祈禱札をうけて各家では畑などに立て虫除けや豊作祈願とする。なお、この施餓鬼への村人のお供えは熱心で、お賽銭も少ない人でも二〇〇〇円くらいはする。だから、少なくても二、三十万円は集まることになる。これは、婦人会が運営し、葬式のときの祭壇を購入したり、供養橋のところの小屋を建てたり、道路掃除や草刈りなどに際しての飲食費にあてるなどしている。安沢寺の改築もそのお金で行われた。この安沢寺は、葬式や死者供養だけではなく百姓の仕事全般に関わる村の寺だといい、雨乞いの数珠繰りもかつてはよくこの寺でしたものだという。

〔寺供養〕　家ごとの盆行事とは別に、寺供養といって、部落ごとに日を定めて安沢寺に集まり、数珠繰りと飲食が行われる。その順番は毎年決まっていて次のとおりである。

十六日＝洞輪沢、十七日＝神子尾、十八日＝道ヶ沢、十九日＝尾越、二十日＝宮裏、二十一日＝宮ヶ路、二十二日＝台ヶ原、

朝九時ごろから部落の人々は食物に酒などを用意して安沢寺に集まる。安沢寺は無住で村共有の小さな寺である。お堂といってもよいくらいのもので、最近コンクリート製のものに改築された。

阿弥陀仏を中心に、向って左側に観音、右側に石造の地蔵坐像と地蔵立像が安置されており、さらに右端には小さな石造の地蔵浮彫像が二基置かれている。この石造の地蔵に前述のように初七日には布かけが行われるのである。念仏を唱えながら大数珠をまわし、ひととおり終わると少し休んで飲食しながら談笑したり、囲碁や将棋をしたりして一日ゆっくりと遊ぶのである。この場をかりて村や部落の相談事がなされることもある。筆者の調査の際には前述の施餓鬼の供養であげられる賽銭のことについて、檀家寺へ納めるべきものではなく、村の共益費として使うべきだとの相談がなされる興味深い現場に立会うことができた。そうして少し休んではまた数珠をまわし、一日に何度もまわす。だいたい四時か五時ごろの夕

第68図　洞輪沢の漁港（山腹に祀られている沖の明神が見える）

第69図　盆の寺供養（百万遍念仏・大珠数まわし）

方に終わってみんな家に帰る。なお、不幸のあった家で三年以内の新仏のある場合には、この寺供養への参加は遠慮することになっている。

〔六夜サマ〕　盆の二十六日はロクヤサマという。先祖の送りが十六日に、寺供養が二十二日に、それぞれ終わっても、二十六日までは供養の灯籠をあげておく。村武氏の調査によれば、この日は夕方から明け方まで茣座をもって出て尾越部落に集まって飲食をしながら月を拝むという。

〔正月十六日〕　盆の十六日と同じく村はずれの供養橋へみんな餅や菓子、果物、酒などをもって集まり、橋の四隅の石に供え物をして線香をあげ、クヨウホドコシといって集まった人々は互いに飲食物を与えあって食べる。この供養橋へ来れば死んだ人の姿を見ることができるといわれている。

(3)　墓　制

〔墓地〕　末吉村の墓地は、第64図にみるようにおよそ部落ごとに共同墓地が、宮裏に一ヵ所、宮ヶ路に一ヵ所、台ヶ原に一ヵ所、そして神子尾に一ヵ所と計四ヵ所ほどある。墓域は家ごとにそれぞれ区画されている。現在住んでいる部落とは別の部落にその家の墓地がある場合、それはもともとその家がその墓地のある部落の出身であるのがふつうである。なお、古くから旧家でカミとシモと称されてきた長戸路家と沖山家の場合、カミの長戸路家は宮ヶ路の墓地の一画に特別な自分の家の墓域を有し、シモの沖山家の場合、自分の家の裏手で安沢寺の横に個人墓地を持っている。

〔埋葬〕　前述のとおり、坐棺で、墓穴に棺を入れたあと、その上に目印の小石を一つ置き、上から土をかぶせる。その上にまた地上の目印として自然石を積んだり、土石《どせき》といってこの地方に多い軟らかい粘土状の石を鍬で四角形に削ったものを置いたりする。そして、その上にテラとかイタヤネなどと呼ぶ家型を据えておく。墓前には膳や花、線香などがあげられる。

〔墓参〕　前述のとおり、埋葬後は四十九日の忌明きまでむかしは毎日墓まいりをした。最近では七日ごとにまいるように簡略化されてきている。盆の墓参も前述のとおりていねいになされており、かつては墓前でさかんに飲食が行われていた。

〔シャリトリ〕　埋葬後、一五年以上もたったころ、多くは十七年忌あたりであるというが、シャリトリ（舎利とり）といって、遺体を掘り起こし、先祖墓へと改葬する。十三年忌だとまだ早すぎて遺体の白骨化が十分でないという。盆や彼岸に行う例もある。家族と親戚仲間とで行う。頭骸骨には酒をかけたり、水をかけたりしたという人もいるが、多くの人はただ土をきれいにはらって集骨して先祖墓へ納めたという。のちには、トタン板の上に遺骨を並べて、その下から炭火で焼いてから納骨する例も多かったという。先祖墓というのはそれぞれの家の墓域の中央に設けられているやや大型の石塔墓でその下に納骨用の大きな穴が掘られているものである。最近のような本土からとりよせた石材で作る石塔が普及する以前は、この土地でとれる土石《どせき》と呼ばれる軟らかい石を自分たちで鍬などで加工して作った四角形の石が墓石であった。ただそれとは別に島でとれる安山岩を用いた石塔は古くからあったという。土地の人々の語るところによれば、シャリトリをするのは家ごとに墓域が限られているために死者が次々と埋葬されていくと墓地がいっぱいになり、次の死者のための埋葬の場所がなくなってしまうので、古いものから掘り起こして先祖墓に集めるのだという。しかし、その一方では、埋葬されたままで放置されたのでは死者がかわいそうだともいい、シャリトリが終わってようやく先祖への供養、報恩をした気持ちになるともいう。

たとえば、現在台ヶ原に居住している浅沼定住《あさぬまさだずみ》氏（明治三十九年生まれ）の場合、この家はもとは神子尾にあったといい、神子尾の共同墓地に今も自分の家の墓地がある。定住氏の代に内地から石塔をとりよせてその先祖墓を立派にした。先祖の遺骨はその先祖墓の墓穴にたくさんあった。その後、最近、定住氏はこちらの台ヶ原の方の共同墓地の墓域が拡張されたので、そこにも自分の家の墓域を購入し先祖墓も建てた。そして、古い神子尾の先祖墓の遺骨を全部こちらの新しい台ヶ原の先祖墓の方へ移したところである。ただ、定住氏の奥さんの遺体はまだ向うの神子尾の墓地に埋葬したままなので、あとでシャリトリをしてこちらに納めてやりたいという。まあ、自分が死んだときにでもついでにやってもらえば、と笑っておられた。シャリトリが終わるとその日は親戚仲間以外にも村の人たちが大勢や

第70図　シャリトリ（最近では特に遺骨を焼く例も見られるようになったが，これはそれが行われたあとの様子）

第71図　埋葬墓地の様子（ドセキ〈土石〉と呼ばれる軟らかい石を四角形に削って重ねてあるのが改葬前の埋葬地点。一方，角柱状の大型の石塔はセンゾバカ〈先祖墓〉と呼ばれるもので，シャリトリの後の遺骨を集めてその下に納めてある）

ってきて家ではごちそうが出される。御仏前としてお金や食物などがたくさん供えられる。女の人たちによる数珠繰りも行われる。この日には六地蔵や供養橋にはまいらない。

なお、昭和五十年ごろから八丈島役場の指示で火葬となり、現在はほとんどすべて町営の火葬場で火葬にし石塔の先祖墓へ直接納骨する形となっている。現在、石塔も次々と新しい立派なものが建てられている最中で、それらははじめから火葬骨の納骨用のカロートを備えた形のものである。


さて、この末吉村の事例についてまとめてみると、次のような点が指摘できるであろう。

まず第一に、墓地と供養橋との対比という点についてである。第73図に示すように、葬送は死体の墓地への埋葬という形で行われる。そして、四十九日の忌明きまでその死体の場所への墓参が継続される。しかし、同時にこの間、死体とはまったく関係のない、安沢寺から六地蔵、そして供養橋へという一連のおまいりと供養が行われる。それは毎年の盆の供養においても同様で、むしろ正月十六日の方では墓地にはまいらず供養橋の方へだけまいる。この供養橋については、そこへいけば死んだ人に会えるという伝承があるが、それはそこが現世と他界の境界点として考えられているということをよく示す。つまり、死体の埋葬されている墓地とはまったく別に、人々にとって死者との交流ができる場所があるのであり、それが供養橋なのである。それは集落から遠くはずれて東北方向へと道を行ったところにある。死者の霊魂と交流できる供養橋がそのように集落の外に遠く離れてあるというのは、実際の死体を埋めた墓地が集落の内にあるのと比べてきわめて対照的である。

では、その供養橋の地点というのは末吉村の集落のあり方と各種の信仰的装置の配置の上からみると、どのような意味をもつ立地となっているのか。ふたたび第64図をみてみる。すると、氏神の三島神社をはじめさまざまな神社が

第21表　末吉村で祀られている神々

1	三島神社	末吉村の氏神。祭日12月24，25日。大小の神輿が出て大きい方は大通りをねり，小さい方は各家をまわる。部落（コーチ）対抗の相撲や劇，かくし芸，カラオケなどの奉納演芸会が行われる。
2	諏訪神社	現在ではとくに祭日なし。
3	縁結神社	〃
4	八幡神社	〃
5	小さな神社	とくに名前なし。漁師がよく拝む。灯台のそばで道路工事で現在は三島神社へ移転。
6	おおたんちょうの神様	漁師が信仰。新造船をおろす「船おろし」のとき，この神さまの前の海で新造船は3回ほど時計まわりにまわる。また，とびうおなど各種の魚の漁はじめにはそれぞれ漁師はここに必ずまいる。また，古いフナダマ（船霊）はここに納める。フナダマはすべての船につけてある。初潮をみる前の少女を1人選んでフナダマサマ（船霊様）になってもらい，その少女の髪の毛と，お金，五穀，人形，それに双六2個（1を上に，3を前，2を左に，5を右に，4がうしろ――“おもてみあわせ，ともしあわせ，とりかじにこにこ，おもかじぐっすり，ピンは天一地六”の言い慣わしあり）を木製のお宮の中に入れて船の機関室などにつけておく。フナダマサマに頼む少女は寅年や酉年生まれで漁つきの気前のよい人の娘や孫がよい。申年や巳年生まれや，けちけちする人の娘などはだめだという。とびうおなど漁をしたときには毎日三本神様とフナダマサマとへ供えた。また，正月2日の「船祝い」にはフナダマサマを呼んでごちそうをする。新造船の「船おろし」のときにはまずその船にフナダマサマをのせて水際まですすみ，そこでフナダマサマをおろして船は進水する。その後，おおたんちょうの神様の前で3回まわって帰り，船主や乗組員など1度みんな海に投げ込んでさわぐ。なお，フナダマサマは月のものがはじまると他の少女とかえる。古いフナダマ（船霊）はおおたんちょうの神様のところへ納める。
7	沖の明神	現在ではとくに祭日なし。
8	丹那婆の墓	丹那婆（タナバア）というのは，島民の伝説上の始祖で，むかし大津波があって，そのとき1人の妊婦がこの島にうちよせられた。ぐみの木にひっかかったともいう。そして男子を出産し，母子で子孫をもうけて島民たちの先祖となったという。
9	渡 神 社	三根との境あたりにある山で，海上からよくみえる。そこに渡神社というのがあり，漁師が拝む。11月15日が祭日。正月2日の「船祝い」にはおおたんちょうの神様やここへも船主，乗組員たちがまいる。

第72図　オオタンチョウのカミサマ

いずれも南の海の方向に向って立地しているという傾向性を指摘できるであろう。そして、それはこの末吉村が古くから漁業を中心とした生活を営んできたことと関係深いものと思われる。

末吉村の生業は、かつての養蚕から牛の飼育やてんぐさ漁、そして最近の観賞植物の栽培へと、時代ごとにその重点が移ってきてはいるが、基本的には焼畑耕作と近海漁業を中心とするものであった。したがって、氏神の三島神社の祭礼も、正月の船祝いも村人にとって年に一度の賑やかで盛大な遊び日であるが、それらはいずれも冬の休漁期に設定されており、漁業のリズムにあわせたものとみることができる。漁師の人たちはよく、漁師は沖へ行くと孤独で不安なもので、神様しか頼るものはない、などというが、この末吉村の神社はそのような漁業と漁師の信仰を背景として、南の海の方向に向って多く立地しているといってよかろう。したがって、その南の海への方向というのは、この末吉村ではいわば生産、豊漁、安全などの祈願の方向、つまりいわば神々の方向とみることができよう。

一方、それに対して、逆の東北の方向へ山あいの道を登って行ったところにあるのが供養橋である。この供養橋の地点は海上から認識できるような場所ではなく、明らかに陸上においてまったくの村はずれと意識されるような場所であり、それも山間部の狭い沢の急な渓流が山から海の方へと落ちていく地点にかけられた橋である。これはやはり偶然の立地というのではなく、南の海への方向が豊漁、安全への祈願、つまり神々の方向であるのに対応して、東北の山間への方向が死と休息、つまり死者たちの住む世界へ、とみる方位観がそこにはうかがえるのではなかろうか。そして、そのようなあの世に休む死者たちと季節を限っては再会交流できる場所というのが、死体の埋葬されている墓地とはまったく別の場所に設けられているという点こそ、この事例における最も特徴的なところなのである。

では次に、第二の点として、シャリトリをめぐる問題点について整理しておこう。

シャリトリというのはいまみたように十五年から十七年忌のころに遺体を掘り起こして遺骨を集め先祖墓へと納めるというものであるが、それは、次の死者のための埋葬の場所を確保するためだといいながら、また一方では死者は

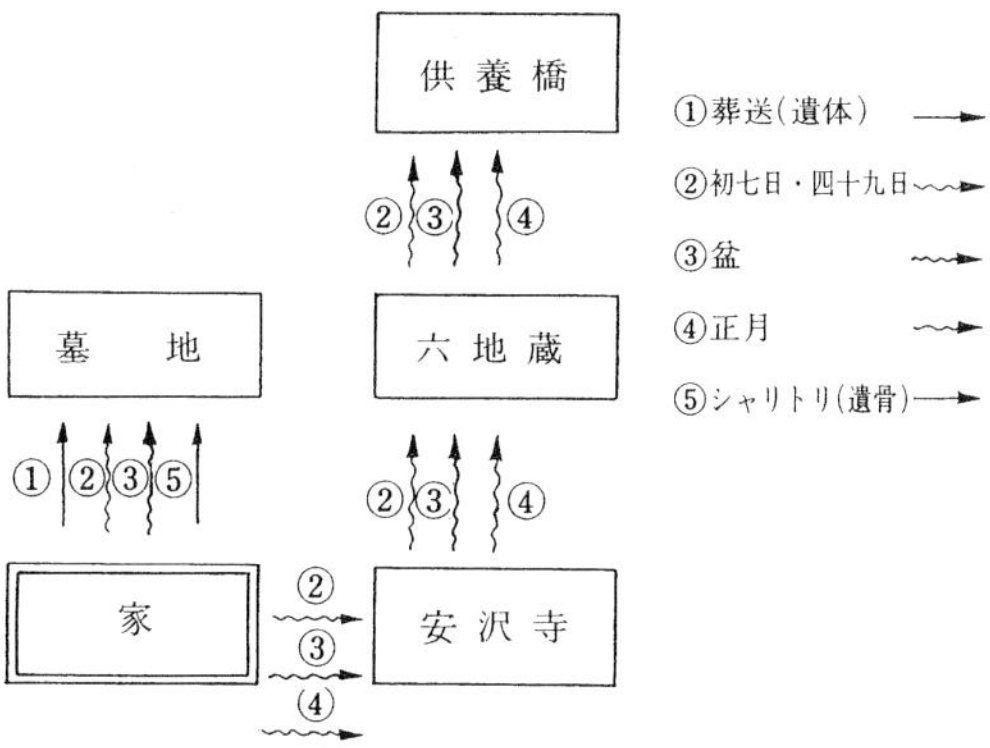

第73図　末吉村における葬送・供養の展開とその場についての模式図

埋めっ放しにしたままではかわいそうだともいっているように、そこには、遺体、遺骨に対する二次的処置を必要だとする考え方がうかがえる。そして、そのような二次的な集骨整理の作業が必要であるとする考え方というのは、一方で前述のような供養橋の儀礼が存在するということをも考慮するならば、必ずしもその遺骨をもってしか死者の供養や祭祀ができないというような考え方によるものではなく、死者の霊魂へのイメージとは別に、遺体の骨化の確認とその再処理ということを一方でまた重視するという考え方によるものである。つまり、この末吉村のシャリトリという改葬習俗は、遺骨のみを重視する、いわば遺骨祭祀の観念に支えられているものではなく、遺体の骨化をまってようやく一連の葬送儀礼が完了するとみる、いわば葬送を長い時間枠の中にとらえる考え方にもとづくものであるということができる。そして、そのような長期間

にわたる葬送の時間枠の設定というのは、遺体に対する一定期間の強いこだわりの意識によるものに他ならず、そのこだわりというのは、遺体や遺骨に対する強い愛着、愛惜の感情に由来するものということができよう。

では、この改葬習俗と両墓制との関係についてはどうか。この末吉村の事例に注意してみると、掘り出された遺骨は同じ墓域内に設けられている先祖墓へと集骨されるのであり、これは両墓制ではなく、むしろ単墓制というべきものである。つまり、改葬習俗というのは、両墓制という埋葬墓地と石塔墓地とを別々に設ける墓制とは関係なく、まったく別個の墓制習俗として伝承されているものであるということがわかるのである。

まとめ

本稿で論じたところをまとめておくと、およそ以下のとおりである。

i　奄美大島から八重山群島にいたる南西諸島一帯では、洗骨や改葬の習俗が顕著にみられる。その改葬習俗の中には、一通りの葬送の作業の後にも遺体そのものの中に死者の個性を意識しつづけ、一定期間の経過ののち骨化をまってその二次的処理を行った上でようやく葬送儀礼が完了するとみるような、死者との訣別のためには遺体の腐朽と骨化のための一定期間が必要だとする葬送観念がうかがえる。

ii　洗骨というのは、そのような観念に支えられた風葬などにおける、遺体に対する二次的な集骨整理の作業の一環に位置する儀礼であって、単に遺骨をとり出すだけでなく、洗うなどすることから、その丁重さにおいて最も発展したものということができる。

iii　日本列島における改葬事例は、紀伊半島、伊良湖岬、房総半島、それに伊豆諸島の八丈島、青ヶ島などとくに太平洋岸に多く点在しているが、それらはいずれも海上ルートを通して南西諸島からつながる、いわば改葬文化圏を形成しているかのごとくである。

iv　とくに紀伊半島と房総半島との間には、近世初頭以降、顕著であった紀州漁民の房総移住による両墓制習俗の伝播が推定され、あわせて改葬習俗の伝播も推定可能である。

v　八丈島の末吉村の葬墓制の分析によれば、そこにみられる改葬習俗にも、南西諸島の場合と同様に、遺体の骨化とその集骨整理をもってようやく一連の葬送儀礼が完了するとみる、いわば葬送を長い時間枠の中にとらえる考え方がうかがえるが、その一方では、遺体とはまったく関係のない村はずれの供養橋をもって死者と会える場所だとみる、いわゆる霊肉別留の考え方も顕著にみられる。つまり、遺体に対するこだわりが一方で存在するのに対して、また一方では遺体をまったく無視した霊魂祭祀の考え方も存在しており、このような両者が併存しているケースもありうるということがわかる。

vi　日本列島の改葬習俗は、葬送の完了のためには遺体の骨化の確認と再処理とが必要だとする考え方にもとづく葬法であり、必ずしも遺骨祭祀へとはつながらない。つまり、改葬後の遺骨がすべて墓参供養の対象とされるわけではない。改葬の目的は改葬すること自体の中にあり、祭祀や供養のための遺骨抽出ではない。

vii　両墓制と改葬習俗とはもともとまったく別個の習俗である。改葬を伴う両墓制も単墓制も存在しており、それらはいずれも改葬習俗と両墓制、もしくは単墓制が一部の地域で習合した結果に他ならない。

注

（1）　金城朝永「琉球に於ける洗骨について」（『沖縄教育』昭和十一年）、源武雄「宮古島の民俗」（『南島論叢』昭和十二年）、伊波普猷「南島古代の葬制」（『をなり神の島』昭和十三年）、河村只雄『南方文化の探求』（昭和十四年）、長田須磨「奄美大島における葬礼及び洗骨」(『日本民俗学』二―四、昭和三十年)、野口武徳「宮古島北部の社会と儀礼」(『沖縄の社会と宗教』昭和四十年)、琉球大学民俗研究クラブ『沖縄民俗』(昭和四十一年)、琉球大学沖縄文化研究所『宮古諸島学術調査研究報告(地理・民俗編)』(昭和四十一年)、金子エリカ「琉球の洗骨における諸問題」(『日本民族と南方文化』昭和四十三年)、名嘉真宜勝「沖縄の洗骨習俗」(『日本民俗学会報』五八、昭和四十四年)、琉球政府文化財保護委員会『沖縄の民俗資料第一集』(昭和四十五年)、琉球政府『沖縄県史』民俗1(昭和四十七年)、桜井徳太郎「宮古島本島の移葬、洗骨、墓制」(『民俗学評論』昭和四十七年)など。

(2) 国分直一「日本及びわが南島における葬制上の諸問題」(『民族学研究』二七―二、昭和三十八年)、同「わが先史古代の複葬とその伝統」(『日本民俗学会報』五八、昭和四十三年)、同『日本民族文化の研究』(昭和四十五年)、同『環シナ海民族文化考』(昭和五十一年)。

なお、大林太良『葬制の起源』(昭和四十年)も国分氏と同様の立場をとっている。

(3) 原田敏明「両墓制の問題」(『社会と伝承』三―三、昭和三十四年)、同「両墓制の問題　再論」(『社会と伝承』一〇―二、昭和四十二年)。

(4) 柳田国男「葬制の沿革について」(『人類学雑誌』四四―六、昭和四年)、折口信夫「日琉語族論　(四)殯」(『民族学研究』一五―二、昭和二十五年)。

(5) 国分直一「日本及びわが南島における葬制上の諸問題」(前掲)三ページ。

(6) 原田敏明「両墓制の問題」(前掲)一八ページ。

(7) 国分直一『環シナ海民族文化考』(前掲)四五九〜四六七ページ。

(8) たとえば、大分県北海部郡佐賀関町田ノ浦の事例など、土井卓治「田浦・落浦・西野浦の改葬と法令―大分県下の改葬についての疑問―」(『民俗と歴史』3、昭和五十一年)。

(9) 最上孝敬「改葬を伴う両墓制」(『社会と伝承』三―四、昭和三十四年)。

(10) 植松明石「沖縄伊是名島調査報告」(『日本民俗学会報』二一、昭和三十六年)、同「沖縄伊是名島の年中祭祀」(『沖縄文化』六、昭和三十七年)、中本弘芳編『伊是名村誌』(昭和四十一年)、仲田清英『伊平屋列島文化誌』(昭和四十九年)など参照。

(11) 島の人々は亀甲墓は女性の下半身を表わすといい、人間は死ぬとふたたび胎内へ帰るのだといっている。

(12) その他、豪壮な伊是名《いぜな》玉御殿《たまうどん》と大島代官の破風型の墓、また本墓を造るまでの粗末な石ノミー墓も少数みられる。また『伊是名村誌』（前掲）によれば、往古の風葬墓らしきもののなごりも岩石地帯の崖下や岩間にはうかがうことができるという。ただし、筆者にはそれは残念ながら確認できなかった。
(13) アジア、太平洋一帯の分布については、凌純声「東南亜的洗骨葬及其環太平洋的分佈」（『中国民族学報』一、昭和三十年）などが参照される。
(14) 名嘉真宜勝「沖縄の洗骨習俗」（前掲）、下野敏見『吐咖喇列島民俗誌』（昭和四十一年）、同「吐咖喇列島の葬送習俗と墓制」（『南九州郷土研究』四、昭和四十五年）、同「種子島葬送習俗」（『南島民俗』一九、昭和四十年）、高重義好「種子島小牧野の葬制」「大島郡三島村の葬制」「屋久島の葬制」（『南島民俗』二三、二四、二五、昭和四十六年）、安田宗生「トカラ・悪石島の葬送儀礼」（『日本民俗学』八二、昭和四十七年）。
(15) 注(14)にあげた下野敏見氏、高重義好氏の調査によれば、種子島、屋久島、トカラ島には洗骨習俗は存在せず、なかに特例として存在するのは、明治以降の奄美諸島からの来住者の部落の事例であるとされる。トカラ悪石島については、やはり前掲の安田宗生氏によれば、現在では洗骨葬は認められないとされる。
(16) 源武雄「宮古島の民俗」（前掲）、河村只雄『南方文化の探求』（前掲）、琉球大学民俗研究クラブ『沖縄民俗』一二（前掲）、桜井徳太郎「宮古島本島の移葬・洗骨・墓制」（前掲）。
(17) 桜井徳太郎「宮古島本島の移葬・洗骨・墓制」（前掲）一八ページ。
(18) 琉球大学沖縄文化研究所『宮古諸島学術調査研究報告（地理・民俗編）』（前掲）一三二ページ。
(19) このような事例をめぐって、現在では洗骨習俗について二つの対立する見解がある。一つは、洗骨を比較的文化の進んだ段階での出現とみる河村只雄氏、原田敏明氏らの説、もう一つは、複葬の一種として古い発現とみる国分直一氏、金子エリカ氏らの説である。
(20) 『沖縄県史』民俗1（前掲）六五六〜六九四ページ。
(21) 同右六七九〜六八三ページ。
(22) 与論島、沖永良部島から奄美大島、加計呂麻島へかけての一帯では、現在では土中埋葬が行われているが、これは明治以後の行政指導（『沖永良部諸改正令達摘要録』など参照）による変化であって、それ以前はやはり風葬、曝葬の類であった。

長田須磨「奄美大島における葬礼及び洗骨」（前掲）、黒越志津子「南西諸島調査ノート抜き書き」（『近畿民俗』五〇、昭和四十五年）、赤田光男「徳之島上面縄の豊年予祝祭と墓制」（『日本民俗学』八一、昭和四十七年）など参照。

(23) 桜井徳太郎「宮古島本島の移葬・洗骨・墓制」（前掲）。

(24) 『沖縄県史』民俗1（前掲）六八七〜六八九ページ。

(25) 本書第一章第二節参照。

(26) 注(24)に同じ。

(27) なお、与論島、沖永良部島などでみられる埋葬地と改葬地とを別にする事例が特殊な事情によるものであることは、赤田光男氏が「徳之島上面縄の豊年予祝祭と墓制」（前掲、二六ページ）で指摘している。つまり、明治以後の行政指導により従来の風葬から新たな土中埋葬へと強力に改められ、埋葬地がかつての風葬洞穴とは別地に設けられたため、人々がその後も改葬骨だけは従来の風葬洞穴内に納めるようにしたことによって生じた形なのである。

(28) 近畿地方一帯では、コツアゲ、コツノボシなどといって、高野山や当麻寺、それに浄土真宗の大谷本廟などへ遺骨の一部や遺髪、爪などを納める風習が顕著にみられるが、これは火葬の場合にも土葬で単墓制の場合にもみられるもので、両墓制に限られたものではない。田中久夫「納骨の風習の成立過程に関する一考察」（『日本民俗学会報』六六、昭和四十四年）、拙著『生と死の民俗史』（木耳社、昭和六十一年）など参照。

(29) 本書第三章第三節。

(30) 最上孝敬「死後の祭りおよび墓制」（『日本民俗学大系』4、平凡社、昭和三十四年）、国分直一『環シナ海民族文化考』（前掲）参照のこと。

(31) 吉田豊治「本教寺の墓地」（『社会と伝承』一—六、昭和三十二年）、同「大分県の旧墓と新墓」（『社会と伝承』二—三、昭和三十三年）、土井卓治「田浦・落浦・西野浦の改葬と法令」（『民俗と歴史』3、昭和五十一年）。

(32) 筆者調査。

(33)(34) 伊東宏「人骨を改葬する渥美町の両墓制」（『民間伝承』三二—四、昭和四十三年）、同「人骨改葬を伴う愛知県渥美町（高木）と旭町（浅谷）の両墓制」（『日本民俗学会報』五九、昭和四十四年）。

(35) 注(33)の伊東宏氏の報告された改葬事例二つのうち、旭町浅谷の事例は、その後の最上孝敬氏の調査確認によれば、一部の家で近年になって一時的に移骨が行われたもので、伝承としての改葬習俗の事例とはいえないとのことである。なお、最上孝敬『詣り墓』（増補版、前掲）二四〇ページ参照。
(36) 筆者調査。
(37) 最上孝敬『詣り墓』（前掲）。
(38)〜(40) 坪井洋文「日本民俗社会における世界観の一考察」（『人文社会科学研究』一五、昭和五十二年〈『民俗再考』日本エディタースクール出版部、昭和六十一年〉）。
(41) 羽原又吉『日本漁業経済史』中巻2（岩波書店、昭和二十九年）。
(42)『房総水産図誌』二（写、明治十六年、祭魚洞文庫所蔵）。
(43)『江浦干鰯問屋仲買根元由来記』（写、羽原又吉氏所蔵）。羽原氏の考証によれば、この写の原稿本とみるべき表紙には、「安政元年甲寅十二月　江戸干鰯問屋へ　浦賀当地浦に網方総代より差出候規定書写」とあるという（羽原又吉『日本漁業経済史』中巻2〈前掲〉）。
(44) 羽原又吉『日本漁業経済史』中巻2（前掲）五四五ページ。
(45)〜(47) 筆者調査。
(48)(49) 杉中浩一郎「口熊野の両墓制」（『くちくまの』二九、昭和五十一年）。
(50)(51) 筆者調査。
(52) 注(48)に同じ。
(53) 大間知篤三『八丈島』（東京創元社、昭和二十六年）。
(54) 蒲生正男・坪井洋文・村武精一『伊豆諸島』（未来社、昭和五十年）。

あとがき

私がはじめて両墓制と出会ったのは、昭和四十六年七月のことであった。大学院に民俗学の専攻コースはなく、日本史学専攻の修士課程に在籍することになった私は、卒業論文のテーマであった犬神や狐憑きなどの憑物習俗の研究をもう少し進めたいと思って四国地方への調査旅行に出かけた。いつものように神経の一部はその日の寝ぐらをもとめることに費やされるような旅だった。

そんな旅の途中で、見も知らぬ行きずりの人間に一夜の宿を貸して下さった方々のことは今も忘れられない。あいにく雨がふり出して、もう一晩泊まっていけば、といって下さったある家でのことである。傘を借りて何気なく散歩に出かけた。集落のなかほどで奇妙なものを見かけた。草の生い繁った畑のようなところに、青竹の囲いのようなものがすえてあり、赤や黄色のきれいな季節の草花が飾られている。ふと見まわすと、あたりには古ぼけた竹囲いに板屋根をかぶせたものや、竹を円錐形に上で束ねたものもみられる。

思わず、「これは何ですか」と土地の人にたずねた。ここは墓地だという。墓地といえば、石塔がたくさん建っているところというイメージをもっていた私は驚いてしまった。「石塔はどこにあるのですか」ときくと、そこからずっと上手の方に離れた地蔵堂のところへ案内してくれた。そこにはふつうの石塔が建ち並んでいた。しかし、ここはただ石塔だけで死体はみんな下の墓地の方へ埋めてあるのだという。

「ああ、これが両墓制か」と思った。それまで文字では見、耳では聞いていた両墓制という語であったが、それだけでは別にたいした関心もわかなかった。しかし、いま目の前にある墓地はいったい何なのだ。死者を埋めた上に設《しつら》えられた青竹の柵や板屋根にたいへんな興奮を覚えたのである。

東京へ帰った私は、早速、大学の図書館へ行き、両墓制に関係のある文献を読み、またそれらを手がかりにして、各地の両墓制の村々を訪ねてまわった。しかし、結局、修士論文は事例を集めただけの粗雑なものに終わり、その後も遅々として研究は進まぬままに、今日まできてしまったという感が強い。

その間、まだ学生であった私を、杉並区松庵の自宅に招いて両墓制研究の苦労話などよく聞かせて下さった最上孝敬先生も、町田市小山町の陽当りのよい丘の上の自宅に呼んで熱っぽく両墓制研究のポイントを語って下さった原田敏明先生も、昭和五十八年にあいついで旅立ってしまわれた。

あしかけ二〇年もの間、いったい自分は何をしていたのか。いまさらながら時の大切なことを思う。

それにしても、これまでお世話になった方々のことは忘れられない。民俗学というのは、つくづく多くの土地の人人の温かい親切と協力によって成り立っている学問だと思う。また、私事で恐縮だが、能力もない私を、学問の世界へと導き、育てて下さったのは現在昭和女子大学におられる後藤淑先生である。民俗学の世界でまがりなりにも勉強を続けていけるのは現在国立歴史民俗博物館におられる福田アジオ先生のおかげである。多くの意味をこめて、このお二人には心から感謝の意を表したい。

また、民俗学を志す以上、手弁当の一生を覚悟していた私に、最初に大学での講義の機会を与えて下さった跡見女子大学の植松明石先生、現在の職場への機縁をひらいて下さった十文字女子短期大学の亀田温子先生、そして、現在の恵まれた研究と教育の場を与えて下さった山村女子短期大学の学長山村健先生には特別の謝意を捧げたい。

本書の出版にあたっては、いつものことながら、福田アジオ先生、宮田登先生に特別なご配慮とご指導を賜わった。

また、編集から校正にいたるまでたいへんお世話になり、何とか出版にまでこぎつけられたのは、吉川弘文館編集部の方々のおかげである。厚くお礼を申し上げたい。

一九九一年二月

新谷尚紀

ま　行

や　行

ら　行

わ　行

た　行

な　行

は　行

索　　引

著者略歴
一九四八年　広島県生れ
一九七一年　早稲田大学第一文学部卒業
一九七七年　早稲田大学大学院博士課程修了
山村女子短期大学助教授を経て
現在　国立歴史民俗博物館民俗研究部教授
博士（社会学、慶応義塾大学）

〔主要著書〕
生と死の民俗史（一九八六年　木耳社）
日本人の葬儀（一九九二年　紀伊國屋書店）
死と人生の民俗学（一九九五年　曜々社出版）
寅さんの民俗学—戦後世相史断章—（一九九六年　海鳴社）
ケガレからカミへ〈新装版〉（一九九七年）岩田書院）

両墓制と他界観

平成三年七月一日　第一刷発行
平成十年五月一日　第三刷発行

著者　新《しん》谷《たに》尚《たか》紀《のり》
発行者　吉川圭三
発行所　株式会社　吉川弘文館
郵便番号一一三—〇〇三三
東京都文京区本郷七丁目二番八号
電話〇三—三八一三—九一五一〈代〉
振替口座〇〇一〇〇—五—二四四

印刷＝平文社・製本＝石毛製本

「日本歴史民俗叢書」刊行に当って

近年の日本史学と民俗学の動向は、それぞれのテーマが接触領域に展開する状況を一層拡大させるに至っている。民俗学が歴史科学の一翼をにない、豊かな歴史像を描くことに努力をつづけている一方、地域史や生活文化史をはじめ「日常性」を基点とする歴史学は、ごく普通の人々の生活意識や日々の営みなどを視野におさめながら、歴史を動かす原動力の発掘を行おうとしている。

日本の民俗学は、柳田国男や折口信夫らの唱導により、現代の私たちの日常生活に伝わってきた慣習や、儀礼あるいは口承文芸などの民間伝承を主要な資料に用いながら歴史を再構成してきた。また文化人類学や宗教学・考古学などの隣接諸科学の学際分野からも学ぶところが大きかった。

本叢書は、以上のような近年の歴史学・民俗学の流れと、隣接諸科学とのかかわりを踏まえ、主として民俗学側からのアプローチを活用した形でまとめられた新しい歴史像の諸成果を、一堂に集めて世に問おうとするものである。本叢書が、今後の歴史民俗学派の一つの潮流となることを、大いに期待していただきたいと念じている次第である。

吉川弘文館

〈日本歴史民俗叢書〉
両墓制と他界観（オンデマンド版）

Digital Publishing

2017年10月1日　発行

著　者　新谷尚紀《しんたにたかのり》

発行者　吉川道郎

発行所　株式会社 吉川弘文館
〒113-0033 東京都文京区本郷7丁目2番8号
TEL 03(3813)9151(代表)
URL http://www.yoshikawa-k.co.jp/

印刷・製本　株式会社 デジタルパブリッシングサービス
URL http://www.d-pub.co.jp/

新谷尚紀（1948～）
ISBN978-4-642-77351-5